21世纪高等职业教育特色精品课程教材
高等职业教育课程改革项目研究成果

桥梁工程技术习题指导

主 编 申 建 陈立春
副主编 于 辉 郭 梅 慕 平
主 审 沈艳东

U0408740

北京理工大学出版社
BEIJING INSTITUTE OF TECHNOLOGY PRESS

版权专有　侵权必究

图书在版编目（CIP）数据

桥梁工程技术习题指导 / 申建，陈立春主编. —北京：北京理工大学出版社，2012.1
(2021.7 重印)

ISBN 978—7—5640—5487—8

Ⅰ．①桥…　Ⅱ．①申…②陈…　Ⅲ．①桥梁工程－高等学校－教学参考资料　Ⅳ．①U44

中国版本图书馆 CIP 数据核字（2011）第 280704 号

出版发行 / 北京理工大学出版社有限责任公司	
社　　址 / 北京市海淀区中关村南大街 5 号	
邮　　编 / 100081	
电　　话 /（010）68914775（总编室）	
（010）82562903（教材售后服务热线）	
（010）68944723（其他图书服务热线）	
网　　址 / http://www.bitpress.com.cn	
经　　销 / 全国各地新华书店	
印　　刷 / 北京紫瑞利印刷有限公司	
开　　本 / 787 毫米×1092 毫米　1/16	
印　　张 / 16	
字　　数 / 367 千字	
版　　次 / 2012 年 1 月第 1 版　2021 年 7 月第 5 次印刷	责任编辑 / 张慧峰
印　　数 / 8001~8770 册	责任校对 / 周瑞红
定　　价 / 49.00 元	责任印制 / 边心超

图书出现印装质量问题，请拨打售后服务热线，本社负责调换

前 言

《桥梁工程技术习题指导》是为高等职业教育特色精品课程规划教材《桥梁工程技术》（申建主编）配套使用的教学用书。本书是为了满足高等职业教育培养的实用型人才对桥梁工程知识的需求。基于理论与实践并重的指导思想,在内容的选取和设计上都做了精心的安排。

本习题指导书紧扣《桥梁工程技术》的主要内容,覆盖了其中所要求的全部知识点,同时突出重点,编写了大量的考核内容,旨在通过强化训练,使学生在较短时间内能进行系统的复习,从而提升其分析问题、解决问题的能力。

本书按最新的公路工程技术标准、设计规范和施工技术规范编写,全书分 22 章,几乎每个章节都配有相应考核内容及考核内容答案,有些项目还配有能力拓展示例。为了测验学生的综合学习效果,在书后配有三套综合模拟试题。

本书由吉林交通职业技术学院申建、陈立春主编,于辉、郭梅、慕平副主编。全书由吉林交通职业技术学院沈艳东副教授主审。具体分工情况如下：第一章、第三章、第九章、第十四章、第十九章考核内容及答案由吉林交通职业技术学院申建编写；第五章、第六章、第七章、第八章、第二十一章考核内容及答案由吉林交通职业技术学院陈立春、郭梅共同编写；第十一章、第十三章、第十五章、第十八章、第二十章考核内容及答案由吉林交通职业技术学院于辉、慕平共同编写,能力拓展 1 和能力拓展 2 由于辉和申建共同编写；第二章、第四章、第十章、第十二章、第十六章、第二十二章以及书后模拟试题及参考答案由吉林交通职业技术学院于澜涛、李月姝、李瑞涛、范庆华、王东杰、李长成、王雨楠、车广侠、李晓红、杨晓燕、姜仁安共同编写。全书由申建统稿。

本教材在编写过程中,得到了北京理工大学出版社的大力支持和帮助,同时,附于书后的主要参考文献的作者们对本书的完成给予了巨大支持,在此一并致以诚挚的谢意！

由于编者们水平有限,编写时间也较紧迫,书中的不妥和谬误之处,敬请读者批评指正,在此表示衷心感谢！

编 者

桥梁设计课程教学描述

课程名称:桥梁设计	学期/学时/学分:第四学期/78/5学分(建议)
学习目标： 　　通过任务引领型的项目活动，使学生具备中小型桥梁设计的技能和相关理论知识，能够承担中小型桥梁工程设计工作，并能够根据规范规定校核设计，画出设计图纸，核算工程数量。 知识目标： 　1. 理解桥梁的组成、分类、总体设计的原则； 　2. 掌握《桥规》中关于桥梁设计的有关规定； 　3. 掌握桥面布置与构造； 　4. 掌握钢筋混凝土梁式桥的构造和设计要点； 　5. 掌握预应力混凝土梁式桥的构造； 　6. 掌握圬工和钢筋混凝土拱桥的构造和设计要点； 　7. 掌握桥梁墩台的构造和设计要点； 　8. 掌握涵洞的类型、构造。 　9. 理解旧桥加固的方法。 能力目标： 　1. 能够计算钢筋混凝土梁式桥； 　2. 能够根据所学规范的规定按要求绘出图纸； 　3. 能够根据计算数据核算工程数量。 素质目标： 　　工作认真负责，诚实守信，善于沟通，良好的协调能力和团结合作精神	课程组织与实施： 　1. 在教学过程中，应立足于加强学生实际操作能力的培养，采用项目教学，提高学生学习兴趣，激发学生的成就动机； 　2. 体现行动导向的教学原则，让学生在中小钢筋混凝土桥的学习和设计中掌握相关的计算技能和桥梁的基础理论知识； 　3. 充分合理地利用课件、视频、网络等现代化教学手段，并注意与传统的教学手段（如板书、实物教学等）相结合，以达到激发兴趣、化难为易、提高质量和效率的目的； 　4. 对课程作业要精心挑选、设计，作业任务应在课前布置而不是课后布置；应根据具体课程内容的特点，对各知识、技能的要求，采用综合作业任务，培养学生自我学习、分工合作的能力，以满足课程目标的需要，并注重开培养学生利用课外学习资源的能力；尽可能多的向学生提供各种工程实践中的真实表单； 　5. 要重视本专业领域新技术、新工艺、新材料的发展趋势，为学生提供职业生涯发展的空间。培养学生参与社会实践的创新精神和职业能力。教师应积极引导学生提升职业素养，提高职业道德
学习内容： 　1. 桥梁的组成、分类、总体设计的原则； 　2.《桥规》中关于桥梁设计的有关规定； 　3. 桥面布置与构造； 　4. 钢筋混凝土梁式桥的构造和设计要点； 　5. 预应力混凝土梁式桥的构造； 　6. 圬工和钢筋混凝土拱桥的构造和设计要点； 　7. 桥梁墩台的构造和设计要点； 　8. 涵洞的类型、构造	媒介： 　1. 黑板； 　2. 课件； 　3. 教材； 　4. 桥梁设计实例； 　5. 计算机； 　6. 桥梁模型室； 　7. 桥梁结构视频； 　8. 计算器； 　9. 工具书(规范、标准图等)

续表

课程名称:桥梁设计	学期/学时/学分:第四学期/78/5学分(建议)
学生必须具备的技能： 　1. 基本计算能力； 　2. 结构设计计算能力； 　3. 工程制图能力； 　4. 结构实验能力； 　5. 制作桥梁模型的基本动手能力； 　6. 计算机的基本应用能力； 　7. 工具书、基本资料的使用能力	教师必须具备的技能： 　1. 高校教师资格； 　2. 工程实践经验； 　3. 桥梁工程技术知识； 　4. 结构设计能力； 　5. 读图及绘图能力； 　6. 计算机及网络应用能力； 　7. 良好的组织能力和与学生沟通的能力； 　8. 能及时发现并解决学生的问题的能力
课程的考核与评价： 　1. 改革传统的评价手段和方法，应采用阶段评价、过程性评价与终期评价相结合的方式进行课程评价； 　2. 在评价过程中，学生的态度、方法能力、社会能力的评价应占一定比例； 　3. 评价的方式应该多样化，可将课堂提问、学生作业、阶段测验等作为评价依据，避免采用单一的闭卷、笔试方式； 　4. 应重视学生的自我评价及学生之间的相互评价； 　5. 根据本课程的特点，本课程的总评成绩＝平时成绩(含实训成绩等)＋期末考试成绩。其中平时成绩占50%，期末考试成绩占50%(建议)	
备注：	

桥梁施工课程描述

课程名称:桥梁施工技术	学期/学时/学分:5/68/4(建议)
学习目标： 　　能识读桥梁上、下部结构工程图，进行测量定位放样，并能够独立组织完成桥梁各部分施工。 知识目标： 　　能识读桥梁各部分工程图，掌握桥梁各组成部分施工方法。使学生能够严格按照施工图，应用桥梁施工技术规范完成桥梁施工准备、施工内容、事故处理、质量检验等项目。使学生获得专业领域的新知识、新技术、新工艺、新方法。服务于行业企业技术人才需求。 能力目标： 　　能够独立组织桥梁工程的施工与管理；进行桥梁施工测量、施工方案拟定、组织施工、质量检验；对内业资料进行整理归档	课程组织与实施： 　1. 在教学过程中，应着力培养学生独立思考问题、解决问题的能力，以任务驱动、项目教学为主导，以激发学生的学习动机，培养学生的自主学习能力。 　2. 对学生难于理解的施工技术采取多媒体课件、施工照片、动画等形象教学，以帮助学生理解，对于实践性较强的内容运用施工录像，使学生犹如置身于工地，对于其他新技术的发展和信息量大的内容则运用多媒体做介绍，并推荐相关的学习书籍和学习网站，使本课程的知识得于深化

续表

课程名称:桥梁施工技术	学期/学时/学分:5/68/4(建议)
素质目标: 　　预见常见的施工质量问题与施工安全问题,提出合理的技术处理方案和监控的措施;作为施工现场技术管理人员,能合理地组织工作过程,能有效管理团队,提高团队工作效率	3. 应根据具体课程内容的特点,对各知识、技能的要求,采用综合生产实习,让学生直接进入施工单位进行顶岗实习,在施工技术人员和实习老师的指导下工作,学生既在实践中学到理论知识,又能在实践中锻炼与人协作能力和组织能力,培养学生的综合素质能力
学习内容: 　　1. 桥梁上部结构施工基础知识;钢筋混凝土及预应力混凝土梁桥的施工;拱桥的就地浇筑与砌筑及缆索吊装施工;预制构件吊装;超静定混凝土桥梁的施工。 　　2. 桥梁下部结构施工基础知识准备;基础工程施工;墩台砌筑;钢筋混凝土墩台施工;高墩滑模施工。 　　3. 各种类型涵洞施工技术	媒介: 　　1. 充分利用现代教育技术,采取多媒体课件、施工照片、动画等形象教学。 　　2. 对于实践性较强的内容运用施工录像,并推荐相关的学习书籍和学习网站。 　　3. 施工图纸、施工规范。 　　4. 采用综合生产实习
学生必须具备的技能: 　　能识读桥梁各部分工程图,能够独立组织桥梁工程的施工与管理;并对内业资料进行整理归档。在施工过程中能预见常见的施工质量问题与施工安全问题,提出合理的技术处理方案和监控的措施	教师必须具备的技能: 　　利用案例教学和多媒体、施工照片、施工录像、动画等形象教学,增加感性认识以帮助学生理解;掌握施工前沿新技术的发展及应用,并推荐相关的学习书籍和学习网站,使本课程的知识得于深化,并增强同学们自主学习的兴趣
课程的考核与评价: 　　1. 改革传统的评价手段和方法,应采用阶段评价与终期评价相结合的方式进行课程评价。阶段评价,可将出勤情况、课堂表现、平时作业、阶段测验等作为评价依据,终期评价,以工地实习及实际施工能力进行评价。在评价过程中,学生的态度、方法能力、社会能力的评价应占一定比例。 　　2. 成绩构成建议:阶段评价占总成绩60%,终期评价占总成绩40%(建议)	
备注:	

第一篇 总 论

- 第一章　概述考核内容 1
  - 概述考核答案 4
- 第二章　桥梁总体设计考核内容 7
  - 桥梁总体设计考核答案 11
- 第三章　公路桥梁上的作用及作用效应组合考核内容 13
  - 公路桥梁上的作用及作用效应组合考核答案 16
- 第四章　桥面布置与构造考核内容 20
  - 桥面布置与构造考核答案 22

第二篇 钢筋混凝土和预应力混凝土梁式桥

- 第五章　梁桥的一般特点及分类考核内容 25
  - 梁桥的一般特点及分类考核答案 27
- 第六章　板桥的构造考核内容 30
  - 板桥的构造考核答案 31
- 第七章　装配式简支梁桥的构造考核内容 35
  - 装配式简支梁桥的构造考核答案 38
- 第八章　简支梁桥的计算考核内容 44
  - 简支梁桥的计算考核答案 49
- 第九章　桥梁支座考核内容 61
  - 桥梁支座考核答案 63
- 第十章　超静定混凝土梁桥构造设计要点考核内容 68
  - 超静定混凝土梁桥构造设计要点考核答案 70

第三篇 圬工和钢筋混凝土拱桥

- 第十一章　拱桥的构造考核内容 73
  - 拱桥的构造考核答案 77
- 第十二章　拱桥的设计要点考核内容 82
  - 拱桥的设计要点考核答案 84

第四篇 桥 梁 墩 台

- 第十三章　桥梁墩台构造考核内容 89
  - 桥梁墩台构造考核答案 93

第十四章　桥墩计算考核内容 …… 98
桥墩计算考核答案 …… 100
第十五章　桥台计算考核内容 …… 105
桥台计算考核答案 …… 107

第五篇　涵　　洞

第十六章　涵洞的类型与构造考核内容 …… 109
涵洞的类型与构造考核答案 …… 111

第六篇　桥梁施工技术

第十八章　桥梁施工准备与测量考核内容 …… 114
桥梁施工准备与测量考核答案 …… 115
第十九章　梁式桥上部结构的施工 …… 117
　任务一　钢筋混凝土简支梁桥的施工工艺考核内容 …… 117
　钢筋混凝土简支梁桥的施工工艺考核答案 …… 121
　任务二　装配式简支梁的运输、安装和连接考核内容 …… 124
　装配式简支梁的运输、安装和连接考核答案 …… 126
　任务三　预应力混凝土简支梁桥的施工工艺考核内容 …… 128
　预应力混凝土简支梁桥的施工工艺考核答案 …… 131
　任务四　悬臂施工法考核内容 …… 136
　悬臂施工法答案 …… 138
　任务五　顶推施工法考核内容 …… 142
　顶推施工法考核答案 …… 143
　任务六　逐孔施工法考核内容 …… 146
　逐孔施工法考核答案 …… 146
第二十章　圬工和钢筋混凝土拱桥施工 …… 149
　任务一　拱桥现浇施工考核内容 …… 149
　拱桥现浇施工考核答案 …… 151
　任务二　拱桥的装配式施工考核内容 …… 154
　拱桥的装配式施工考核答案 …… 156
　任务三　拱桥的转体施工考核内容 …… 157
　拱桥的转体施工考核答案 …… 158
第二十一章　桥梁墩台施工 …… 160
　任务一　明挖扩大基础施工考核内容 …… 160
　明挖扩大基础施工考核答案 …… 162
　任务二　桩基础施工考核内容 …… 167
　桩基础施工考核答案 …… 169
　任务三　混凝土和石砌墩台的施工考核内容 …… 175
　混凝土和石砌墩台的施工考核答案 …… 176

任务四　滑动模板施工及桥梁附属工程施工考核内容 …………………………… 179
　　　滑动模板施工及桥梁附属工程施工考核答案 …………………………………… 181
第二十二章　涵洞的施工考核内容 ……………………………………………………… 184
　　　涵洞的施工考核答案 ……………………………………………………………… 186

能力拓展 1　简支梁桥重力式桥墩计算 ………………………………………………… 192
能力拓展 2　重力式 U 形桥台设计 …………………………………………………… 212

《桥梁工程技术》模拟试题 ……………………………………………………………… 230
　　模拟试题一 …………………………………………………………………………… 230
　　模拟试题二 …………………………………………………………………………… 232
　　模拟试题三 …………………………………………………………………………… 234

模拟试题答案 …………………………………………………………………………… 236
　　《模拟试题一》答案 ………………………………………………………………… 236
　　《模拟试题二》答案 ………………………………………………………………… 238
　　《模拟试题三》答案 ………………………………………………………………… 240

参考文献 ………………………………………………………………………………… 243

桥梁工程技术习题指导

第一篇　总　论

第一章　概述考核内容

> **本章学习重点**：桥梁的基本组成部分、主要尺寸和术语名称、桥梁的类型和结构体系。
> **教学目标**：使学生掌握桥梁的基本组成及桥梁术语名称；
> 　　　　　　使学生掌握桥梁的类型和各结构体系的特点；
> 　　　　　　使学生了解桥梁发展的历史。
> **能力目标**：掌握桥梁的基本组成及桥梁术语名称，在实际应用时能清楚各部分的名称，并准确地指出各部分的尺寸；掌握不同分类的桥型型式及其受力特点。

一、名词解释

1. 上部结构　　2. 净跨径　　3. 计算跨径　　4. 桥梁高度　　5. 净矢高
6. 设计水位　　7. 标准跨径　　8. 基础　　9. 桥台　　10. 梁式桥
11. 桥梁全长

二、判断题（对的划√，错的划×）

1. （　　）设置在桥跨中间支承结构部分称为桥台。
2. （　　）设置在桥跨两端与路堤相衔接支承结构称为桥墩。
3. （　　）单孔桥只有两端的桥台，没有中间的桥墩。
4. （　　）支座设置在墩台的顶部，用于支承上部结构的传力装置，它不仅要传递很大的荷载，还要保证上部结构能按设计要求产生一定的变位。
5. （　　）计算跨径，对于梁式桥、板式桥是以两桥墩中线之间桥中心线长度或桥墩中线与桥台台背前缘线之间桥中心线长度为准；拱桥和涵洞以净跨径为准。
6. （　　）桥梁的总跨径，是多孔桥梁中各孔计算跨径的总和，它反映了桥下泄洪的能力。
7. （　　）桥面净空是指上部结构底缘至桥面顶面的垂直距离。
8. （　　）计算矢高是指拱顶截面形心至相邻两拱脚截面形心连线的垂直距离，用 f 表示。

9. （　　）桥梁按特殊使用条件分为开启桥、浮桥、漫水桥等。
10. （　　）凡是多孔跨径的总长不到 8 m 和单孔跨径不到 5 m 的泄水结构物，均称为涵洞。
11. （　　）悬索桥的主要承重构件为梁、索、塔。
12. （　　）桥面布置在主要承重结构之上者称为上承式桥。
13. （　　）某桥梁采用 3 孔 13 米跨径，则该桥可划分为中桥。
14. （　　）桥梁由上部结构、墩台和基础三部分组成。
15. （　　）矢跨比也称拱矢度，是拱桥中拱圈（或拱肋）的净矢高与计算跨径之比。

三、单项选择题

1. 桥梁设计中按规定的设计洪水频率计算所得出的高水位，称为（　　）。
   A. 低水位　　　B. 设计水位　　　C. 高水位　　　D. 通航水位
2. 桥梁两个桥台侧墙或八字墙后端点之间的距离称为（　　）。
   A. 桥梁跨度　　B. 桥梁总长　　　C. 桥梁全长　　D. 桥梁标准跨径
3. （　　）是指线路定线中所确定的桥面标高与桥下净空界限顶部标高之差。
   A. 桥梁建筑高度　B. 净矢高　　　C. 计算矢高　　D. 桥梁的容许建筑高度
4. （　　）是指桥梁行车道、人行道上方应保持的净空间界限，对于公路、铁路和城市桥梁《公路桥涵设计通用规范》（JTG D60—2004）中也有相应的规定。
   A. 桥下净空　　B. 净高　　　　C. 桥面净空　　D. 净空
5. （　　）为了满足通航、行车或行人等需要，并为保证桥梁结构安全，而对上部结构底缘以下所规定的净空间的界限。
   A. 桥下净空　　B. 净高　　　　C. 桥面净空　　D. 净空
6. 赵州桥属于（　　）。
   A. 梁式桥　　　B. 拱桥　　　　C. 刚架桥　　　D. 吊桥
7. 单孔跨径 <5 m 的泄水结构物称为（　　）。
   A. 大桥　　　　B. 中桥　　　　C. 小桥　　　　D. 涵洞
8. 桥梁设计的建筑高度（　　）容许建筑高度，否则，就不能保证桥下通航或行车等要求。
   A. 大于　　　　B. 小于　　　　C. 不得大于　　D. 等于
9. 目前为止跨越能力最大的桥型是（　　）。
   A. 梁式桥　　　B. 拱桥　　　　C. 刚架桥　　　D. 悬索桥
10. 单孔跨径 ≥100 m 的桥梁属于（　　）。
    A. 特大桥　　　B. 大桥　　　　C. 中桥　　　　D. 小桥
11. 梁式桥与拱式桥在受力特征上最大的区别在于（　　）。
    A. 在竖向荷载作用下，梁式桥有水平反力产生，拱式桥有水平反力产生
    B. 在竖向荷载作用下，梁式桥有水平反力产生，拱式桥无水平反力产生
    C. 在竖向荷载作用下，梁式桥无水平反力产生，拱式桥有水平反力产生
    D. 在竖向荷载作用下，梁式桥无水平反力产生，拱式桥无水平反力产生
12. 梁式桥的内力以（　　）为主。
    A. 拉力　　　　B. 弯矩　　　　C. 剪力　　　　D. 压力
13. 拱式桥的内力以（　　）为主。

A. 拉力　　　　B. 弯矩　　　　C. 剪力　　　　D. 压力

14. （　　）的桥墩或桥台要承受很大的水平推力，因此对桥的下部结构和基础的要求比较高。

　　A. 梁式桥　　　B. 拱式桥　　　C. 刚架桥　　　D. 斜拉桥

15. 桥梁结构的力学计算以（　　）为准

　　A. 净跨径　　　B. 标准跨径　　C. 总跨径　　　D. 计算跨径

16. 3跨10米的简支梁桥属于（　　）。

　　A. 大桥　　　　B. 中桥　　　　C. 小桥　　　　D. 涵洞

17. 拱桥中，两相邻拱脚截面形心点之间的水平距离称为（　　）跨径。

　　A. 净跨径　　　B. 计算跨径　　C. 标准跨径　　D. 总跨径

18. 在结构功能方面，桥台不同于桥墩的地方是（　　）。

　　A. 传递荷载　　　　　　　　　B. 抵御路堤的土压力

　　C. 调节水流　　　　　　　　　D. 支承上部构造

四、填空题

1. 桥梁的四个基本组成部分为：（　　）、（　　）、（　　）、（　　）。
2. 下部结构包括（　　）、（　　）、（　　）。
3. 桥梁按上部结构受力体系可分为（　　）、（　　）、（　　）、（　　）、（　　）五大类。
4. 按用途来划分，可分为（　　）、（　　）、（　　）、（　　）、水运桥（或渡桥）和管线桥等。
5. 按主要承重结构采用的材料来划分，有（　　）、（　　）、（　　）、（　　）、钢—混凝土组合桥和木桥等。
6. 单孔跨径大于（　　）属特大桥。
7. 按桥梁总长和跨径的不同来划分，有（　　）、（　　）、（　　）、（　　）、（　　）。
8. 按跨越障碍的性质，可分为（　　）、（　　）、（　　）、（　　）。
9. 按上部结构的行车道位置，分为（　　）、（　　）、（　　）。
10. 按桥跨结构的平面布置，可分为（　　）、（　　）、（　　）。
11. 桥梁结构在力学上可以归纳为（　　）、（　　）、（　　）三种基本体系以及它们之间的各种组合。

五、识图或作图题

分别标出图1-1中数字对应部位的名称。

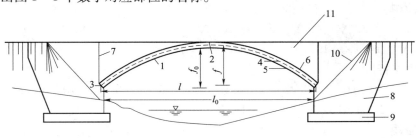

图1-1

六、问答题

1. 桥梁在交通建设中的地位如何？
2. 桥梁是由哪几部分组成的？
3. 桥梁下部结构都有哪几部分组成？它们各自的作用是什么？
4. 阐述各种桥梁体系的主要受力特点及适用场合。
5. 桥涵的大小是如何划分的？
6. 桥梁结构有关的主要尺寸有哪些？名称叫什么？
7. 桥梁基本体系有哪几类？常用的是哪两种？

概述考核答案

一、名词解释

1. 上部结构：或称桥跨结构，是桥梁支座以上（拱桥起拱线或刚架桥主梁底线以上）跨越桥孔的总称，是线路中断时跨越障碍的主要承重结构。
2. 净跨径：对于梁式桥，是指设计水位相邻两个桥墩（或桥台）之间的水平净距，用 l_0 表示。
3. 计算跨径：对于设有支座的桥梁，是指桥跨结构相邻两个支座中心之间的水平距离；对于拱式桥，是指两相邻拱脚截面形心点之间的水平距离，用 l 表示，桥跨结构的力学计算是以 l 为基准的。
4. 桥梁高度：简称桥高，是指桥面与低水位之间的高差，或指桥面与桥下线路路面之间的距离（指跨线桥）。
5. 净矢高：对拱桥而言，是指从拱顶截面下缘至相邻两跨拱脚截面下缘最低点之连线的垂直距离，用 f_0 表示。
6. 设计水位：桥梁设计中按规定的设计洪水频率计算所得出的高水位，称为设计水位。
7. 标准跨径：对于梁式桥、板式桥是以两桥墩中线之间桥中心线长度或桥墩中线与桥台台背前缘线之间桥中心线长度为准；拱桥和涵洞以净跨径为准。
8. 基础：桥墩和桥台底部并与地基相接触的部分。
9. 桥台：设置在桥跨两端与路堤相衔接的称为桥台。
10. 梁式桥：梁式桥是一种在竖向荷载作用下无水平反力的结构。
11. 桥梁全长：对于有桥台的桥梁为两岸桥台翼墙尾端间的距离，对于无桥台的桥梁为桥面行车道长度。

二、判断题

1. ×　2. ×　3. √　4. √　5. ×　6. √　7. ×　8. √　9. √　10. √　11. ×　12. √　13. √　14. ×　15. ×

三、单项选择题

1. B　2. C　3. D　4. C　5. A　6. B　7. D　8. C　9. D　10. A　11. C　12. B　13. D　14. B　15. D　16. B　17. B　18. B

四、填空题

1. 上部结构　下部结构　支座　附属设施

2. 桥墩　桥台　基础
3. 梁式桥　拱式桥　刚架桥　悬索桥　组合体系
4. 公路桥　铁路桥　公铁两用桥　人行桥
5. 钢筋混凝土桥　预应力混凝土桥　圬工桥（包括砖、石、混凝土）　钢桥
6. 150 m
7. 特大桥　大桥　中桥　小桥　涵洞
8. 跨河桥　跨线桥（或立交桥）　高架桥　栈桥
9. 上承式桥　中承式桥　下承式桥
10. 正交桥　斜交桥　弯桥（或曲线桥）
11. 拉　压　弯曲

五、识图或作图题

分别标出图 1-1 中数字对应部位的名称。

答：1—拱圈；2—拱顶；3—拱脚；4—拱轴线；5—拱腹；6—拱背；7—变形缝；8—桥台；9—基础；10—锥坡；11—拱上结构。

六、问答题

1. 答：在公路、铁路、城市和农村道路交通建设以及水利建设中，为了跨越各种障碍（如河流、沟谷或其他线路等）必须修建各种类型的桥梁。桥梁是保证道路全线贯通的咽喉，"一桥飞架南北，天堑变通途"，特别是在战争时期，桥梁具有非常重要的战略地位。

2. 答：桥梁结构的组成可分为：上部结构，下部结构和支座。

（1）上部结构包括承重结构和桥面系，它的作用是承受车辆荷载，并通过支座传给墩台。

（2）下部结构包括桥墩和桥台，是支承桥孔结构并将结构重力和车辆荷载等作用传至地基土层的建筑物。

（3）支座支承上部结构并把荷载传递给下部结构，同时也要满足桥梁变形的需要。

3. 答：下部结构包括桥墩、桥台和基础。

桥墩和桥台用来支承上部结构，并将其传来的恒载和车辆活载传至基础。

桥台除了上述作用外，还起到了抵御路堤的土压力及防止路堤的滑塌等作用。

桥墩和桥台底部并与地基相接触的部分，称为基础。基础承受从桥墩或桥台传来的全部荷载，包括竖向荷载以及地震力、船舶撞击墩身等引起的水平荷载。

4. 答：（1）梁式桥是一种在竖向荷载作用下无水平反力的结构。这种梁桥结构简单、施工方便，且对地基承载力的要求也不高，适用于中、小跨径的公路桥梁。

（2）拱式桥的主要承重结构是主拱圈或拱肋。拱桥对墩台有水平推力，承重结构以受压为主，这是拱桥的主要受力特点。拱桥跨越能力大，而且外形也较美观，在条件允许的情况下，修建拱桥往往是经济合理的。

（3）悬索桥也是具有水平反力（拉力）的结构。悬索桥结构自重轻。另外，悬索桥受力简单明确，在将主缆架设完成之后，便形成了强大稳定的结构支撑系统，使得加劲梁的施工安全方便，施工过程中的风险相对较小。

（4）刚架桥的受力状态介于梁桥与拱桥之间，刚架桥的跨中建筑高度可做得较小，因此，通常适用于需要较大的桥下净空和建筑高度受到限制的情况，如跨线桥、立交桥和高架

桥等。

（5）斜拉桥的主要受力特点是：斜拉索受拉力，它将主梁多点吊起（类似吊桥），将主梁的恒载和车辆等其他荷载传至塔柱，再通过塔柱传至基础和地基。斜拉桥的结构刚度较悬索桥大，其抗风稳定性较悬索桥好。在目前所有的桥型中，斜拉桥的跨越能力仅次于悬索桥。

5. 答：按桥梁总长和跨径的不同来划分，有特大桥、大桥、中桥、小桥和涵洞。

我国《公路工程技术标准》（JTG B01—2003），规定了特大、大、中、小桥按总长和跨径的分类，如表 1-1 所示。

表 1-1 桥梁按总长和跨径分类

桥梁分类	多孔跨径总长 L/m	单孔跨径 L_k/m
特大桥	$L > 1\,000$	$L_k > 150$
大桥	$100 \leqslant L \leqslant 1\,000$	$40 \leqslant L_k \leqslant 150$
中桥	$30 < L < 100$	$20 \leqslant L_k < 40$
小桥	$8 \leqslant L \leqslant 30$	$5 \leqslant L_k < 20$
涵洞	—	$L_k < 5$

凡是多孔跨径的总长不到 8 m 和单孔跨径不到 5 m 的泄水结构物，均称为涵洞。管涵和箱涵不管孔数多少、跨径多大都只能叫涵洞。

6. 答：桥梁的主要尺寸和术语名称主要包括：净跨径，计算跨径，标准跨径，总跨径，桥梁全长，桥梁高度，建筑高度，拱桥矢高和矢跨比。

7. 答：桥梁结构的体系包括梁式，拱式，悬吊式，刚架与组合体系。常用的是梁式，拱式。

第二章

桥梁总体设计考核内容

本章学习重点： 桥梁设计的基本原则，基本要求，野外勘查工作的内容，设计方案的编制及程序和最优方案的选择，桥梁平、纵、横设计的内容和要求。

教学目标： 使学生掌握桥梁设计的基本原则，基本要求；
使学生掌握桥梁平、纵、横设计的内容和要求；
使学生明确桥梁设计方案的编制及程序和最优方案的选择的方法；
使学生知道桥梁设计野外勘查工作的内容。

能力目标： 根据桥梁设计的基本原则，基本要求，桥梁平、纵、横设计的内容和要求在实际应用时能按要求完成桥梁平、纵、横设计的内容；掌握桥梁设计方案的编制及程序和最优方案的选择的方法；在看到桥型图时可以分清类型，在自己进行梁桥方案选择时能够选择出合适的桥型。

一、判断题（对的划√，错的划×）

1. （   ）当桥墩较高或地质不良，基础工程较复杂而造价较高时，桥梁跨径就选得小一些；反之，当桥墩较矮或地基较好时，跨径就可选得大一些。
2. （   ）如果经济跨径较通航要求者还大，则通航孔应取用较小跨径。
3. （   ）高速公路上的桥梁应设检修道和人行道。
4. （   ）桥型方案比选是在初步设计阶段（两阶段设计）或技术设计阶段（三阶段设计）完成的，一般至少要选择三个以上桥型进行比选，并推荐较优者作为施工图设计阶段用的桥型。
5. （   ）通航净空是在桥孔中垂直于水流方向所规定的空间界限，任何结构构件或航运设施均不得伸入其内。
6. （   ）对于一般小桥，为了改善路线线形，或受到制约时，不可修建斜交桥。
7. （   ）对于一座较长的桥梁，应当分成若干孔，但孔径划分的大小，有几个河中桥墩，哪些是通航孔，哪些不是，这些问题要根据通航要求、地形和地质情况、水文情况以及技术经济和美观的条件来加以确定。
8. （   ）在平原区宽阔河流上的桥梁，通常在主河槽部分按需要、按经济跨径进行分孔，而在两侧浅滩部分布置较大的通航孔。
9. （   ）由于桥梁墩台和桥头路堤压缩了河床，使桥下过水断面减小，流速加大，引起河床冲刷，因此桥梁总跨径必须保证桥下有足够的排洪面积，使河床不致产生过大的冲刷。

10. （　　）桥面的标高根据路线的纵断面设计，或根据设计洪水位、桥下通航需要的净空来确定。

11. （　　）桥梁设计初步阶段包括完成施工详图、施工组织设计和施工预算。

12. （　　）桥位的选择是在服从路线总方向的前提下进行的。

13. （　　）一般来说，桥的跨径越大，总造价越高，施工却越容易。

14. （　　）在同一座桥梁中，由于不同位置外力可能不同，因此可以采取多种形式的桥梁。

二、单项选择题

1. 一般地说，大、中桥桥位的选择，原则上应服从（　　）总方向，路桥综合考虑。
   A. 路线　　　B. 桥梁　　　C. 线形　　　D. 路桥

2. 对于大、中桥梁，为了利用桥面排水，常把桥面做成从桥的中央向桥头两端纵坡为（　　）的双面坡。
   A. 2%～3%　　B. 0.5%～1%　　C. 1%～2%　　D. 3%～5%

3. 当桥面标高由于通航要求而建得比较高时，为了缩短引桥和降低桥头引道路堤的高度，更需要采用（　　）的纵坡。
   A. 单向　　　B. 同向　　　C. 反向　　　D. 双向

4. 在平原区宽阔河流上的桥梁，通常在主河槽部分按需要布置较大的通航孔，而在两侧浅滩部分按（　　）进行分孔。
   A. 标准跨径　　B. 经济跨径　　C. 计算跨径　　D. 净跨径

5. 位于市镇混合交通繁忙处，桥上纵坡和桥头引道纵坡均不得大于（　　）。
   A. 2%　　　B. 3%　　　C. 1%　　　D. 4%

6. 桥梁的分孔关系到桥梁的造价。跨径和孔数不同时，上部结构和墩台的总造价是不同的。通常采用（　　）的分孔方式。
   A. 最经济　　B. 最大　　　C. 最佳　　　D. 最高

7. 当桥墩较高或地质不良，基础工程较复杂而造价较高时，桥梁跨径就选得（　　）。
   A. 小一些　　B. 高一些　　C. 大一些　　D. 矮一些

8. 在山区深谷上、水深流急的江河上，或需在水库上修桥时，为了减少中间桥墩，应（　　）。
   A. 减小桥长　　B. 加大桥长　　C. 减小跨径　　D. 加大跨径

9. 对于无铰拱桥，拱脚允许被设计洪水位淹没，但拱顶底面至计算水位的净高不得小于（　　）。
   A. 1.0 m　　B. 0.25 m　　C. 0.5 m　　D. 2.0 m

10. 对于一般小桥和技术简单、方案明确的中桥，也可采用一阶段设计，即（　　）。
    A. 初步设计　　B. 技术设计　　C. 修正设计　　D. 施工图设计

11. 桥梁总体规划要满足（　　）的原则
    A. 安全、实用、大方、美观　　　B. 经济、实用、耐久、安全
    C. 安全、经济、适用、美观　　　D. 耐久、美观、可靠、适用

12. 下列哪一个选项不属于桥梁总体规划设计的基本内容（　　）。

A. 桥位选定　　　　　　　　B. 桥梁总跨径的确定
C. 桥型选定　　　　　　　　D. 桥梁荷载统计
13. 桥梁总跨径长度的选择要求保证桥下有足够的（　　　）。
　　A. 过水断面　　B. 泄洪量　　C. 通航水位　　D. 通航净空高度
14. 在进行桥梁的纵断面布置时，路与桥相连接的纵向坡度为了桥面排水，一般控制在（　　　）。
　　A. 1%～1.5%　　B. 1.5%～2.0%　　C. 2.0%～3.0%　　D. 3.0%～5.0%
15. 下面关于桥梁分孔问题表述错误的是（　　　）。
　　A. 应考虑通航的要求　　　　B. 与桥梁体系无关
　　C. 需考虑桥梁的施工能力　　D. 需考虑地形条件
16. 在初步设计的技术文件中，下列哪一个资料不需要提供。（　　　）
　　A. 图表资料　　B. 设计和施工方案　　C. 施工预算　　D. 工程数量
17. 当通航跨径小于经济跨径时，应按（　　　）布置桥孔。
　　A. 通航跨径　　B. 标准跨径　　C. 计算跨径　　D. 经济跨径

三、填空题

1. 我国桥梁工程设计应符合（　　　）、（　　　）、（　　　）、（　　　）的要求，同时应满足美观、环境保护和可持续发展的要求。
2. 桥梁纵断面设计包括（　　　）、（　　　）、（　　　）、桥上和桥头引道的纵坡以及基础的埋置深度。
3. 在通航及通行木筏的河流上，必须设置保证桥下安全通航的通航孔。通航孔桥跨结构下缘的标高，应高出自设计通航水位算起的（　　　）。
4. 对大、中桥桥上的纵坡不宜大于（　　　），桥头引道的纵坡不宜大于（　　　）。
5. 桥面净空包括（　　　）和（　　　）。
6. 高速公路、一级公路、二级公路的桥面净高应为（　　　），三级公路、四级公路的桥面净高应为（　　　）。
7. 高速公路和一级公路应设置中间带，中间带由（　　　）及（　　　）组成。
8. 为了桥面上排水的需要，桥面应根据不同类型的桥面铺装，设置从桥面中央倾向两侧的（　　　）的横坡。人行道宜设置向行车道倾斜（　　　）的横坡。
9. 设计阶段按"三阶段设计"进行，即（　　　），（　　　）与（　　　）。
10. 桥梁设计程序：一般采用（　　　）设计，对于技术简单，方案明确的小桥可采用（　　　）设计；对于设计技术复杂又缺乏经验的重大项目或特大桥、互通式立体交叉等，必要时采用（　　　）设计。
11. 公路桥涵设计的基本要求之一是：整个桥梁结构及其各部分构件在制造、安装和使用过程中应具有足够的（　　　）、（　　　）、（　　　）和耐久性。
12. 一个自行车道的宽度为（　　　）米。

四、问答题

1. 桥梁设计的基本原则是什么？
2. 桥梁设计的基本要求有哪些？
3. 桥梁设计的野外勘测要搜集哪些资料？

4. 桥梁分孔应考虑哪些因素？
5. 如何确定桥道标高？
6. 桥梁设计方案选择应遵循怎样的步骤？
7. 桥梁纵断面设计包括哪些内容？
8. 根据方案比较实例（表2-1）进行综合分析评述，哪个方案最优？

表2-1 方案比较表

序号	比较项目 \ 方案类别	第一方案	第二方案	第三方案	第四方案
		主桥：预应力混凝土连续梁（40+4×65+40）m。引桥：预应力混凝土简支梁（11×25）m	主桥：预应力混凝土T形刚构(50+3×80+50)m。引桥：预应力混凝土简支梁（11×25）m	主桥：钢筋混凝土箱型拱桥（4×80）m。引桥：钢筋混凝土平铰坦拱（11×25）m	主桥：预应力混凝土板拉桥（45+90+100+2×45+35）m。引桥：预应力混凝土简支梁（10×25）m
1	桥高/m	27.96	28.10	29.40	28.16
2	桥长/m	620.5	620.5	625.2	631.6
3	最大纵坡/%	2.2	2.4	2.5	2.4
4	工艺技术要求	技术先进，工艺要求较严格。所需设备较少。占用施工场地少	技术较先进，工艺要求较严格。主桥上部构造除用挂篮施工外，挂梁须另搞一套安装设备	已有成熟的工艺技术经验。需用大量的吊装设备。占用施工场地大。须用劳力多	结构新颖，顶推法工艺已有成功经验，工艺要求较严格。所需施工设备最少。占地施工场地少。因系新桥型，须先修试验桥取得经验后才宜采用
5	使用效果	属于超静定结构，受力较好。主桥桥面连续，无伸缩缝，行车条件好，养护也容易	属于静定结构，受力不如超静定结构好。桥面平整度易受悬臂挠度影响，行车条件稍差。主桥每孔有两道伸缩缝，养护较麻烦	拱的承载潜力大。伸缩缝多，养护较麻烦。纵坡较大，东岸广场及引道填土太高，土方量大，土方来源困难	属超静定结构，受力情况需中间试验验证。伸缩缝少，桥面平整
6	造价与用材	造价及钢材排第二，其他各项最省	造价及三材排第三	造价最低，耗用钢材少，但木材水泥和劳动力消耗均最多	尚无实践验证，需做中间试验，故造价较高，用材较多

桥梁总体设计考核答案

一、判断题

1. × 2. × 3. × 4. √ 5. √ 6. × 7. √ 8. × 9. √ 10. √ 11. × 12. √ 13. × 14. √

二、单项选择题

1. A 2. C 3. D 4. B 5. B 6. A 7. C 8. D 9. A 10. D 11. C 12. D 13. A 14. D 15. B 16. C 17. D

三、填空题

1. 技术先进　安全可靠　适用耐久　经济合理
2. 总跨径的确定　桥梁的分孔　桥面标高
3. 通航净空高度
4. 4%　5%
5. 净宽度　净高度
6. 5.00 m　4.50 m
7. 两条左侧路缘带　中间分隔带
8. 1.5%～3.0%　1%
9. 初步设计　技术设计　施工图设计
10. 两阶段　一阶段　三阶段设计
11. 强度　刚度　稳定性
12. 1

四、问答题

1. 答：桥梁设计原则：工程地质条件、水文条件、安全实用、经济、施工方便。

2. 答：桥梁设计的基本要求：包括使用上的要求，工程地质条件的要求，经济上的要求，结构设计的要求，施工上的要求，美观上的要求，环境保护的要求。

3. 答：

（1）桥梁调查。

（2）选择桥位。

（3）绘制桥位附近地形图。

（4）绘制成地质剖面图。

（5）调查和测量河流的水文情况，为确定桥梁的桥面标高、跨径和基础埋置深度提供依据。

（6）调查当地建筑材料（砂、石料等）的来源，水泥、钢材的供应情况以及水陆交通的运输情况。

（7）调查了解施工单位的技术水平、施工机械等装备情况，以及施工现场的动力设备和电力供应情况。

（8）调查和收集有关气象资料，包括气温、雨量及风速（或台风影响）等情况。

（9）调查新建桥位上、下游有无老桥，其桥型布置和使用情况等。

4. 答：要根据通航要求、地形和地质情况、水文情况以及技术经济和美观的条件来加以确定。

5. 答：桥面的标高根据路线的纵断面设计，或根据设计洪水位、桥下通航需要的净空来确定。

6. 答：桥梁设计方案的比选可按照以下步骤进行：

（1）明确各种标高的要求。在桥位纵断面图上，首先按比例绘出设计水位、通航水位、路堤顶面标高、桥面标高、桥下最小净空（或通航净空）、堤顶行车净空位置等。

（2）初拟桥型方案图式。在上述确定了各种标高的纵断面图上，根据泄洪总跨径的要求及前述的分孔原则，初步作出分孔规划后，即可拟出一系列可能实现的桥型方案图式，以免遗漏独具特色的可能的桥型方案。

（3）方案初筛。对初拟的桥型方案作技术和经济上的综合分析和判断，剔除一些在经济上明显较差的方案，从中选出 2~4 个构思好、各具优点的方案，作为进一步详细的研究和比较的桥型方案。

（4）编制详细的桥型方案。在作为初步设计的桥型方案确定之后，首先对每一个方案拟订结构的主要尺寸，进行结构构件的分析和设计，每一桥梁设计方案图中应绘出附有河床断面及地质分层的立面图和横断面图。

（5）编制估算或概算。根据已经编制好的方案详图，可以计算出上、下部结构的主要工程数量，然后依据各省、市或行业的"估算定额"或"概算定额"，编制出各方案的主要材料（钢、木、混凝土等）用量、劳动力数量，并估算全桥的总造价。

（6）最优方案选定。设计方案的评价和比较要全面考虑各项指标，包括工程造价、建设工期、施工设备和能力、养护条件、运营条件以及桥型与环境美观等，综合分析每一方案的优缺点，最后选定一个符合当前条件的最佳推荐方案。在深入比较过程中，应当及时的发现并调整优势方案的不尽合理之处，吸取其他方案的优点，最后选定的方案甚至可能是集聚各个方案长处的另一新方案。

（7）文件整理与汇总。方案比选阶段的工作成果，除了绘制方案比选图以外，还应包括编制方案比选说明书。各方案图上应注明必要的数据，列出方案的主要材料数量，并附注各项说明，如比例、采用的规范名称、荷载等级等。说明书中应阐明设计任务、方案编制依据和标准、各方案的主要特色、施工方法、设计概算以及方案比较的综合性评述，对于推荐方案的较详细说明等。各种测量、地质勘察及水文调查资料、计算资料以及造价估（概）算所依据文件名称等，均可作为附件载入。

7. 答：桥梁纵断面设计包括总跨径的确定，桥梁的分孔，桥面标高，桥上和桥头引道的纵坡以及基础的埋置深度的确定。

8. 答：根据表中提出的前述方案比较分析该桥的关键问题之一是如何降低桥道标高，减小纵坡。由比较可知，第一方案在桥高、桥长、纵坡以及使用效果方面均佳。第二方案施工工艺复杂，结构使用中易开裂，造价用材不经济。第三方案虽造价最低，但从使用效果及用材（除钢材外）、劳动力等方面均逊于第一方案。第四方案比较新颖，工艺先进，但尚无实践经验，需先做试验后方能采用。因此经综合比较，决定推荐第一方案。

第三章

公路桥梁上的作用及作用效应组合考核内容

本章学习重点：桥梁设计作用（荷载）的组成、分类及计算方法；作用效应组合。
教学目标：使学生理解桥梁设计作用（荷载）的组成、分类及计算方法；
使学生掌握如何进行作用组合。
能力目标：熟悉桥梁作用的分类，在实际应用时能分清各种具体作用的种类；
熟悉各种具体作用的计算方法；
掌握作用组合的计算方法，在实际应用中能正确地确定桥梁受到的荷载。

一、名词解释
1. 作用　　　　　2. 永久作用　　　　3. 可变作用　　　　4. 偶然作用
5. 作用短期效应组合　6. 作用长期效应组合　7. 标准值　　　　8. 准永久值
9. 频遇值

二、填空题
1. 作用代表值包括（　　）、（　　）、（　　）。
2. 公路汽车荷载分为（　　）、（　　）两个等级。
3. 通常将桥梁设计荷载分为（　　）、（　　）、（　　）三类。
4. 作用于桥上的风荷载应按（　　）和（　　）分别计算。
5. 偶然作用主要包括（　　）、（　　）、（　　）。
6. 人群荷载属于（　　）。
7. 公路桥涵结构按承载力极限状态设计时，采用（　　）及（　　）两种作用效应组合。
8. 可变作用主要包括（　　）及其影响力、（　　）和（　　）产生的各种变化。
9. 当桥梁计算跨径大于（　　）米时，应进行汽车荷载的纵向折减。
10. 偶然作用的代表值是其（　　）。
11. 一个设计车道上由汽车荷载产生的制动力标准值，按车道荷载标准值在加载长度上计算的总重力的（　　）计算。
12. 当 $L_0 \geqslant 150$ m 时，人群荷载标准值为（　　）kN/m^2。
13. 当桥梁计算跨径 $L_0 \leqslant 50$ m 时，人群荷载标准值为（　　）kN/m^2。

14. 车道荷载的均布荷载应满布于（　　）上，集中荷载只作用于（　　）处。
15. 汽车荷载的局部加载及在 T 梁、箱梁悬臂板上的冲击系数（1+μ）采用（　　）。
16. 一个设计车道上由汽车荷载产生的制动力标准值，按车道荷载标准值在加载长度上计算的总重力的（　　）计算，但公路－Ⅰ级汽车荷载的制动力标准值不得小于（　　）kN，公路－Ⅱ级汽车荷载的制动力标准值不得小于（　　）kN。

三、选择题

1. 我国现行公路规范中，将桥梁设计荷载分为（　　）。
   A. 恒载、可变荷载、地震力　　　　B. 永久荷载、基本可变荷载、其他可变荷载
   C. 永久作用、可变作用、偶然作用　D. 结构自重、车辆荷载、偶然荷载
2. 水浮力和基础变位影响力属于（　　）。
   A. 永久作用　　B. 可变作用　　C. 偶然作用　　D. 可变作用和永久作用
3. 对于跨河桥而言，流水压力属于（　　）。
   A. 永久作用　　B. 可变作用　　C. 恒载　　　　D. 偶然作用
4. 有人行道的桥梁，利用荷载组合 1 进行验算时（　　）。
   A. 需要计入人群荷载　　　　　　B. 不计入人群荷载
   C. 计入 1.4 倍的人群荷载　　　　D. 计入 1.1 倍的人群荷载
5. 位于曲线上桥梁，当曲线半径等于或小于（　　）时，应计算车辆荷载的离心力。
   A. 100 m　　　B. 200 m　　　C. 250 m　　　D. 500 m
6. 作用于公路桥梁上的车辆荷载等级取决于（　　）。
   A. 交通量　　　B. 标准跨径　　C. 公路等级　　D. 桥梁类型
7. 混凝土的收缩和徐变属于（　　）。
   A. 永久作用　　B. 可变作用　　C. 偶然作用　　D. 上述三个答案都不对
8. 在桥梁墩、台计算中，对于（　　）计入汽车荷载的冲击力。
   A. 重力式墩、台　　　　　　　　B. 钢筋混凝土柱式墩、台
   C. 任何型式墩、台均不需要　　　D. a 和 b
9. 桥台计算时，车辆布载可按（　　）布置。
   A. 车辆荷载仅布置在台后填土的破坏棱体上
   B. 车辆荷载仅布置在桥跨结构上
   C. 车辆荷载同时布置在桥跨结构和破坏棱体上
   D. A、B、C 都正确
10. 对于四车道桥梁，在设计计算时，四行车队重力可折减（　　），但不得小于两行车队计算结果。
    A. 70%　　　B. 30%　　　C. 25%　　　D. 5%
11. 下列哪种作用不属于永久作用？（　　）
    A. 预加力　　　　　　　　　　　B. 混凝土收缩及徐变作用
    C. 基础变位　　　　　　　　　　D. 温度作用
12. 某高速公路上有一座计算跨径为 22.5 m 的桥梁，其集中荷载标准值为（　　）。
    A. 180 kN　　B. 270 kN　　C. 320 kN　　D. 360 kN
13. 下列哪一组可变作用不能同时组合？（　　）

A. 流水压力和汽车制动力　　　　B. 流水压力和土侧压力
C. 汽车制动力和人群荷载　　　　D. 人群荷载和土侧压力

14. 同向行驶三车道的汽车荷载制动力标准值为一个设计车道制动力标准值的（　　）倍。
A. 2　　　　B. 2.34　　　　C. 2.68　　　　D. 3

15. 填料厚度（包括路面厚度）等于或大于（　　）的拱桥、涵洞以及重力式墩台不计冲击力。
A. 0.3 m　　　B. 0.5 m　　　C. 0.6 m　　　D. 0.7 m

16. 汽车外侧车轮的中线离人行道或安全带边缘的距离不得小于（　　）。
A. 1　　　　B. 0.7　　　　C. 0.5　　　　D. 0.25

17. 位于曲线上的桥梁，当曲线半径等于或小于（　　）时，应计算车辆荷载的离心力。
A. 100 m　　　B. 200 m　　　C. 250 m　　　D. 500 m

18. 汽车制动力对桥梁的作用方向为（　　）。
A. 与汽车行驶方向相同　　　　B. 与汽车行驶方向相反
C. 方向随机不定

19. 新规范中规定桥梁的冲击系数（1+μ）（　　）。
A. 随跨径或荷载长度增大而增大　　B. 随跨径或荷载长度增大而减小
C. 随跨径或荷载长度减小而增大　　D. 与结构的基频有关

20. 下列各桥梁上的作用中，属于可变作用的是（　　）。
A. 土侧压力　　　　　　　　B. 水的浮力
C. 温度作用　　　　　　　　D. 混凝土收缩及徐变作用

21. 桥梁结构的整体计算中，汽车荷载采用（　　）计算。
A. 公路－Ⅰ级荷载　　　　　B. 公路－Ⅱ级荷载
C. 车辆荷载　　　　　　　　D. 车道荷载

四、判断题（对的划√，错的划×）

1. （　　）公路桥梁行车道宽度取决于公路等级。
2. （　　）荷载组合时，挂车荷载不与人群荷载组合。
3. （　　）混凝土收缩徐变属于可变荷载。
4. （　　）通常汽车荷载横向折减系数的值小于1，且没有负值。
5. （　　）在设计四车道桥涵时，考虑到四行车队单向并行通过的概率较小，计算荷载可折减30%，但折减后不得小于用两行车队计算的结果。
6. （　　）暗涵不计汽车的冲击作用。
7. （　　）汽车制动力可以与冰压力同时组合。
8. （　　）桥台计算纵、横向风荷载。
9. （　　）可变作用也称为活载。
10. （　　）对公路桥梁结构最基本的作用效应组合是：永久作用效应＋汽车荷载效应＋人群荷载效应。
11. （　　）在计算主梁汽车荷载内力计算时，两车道的折减系数ξ取值为1。

五、问答题

1. 桥梁设计作用（荷载）主要包括哪些作用力？
2. 承载能力极限状态作用效应组合方式有哪几种？试说明。
3. 何为偶然荷载？桥梁工程中需考虑的偶然荷载有哪些？
4. 汽车冲击力产生的原因是什么？在计算中主要考虑哪些因素的影响？
5. 制动力是怎样产生的？其大小、方向和作用点如何？
6. 风荷载的基本风压是如何确定的？风荷载标准强度计算时，还应考虑哪些因素？
7. 作用（荷载）效应的组合有什么原则？公路桥规的作用效应组合有哪几类？
8. 何谓冲击作用？
9. 作用于桥梁的车辆荷载，其影响力有哪些？

公路桥梁上的作用及作用效应组合考核答案

一、名词解释

1. 作用：指施加在结构上的一组集中力或分布力，或引起结构外加变形或约束变形的原因。
2. 永久作用：指在结构使用期间，其量值不随时间而变化，或其变化值与平均值比较可忽略不计的作用。
3. 可变作用：指在结构使用期间，其量值随时间变化，且其变化值与平均值比较不可忽略的作用。
4. 偶然作用：指在结构使用期间出现的概率很小，一旦出现，其值很大且持续时间很短的作用。
5. 作用短期效应组合：永久作用标准值效应与可变作用频遇值效应相组合。
6. 作用长期效应组合：永久作用标准值效应与可变作用准永久值效应相组合。
7. 标准值：在设计基准期内（公路桥涵结构的设计基准期为 100 年）是不变的，它的代表值只有一个，即标准值。
8. 准永久值：一种可变作用代表值，作用概率分布的 0.5 分位值，用于正常使用极限状态长期效应组合设计（经常出现者）。
9. 频遇值：一种可变作用代表值，作用概率分布的 0.95 分位值，用于正常使用极限状态短期效应组合设计（频繁出现且量值较大者）。

二、填空题

1. 标准值　频遇值　准永久值
2. 公路－Ⅰ级　公路－Ⅱ级
3. 永久作用　可变作用　偶然作用
4. 横桥向风荷载　顺桥向风荷载
5. 地震作用　船舶或漂流物的撞击作用　汽车撞击作用
6. 可变作用
7. 基本组合　偶然组合
8. 汽车荷载　自然　人群

9. 150

10. 标准值

11. 10%

12. 2.5

13. 3.0

14. 使结构产生最不利效应的同号影响线　相应影响线中一个最大影响线峰值

15. 1.3

16. 10%　165　90

三、选择题

1. C　2. A　3. B　4. B　5. C　6. C　7. A　8. A　9. D　10. B　11. D　12. B　13. A　14. B　15. B　16. C　17. C　18. A　19. D　20. C　21. D

四、判断题

1. √　2. ×　3. ×　4. √　5. √　6. √　7. ×　8. ×　9. √　10. √　11. √

五、问答题

1. 答：

（1）永久作用包括结构重力、预加力、土的重力、土的侧压力、混凝土收缩及徐变作用、水的浮力、基础变位作用。永久作用应采用标准值作为代表值。

（2）可变作用包括汽车荷载、汽车冲击力、汽车离心力、汽车引起的土的侧压力、人群荷载、汽车制动力、风荷载、流水压力、冰压力、温度作用。

（3）偶然作用主要是地震作用、船舶或漂流物的撞击作用、汽车撞击作用。

2. 答：

（1）基本组合：永久作用的设计值效应与可变作用设计值效应相组合，其效应组合表达式为：

$$\gamma_0 S_{ud} = \gamma_0 \left(\sum_{i=1}^{m} \gamma \gamma_{Gi} SG_{ik} + \gamma_{Q1} SQ1_k + \psi_c \sum_{j=2}^{n} \gamma_{Qj} SG_{jk} \right)$$

或

$$\gamma_0 S_{ud} = \gamma_0 \sum_{i=1}^{m} S_{Gid} + S_{Q1d} + \psi_c \sum_{j=2}^{n} S_{Qjd}$$

（2）偶然组合：永久作用标准值效应与可变作用某种代表值效应、一种偶然作用标准值效应相结合。

3. 答：

偶然荷载（作用）是在结构使用期间，出现的概率很小，一旦出现，其值很大且持续时间很短的作用。偶然荷载（作用）主要是地震作用、船舶或漂流物的撞击作用、汽车撞击作用。

4. 答：

汽车以较高的速度驶过桥梁时，桥梁产生的应力与变形比大小相等的静载引起的要大一些，这是因为汽车荷载不是慢慢地增加，而是以较快的速度突然加载于桥上，因而使桥梁发生震动。同时，由于桥面不平整、车轮不圆以及发动机抖动等原因，也会使桥梁结构发生震动。这种由于荷载的动力作用使桥梁发生振动而造成内力加大的现象称为冲击作用。也就是说，桥梁不仅承受车辆荷载的重力作用，还受到一种冲击力。

钢桥、钢筋混凝土及预应力混凝土桥、圬工拱桥等上部构造和钢支座、板式橡胶支座、盆式橡胶支座及钢筋混凝土柱式墩台，应计算汽车的冲击作用；填料厚度（包括路面厚度）等于或大于 0.5 m 的拱桥、涵洞以及重力式墩台不计冲击力。

5. 答：

制动力是汽车在桥上制动时为克服其惯性力而在车轮与路面之间发生的滑动摩擦力。方向：与行车方向一致；作用点：公路桥面以上 1.2 m。

计算原则：

对刚性墩台，制动力全部由固定支座承担；

对设有板式橡胶支座的刚性墩台，按跨径两端支座的抗推刚度进行分配；

对设有板式橡胶支座的柔性墩台，按支座与墩台刚度集成方法进行传递和分配。

6. 答：

（1）取平坦空旷地面、离地面 10 m 高、重现期为 100 年的 10 min 平均最大风速，为桥梁所在地区的设计基本风速，记为 v_{10}（单位：m/s），该风速可按规范取值并经实地调查核实后采用。

基本风压：

$$W_0 = \frac{\gamma v_{10}^2}{2g}$$

（2）风载阻力系数；地形、地理条件系数；设计风速重现期；地面粗糙度类别和梯度风的风速高度变化；阵风风速。

7. 答：

（1）组合原则：作用效应组合应只涉及结构上可能同时出现的作用效应，并以桥梁在施工或运营时可能处于最不利受力状态为原则。当结构或结构构件需作不同受力方向的验算时，则应以不同方向的最不利效应组合进行设计。当可变作用的出现对结构或结构构件产生有利影响时，该作用不应参与组合；实际不可能同时出现的可变作用，或组合概率很小的作用，不考虑其作用效应的组合。多个偶然作用不同时参与组合。

（2）分类：两种极限状态，按承载能力极限状态和正常使用极限状态进行作用效应组合，取其最不利效应组合进行设计。

① 承载能力极限状态：基本组合，永久作用的设计值效应与可变作用设计值效应相组合。偶然组合，永久作用标准值效应与可变作用某种代表值效应、一种偶然作用标准值效应相结合。

② 正常使用极限状态：作用短期效应组合，永久作用标准值效应与可变作用频遇值效应相组合。作用长期效应组合，永久作用标准值效应与可变作用准永久值效应相组合。

8. 答：汽车以较高的速度驶过桥梁时，桥梁产生的应力与变形比大小相等的静载引起的要大一些，这是因为汽车荷载不是慢慢地增加，而是以较快的速度突然加载于桥上，因而使桥梁发生震动。同时，由于桥面不平整，车轮不圆以及发动机抖动等原因，也会使桥梁结构发生震动。这种由于荷载的动力作用使桥梁发生振动而造成内力加大的现象称为冲击作用。也就是说，桥梁不仅承受车辆荷载的重力作用，还受到一种冲击力。钢桥、钢筋混凝土及预应力混凝土桥、圬工拱桥等上部构造和钢支座、板式橡胶支座、盆式橡胶支座及钢筋混凝土柱式墩台，应计算汽车的冲击作用；填料厚度（包括路面厚度）等于或大于0.5 m的拱桥、涵洞以及重力式墩台不计冲击力。

9. 答：汽车冲击力、汽车离心力、汽车引起的土侧压力、汽车制动力。

第四章

桥面布置与构造考核内容

本章学习重点：桥面铺装的含义组成；防水与排水系统的类型及构造；桥面伸缩缝的作用及构造。

教学目标：使学生了解桥面系的组成；

使学生掌握桥面纵、横坡的设置及桥面铺装的类型；

使学生掌握桥面防排水设施的种类；

使学生掌握桥面伸缩缝的类型及设置方法。

使学生了解人行道、栏杆与灯柱的设置。

能力目标：掌握桥面铺装的类型、桥面防排水设施和伸缩缝的类型，在实际工作中合理选择。

一、名词解释

1. 桥面铺装 2. 伸缩缝 3. 伸缩装置 4. 桥面连续构造 5. 三油二毡

二、填空题

1. 桥面系包括：（   ）、（   ）、（   ）、（   ）、（   ）和（   ）等。
2. 公路桥面的横坡，一般为（   ）。
3. 混凝土梁式桥采用的泄水管道有（   ）、（   ）、（   ）三种型式。
4. 桥面常见的伸缩装置有（   ）、（   ）、（   ）、（   ）。
5. 人行道一般高出行车道（   ）m。
6. 栏杆有（   ）、（   ）两种形式。
7. 照明用灯一般高出桥面（   ）m左右。
8. 混凝土梁式桥桥面布置形式有（   ）、（   ）、（   ）。
9. 桥面铺装的表面通常采用（   ）形或（   ）形横坡。
10. 高速公路和一级公路特大桥、大桥的桥面铺装宜采用（   ），厚度不宜小于（   ）mm。
11. 桥面布置形式有（   ）、（   ）、（   ）三种。
12. 装配式钢筋混凝土和预应力混凝土梁桥的桥面铺装，目前采用的一般形式有（   ）、（   ）和（   ）三种。
13. 在桥面排水中，当纵坡大于2%而桥长小于50米时，宜在桥上每隔（   ）米设置一个泄水管。

14. 在选择伸缩装置的类型时，主要取决于桥梁的（　　　）。

三、选择题

1. 水泥混凝土桥面铺装，混凝土强度等级不宜小于（　　　）。
   A. C40　　　　B. C25　　　　C. C35　　　　D. C45

2. 当公路桥桥面纵坡大于（　　　），而桥长小于（　　　）m 时，一般能保证通过桥头引道排水，桥上就可不设泄水管。
   A. 2%、25　　　B. 3%、15　　　C. 2%、50　　　D. 3%、50

3. 金属泄水管的内径为（　　　）。
   A. 0.10~0.15 m　B. 0.20~0.30 m　C. 0.10~0.25 m　D. 0.15~0.20 m

4. 桥面的人行道表面设置（　　　）的直线型横坡。
   A. 3%　　　　B. 2%　　　　C. 1%　　　　D. 不设横坡

5. 对于大中跨径的简支梁桥，一般采用（　　　）伸缩装置。
   A. U 形锌铁皮式伸缩装置　　　　B. 跨搭钢板式伸缩装置
   C. 橡胶伸缩装置　　　　　　　　D. 桥面连续构造

6. 高速公路上采用（　　　）伸缩装置。
   A. U 形锌铁皮式伸缩装置　　　　B. 跨搭钢板式伸缩装置
   C. 橡胶伸缩装置　　　　　　　　D. 桥面连续构造

7. 桥梁纵坡小于 2% 时，桥梁上应设置（　　　）泻水管
   A. 6~8 m 设置一个　　　　　　　B. 6~8 个
   C. 12~15 m 设置一个　　　　　　D. 12~15 个

8. 小型桥梁中常用的伸缩缝为（　　　）。
   A. 钢梳齿板型伸缩缝　　　　　　B. 矩形橡胶条型伸缩缝
   C. U 形镀锌铁皮伸缩缝　　　　　D. 模数支承式伸缩缝

9. 下列属于刚性护栏的是（　　　）。
   A. 金属制护栏　　　　　　　　　B. 钢筋混凝土墙式护栏
   C. 缆索护栏　　　　　　　　　　D. 波形梁护栏

四、判断题（对的划√，错的划×）

1. （　　）桥面纵坡一般都做成单向纵坡。
2. （　　）防水层在桥面伸缩缝处应该切断，并应特别注意该处的施工质量控制。
3. （　　）一个完整的排水系统，由桥面纵坡、横坡与一定数量的泄水管构成。
4. （　　）荷载标准是决定桥面宽度的因素之一。
5. （　　）设置三角垫层是设置桥面横坡的唯一方式。
6. （　　）桥面横坡构成桥面排水系统的一部分。
7. （　　）伸缩缝应该能够保证上部结构的自由伸缩。
8. （　　）人行道、栏杆和桥面，在有变形缝处，均应设置贯通全桥宽度的伸缩缝。
9. （　　）高速公路上可设置人行道。
10. （　　）桥面纵坡是通过主梁梁高来实现。

五、问答题

1. 桥面铺装的作用是什么？有哪几种类型？
2. 桥面排水有哪些方法？
3. 桥面伸缩装置有哪几种类型？各适用于什么条件？
4. 为何要设置桥梁伸缩缝？其作用是什么？
5. 桥面横坡的作用是什么？常见的桥面横坡设置办法有哪几种？
6. 在桥面连续处力的传递方式与结构连续处有何不同？
7. 人行道的设置方法有哪些？
8. 桥面铺装材料要求。

桥面布置与构造考核答案

一、名词解释

1. 桥面铺装：桥面铺装也称行车道铺装或桥面保护层，其作用是保护属于主梁整体部分的行车道板不受车辆轮胎（或履带）的直接磨耗，防止主梁遭受雨水的侵蚀，并能对车辆轮重的集中荷载起一定的分布作用。
2. 伸缩缝：为适应材料胀缩变形对结构的影响，而在桥跨结构的两端设置的间隙。
3. 伸缩装置：使车辆平稳通过桥面并满足桥面变形的需要，在伸缩缝处设置的各种装置的总称。
4. 桥面连续构造：是无缝式伸缩装置的一种形式，其实质就是将简支的上部构造在其伸缩缝处施行铰接，使桥面连续。
5. 三油二毡：先在垫层上用水泥砂浆抹平，待硬化后在其上涂一层热沥青底层，随即贴上一层油毛毡（或麻袋布、玻璃纤维织物等），上面再涂上一层沥青胶砂，贴一层油毛毡，最后再涂一层沥青胶砂。通常将这种做法的防水层称为"三油二毡"防水层。

二、填空题

1. 桥面铺装　排水和防水系统　伸缩装置　人行道（或安全带）　缘石　栏杆　灯柱
2. 1.5% ~ 2.0%
3. 金属泄水管　钢筋混凝土泄水管　横向排水管
4. U形锌铁皮式伸缩装置　跨搭钢板式伸缩装置　橡胶伸缩装置　桥面连续构造
5. 0.25 ~ 0.35
6. 节间形　连续形
7. 5
8. 双车道布置　分车道布置　双层桥面布置
9. 抛物线　直线
10. 沥青混凝土　70
11. 双向车道布置　分车道布置　双层桥面布置
12. 普通水泥混凝土或沥青混凝土铺装　防水混凝土铺装　具有贴式防水层的水泥混凝土或沥青混凝土铺装
13. 12 ~ 15 m

14. 伸缩量

三、选择题

1. A 2. C 3. A 4. C 5. B 6. D 7. A 8. C 9. B

四、判断题

1. × 2. √ 3. √ 4. √ 5. × 6. √ 7. √ 8. × 9. × 10. ×

五、问答题

1. 答：桥面铺装作用是保护属于主梁整体部分的行车道板不受车辆轮胎（或履带）的直接磨耗，防止主梁遭受雨水的侵蚀，并能对车辆轮重的集中荷载起一定的分布作用。

类型：普通水泥混凝土或沥青混凝土铺装、防水混凝土铺装、具有贴式防水层的水泥混凝土或沥青混凝土铺装。

2. 答：桥面排水除采取在桥面上设置纵、横坡之外，常常还需要设置一定数量的泄水管。常用的排水管有：金属泄水管、钢筋混凝土泄水管、横向排水管。

3. 答：（1）U 形锌铁皮式伸缩装置，适用于中小跨径的桥梁，当变形量在 2~4 cm 以内时，常采用以锌铁皮为跨缝材料的伸缩装置构造。

（2）跨搭钢板式伸缩装置，适用于梁端变形量较大（4~6 cm 以上）的情况，可采用以钢板为跨缝材料的伸缩装置构造。

（3）橡胶伸缩缝，适用于各种跨径桥梁，由于结构不同，变形量范围大；用橡胶为跨缝材料；桥面连续，适用于多孔简支梁；用弹塑体为跨缝材料。

（4）橡胶伸缩装置。

（5）桥面连续构造。

4. 答：为了保证桥跨结构在气温变化、活载作用、混凝土收缩与徐变等影响下按静力图式自由地变形，就需要使桥面在两梁端之间以及在梁端与桥台背墙之间设置伸缩缝。其作用有：

（1）能保证结构温度变化所引起的伸缩变形；

（2）车辆驶过时应能平顺、不打滑、无突跳、过大噪声与振动；

（3）具有安全排水防水的构造，防止雨水侵蚀、垃圾及泥土的阻塞和对伸缩缝本身以及对桥面以下支座和其他结构的损坏，影响功能正常的发挥。

5. 答：为了迅速排出桥面雨水，桥梁除设有纵向坡度外，尚应将桥面铺装层的表面沿横向设置成 1.5%~2.0% 的双向横坡。

（1）对于板桥（矩形板或空心板）或就地浇筑的肋板式梁桥，为节省铺装材料并减轻重力，可以将横坡直接设在墩台顶部而做成倾斜的桥面板，此时铺装层在整个桥宽上就可做成等厚的，而不需设置混凝土三角垫层。

（2）对于装配式肋梁桥，为使主梁构造简单、架设和拼装方便，通常横坡不再设置在墩台顶部，而是通过在行车道板上铺设不等厚的铺装层（包括混凝土三角垫层和等厚的混凝土铺装层）以构成桥面横坡。

（3）在较宽的桥梁（如城市桥梁）中，用三角垫层设置横坡将使混凝土用量与恒载重量增加过多。为此，也可直接将行车道板做成倾斜面而形成横坡，但这样会使主梁的构造和施工稍趋复杂。

6. 答：桥面连续的多孔简支梁桥，在竖直荷载作用下的变形状态属于简支体系，而在纵向水平力作用下则属于连续体系。

7. 答：在跨径较小的现浇板梁桥中，可将现浇悬臂板作为人行道板；在装配式板桥中，可专设人行道板梁，采用局部加高墩台盖梁的方法来抬高人行道板梁；在跨径较大的装配式板桥中，专设人行道板梁就不经济，此时常预制一些人行道块件搁置于板上，形成人行道。

8. 答：要求有一定的强度，不易开裂，并耐磨。

第二篇　钢筋混凝土和预应力混凝土梁式桥

第五章

梁桥的一般特点及分类考核内容

> **本章学习重点**：钢筋混凝土梁桥和预应力混凝土梁桥的一般特点；
> 　　　　　　　梁式桥的主要类型和适用条件。
> **教学目标**：使学生掌握钢筋混凝土梁式桥和预应力混凝土梁式桥的特点；
> 　　　　　使学生明确钢筋混凝土梁式桥与预应力混凝土梁式桥的区别；
> 　　　　　使学生知道梁式桥的主要分类形式及各类不同桥型的适用条件。
> **能力目标**：掌握钢筋混凝土和预应力混凝土梁式桥的特点，在实际应用时能分清两种不同的结构；
> 　　　　　掌握不同分类的桥型型式及使用时的适用跨径；
> 　　　　　在看到桥型图时可以分清类型，在自己进行梁桥方案选择时，能够选择出合适的桥型。

一、名词解释
1. 肋梁桥　2. 箱形梁　3. 装配－整体组合式板桥　4. 板桥　5. 装配式梁桥

二、判断题（对的划√，错的划×）
1.（　　）连续梁桥通常适用于地基不太良好的场合。
2.（　　）连续梁桥适宜的最大跨径为60～70 m。
3.（　　）简支梁桥属于静定结构。
4.（　　）悬臂梁桥属于超静定结构。
5.（　　）装配－整体组合式板桥，在缺乏起重设备的情况下，这种板桥能收到较好的效果。

三、单项选择题

1. 下列梁式桥属于超静定结构的是（　　）。
   A. 简支梁桥　　B. 连续梁桥　　C. 悬臂梁桥　　D. 简支板桥
2. 全预应力混凝土在最大使用荷载下（　　）。
   A. 混凝土不出现任何拉应力　　B. 容许发生不超过规定的拉应力值
   C. 容许发生不超过规定的裂缝宽度　　D. 容许发生超过规定的拉应力值
3. 连续梁桥适宜的最大跨径约（　　）。
   A. 16～20 m　　B. 20～30 m　　C. 40～50 m　　D. 60～70 m
4. 下列桥梁类型中属于静定结构的是（　　）。
   A. 钢筋混凝土简支 T 梁桥　　B. 钢筋混凝土连续板桥
   C. 预应力混凝土连续箱梁　　D. 连续箱梁
5. 肋板式梁桥的适用范围是（　　）。
   A. 10～20 m　　B. 20～40 m　　C. 40～50 m　　D. 50～60 m

四、填空题

1. 根据混凝土受预压程度的不同，预应力混凝土结构又可分为（　　）和（　　）两种。
2. 全预应力混凝土在最大使用荷载下混凝土不出现（　　），部分预应力混凝土则（　　）。
3. 对于装配式钢筋混凝土简支梁桥而言，在技术经济上合理的最大跨径的钢筋混凝土梁桥约为（　　）。悬臂梁桥与连续梁桥合宜的最大跨径约为（　　）。
4. 预应力混凝土简支梁的跨径已达（　　）。
5. 梁式桥按承重结构的截面形式划分为（　　）、（　　）、（　　）。
6. 板桥的承重结构就是（　　）的钢筋混凝土或预应力混凝土板。
7. 中等跨径（　　）的梁桥通常采用肋板式梁桥。
8. 箱梁截面有（　　）、（　　）或（　　）。
9. 梁桥按承重结构的静力体系划分为（　　）、（　　）、（　　）。
10. （　　）是建桥实践中使用最广泛、构造最简单的梁式桥。
11. 简支梁属（　　），且相邻桥孔（　　）受力。
12. 悬臂梁属于（　　），墩台的不均匀沉陷不会在梁内引起（　　）。悬臂梁桥合宜的最大跨径约（　　）。
13. 悬臂梁的主体是长度超出跨径的悬臂结构。仅一端悬出者称为（　　），两端均悬出者称为（　　）。
14. 按有无预应力划分为（　　）、（　　）。
15. 按施工方法划分为（　　）、（　　）、（　　）。
16. 连续梁桥通常适用于（　　）。连续梁桥合宜的最大跨径约（　　）。
17. 钢筋混凝土 T 形截面简支梁桥，既能充分利用主梁截面中扩展的（　　）的抗压能力，又能充分发挥梁肋下部（　　）的抗拉作用。
18. 矩形截面钢筋混凝土板桥最突出的优点是（　　）、（　　）和（　　）。

五、简答题

1. 钢筋混凝土梁桥的一般特点是什么？
2. 预应力混凝土梁桥的一般特点是什么？
3. 板桥的特点是什么？
4. 肋梁桥的特点是什么？
5. 箱形梁的特点是什么？
6. 整体现浇的梁桥的特点是什么？
7. 连续梁桥的特点是什么？

梁桥的一般特点及分类考核答案

一、名词解释

1. 肋梁桥：在横截面内形成明显肋形结构的梁桥称为肋板式梁桥，简称肋梁桥。
2. 箱形梁：横截面呈一个或几个封闭箱形的梁桥，简称为箱形梁桥。
3. 装配-整体组合式板桥：利用一些小型构件安装就位后作为底模，在其上再浇筑混凝土结合成整体的板桥。
4. 板桥：承重结构是矩形截面的钢筋混凝土或预应力混凝土板。
5. 装配式梁桥：上部结构在预制工厂或工地预制场分块预制，再运到现场吊装就位，然后在接头处把构件连接成整体的梁式桥。

二、判断题

1. ×　2. √　3. √　4. ×　5. √

三、单项选择题

1. B　2. A　3. D　4. A　5. B

四、填空题

1. 全预应力　部分预应力
2. 任何拉应力　容许发生不超过规定的拉应力值或裂缝宽度
3. 20 m　60~70 m
4. 50~60 m
5. 板桥　肋梁桥　箱梁桥
6. 矩形截面
7. 20~40 m
8. 单箱单室　单箱双室　多箱多室
9. 简支梁桥　悬臂梁桥　连续梁桥
10. 简支梁桥
11. 静定结构　各自单独
12. 静定结构　附加内力　60~70 m
13. 单悬臂梁　双悬臂梁
14. 钢筋混凝土梁桥　预应力混凝土梁桥
15. 整体浇筑式梁桥　装配式梁桥　组合式梁桥

16. 地基良好的场合　60~70 m
17. 混凝土桥面板　受力钢筋
18. 构造简单　施工方便　建筑高度小

五、简答题

1. 答：

优点：能就地取材、工业化施工、耐久性好、可模性好、适应性强、整体性好以及美观等。

缺点：结构本身的自重大，限制了钢筋混凝土梁式桥的跨越能力。就地浇筑的钢筋混凝土梁桥施工工期长，支架和模板要耗损很多木料。抗裂性能较差，修补也较困难。在寒冷地区以及在雨季建造整体式钢筋混凝土桥梁时，施工比较困难，如采用蒸汽养生以及防雨措施等，则会显著增加造价。

2. 答：除了同样具有钢筋混凝土梁桥的所有优点外，还有下述重要特点：

（1）能最有效地利用现代化的高强材料（高标号混凝土、高强钢材），减小构件截面尺寸，显著降低自重所占全部作用效应设计值的相对密度，增大跨越能力，并扩大混凝土结构的适用范围。

（2）与钢筋混凝土梁相比，一般可以节省钢材 30%~40%，跨径愈大，节省愈多。

（3）全预应力混凝土梁在使用荷载下不出现裂缝，即使是部分预应力混凝土梁在常遇荷载下也无裂缝，鉴于截面能全面参与工作，梁的刚度就比通常开裂的钢筋混凝土梁要大。因此，预应力混凝土梁可显著减小建筑高度，能把大跨径桥梁做得轻柔美观。由于能消除裂缝，这就扩大了对多种桥型的适应性，并更加提高了结构的耐久性。

（4）预应力技术的采用，为现代装配式结构提供了最有效的接头和拼装技术手段。扩大了装配式桥梁的使用范围，提高了运营质量。

3. 答：板桥是公路桥梁中量大、面广的常用桥型，它构造简单、受力明确，施工方便，而且建筑高度较小，从力学性能上分析，位于受拉区域的混凝土材料不但不能发挥作用，反而增大了结构的自重，当跨度稍大时就显得笨重而不经济。

4. 答：梁肋（或称腹板）与顶部的钢筋混凝土桥面板结合在一起作为承重结构。特别对于仅承受正弯矩作用的简支梁来说，既充分利用了扩展的混凝土桥面板的抗压能力，又有效地发挥了集中布置在梁肋下部的受力钢筋的抗拉作用，从而使结构构造与受力性能达到理想的统一。与板桥相比，对于梁肋较高的肋梁桥来说，由于混凝土抗压和钢筋受拉所形成的力偶臂较大，因而肋梁桥也具有更大的抵抗荷载弯矩能力。

5. 答：这种结构除了梁肋和上部翼缘板外，在底部尚有扩展的底板，因此它提供了能承受正、负弯矩的足够的混凝土受压区。箱形梁桥的另一重要特点，是在一定的截面面积下能获得较大的抗弯惯矩，而且抗扭刚度也特别大，在偏心活载作用下各梁肋的受力比较均匀。因此箱形截面能适用于较大跨径的悬臂梁桥和连续梁桥以及斜拉桥，同时也可用来修建全截面均参与受力的预应力混凝土简支梁桥。显然，对于普通钢筋混凝土简支梁桥来说，底板除徒然增加自重外，并无其他益处，故不宜采用。

6. 答：整体现浇的梁桥具有整体性好、刚度大、易于做成复杂形状（如曲线桥、斜交桥）等优点，但其施工速度慢，工业化程度低，又要耗费大量模板支架材料，故目前较少采用。

7. 答：主要特点是：承重结构（板、T形梁或箱梁）不间断地连续跨越几个桥孔而形成一超静定结构。连续梁由于荷载作用下支点截面产生负弯矩，从而显著减小了跨中的正弯矩，这样不但可减小跨中的建筑高度，而且能节省钢筋混凝土数量，跨径增大时，这种节省就愈益显著。由于连续梁是超静定结构，因此，任一墩台基础发生不均匀沉陷时，桥跨结构内会发生附加内力。所以连续梁桥通常适用于地基良好的场合。连续梁桥合宜的最大跨径约 60~70 m。

第六章

板桥的构造考核内容

本章学习重点：板桥的特点及分类；
整体式板桥、装配式板桥的构造特点；
斜交板桥的受力特点与构造特点。

教学目标：使学生掌握板桥的特点和分类；
使学生了解整体式板桥、装配式板桥、装配式等截面连续板桥、撑架连续板桥、整体式变截面连续板桥、漫水桥桥型的构造特点；
使掌握斜交板桥的受力特点与构造特点。

能力目标：掌握板桥的特点和分类；
熟悉板桥的构造图，能读图并理解图中的构造要求；
掌握斜交板桥的构造特点和受力特点。

一、名词解释

1. 斜交角 2. 斜度 3. 正交桥梁 4. 斜交桥梁

二、判断题（对的划√，错的划×）

1.（   ）钢筋混凝土行车道板内主筋直径应不小于 10 mm，间距不大于 20 cm，主筋间距一般也不宜小于 7 cm。

2.（   ）板内主筋弯起时，通过支点的不弯起钢筋，每米板宽内不少于 3 根，截面积不少于主筋截面的 1/4。

3.（   ）弯起的角度为 30°或 45°，弯起的位置为沿板高中线计算的 1/4～1/6 跨径处。

4.（   ）对于分布钢筋，在单位长度板宽内的截面积应不少于主筋截面积的 1%。

5.（   ）分布钢筋也可与主钢筋焊接成分块的钢筋网，相邻钢筋网应互相搭接，其搭接长度应小于钢筋搭接长度的规定。

6.（   ）板的主钢筋与板边缘间的净距应不小于 2 cm，分布钢筋与板边缘间的净距应不小于 1.5 cm。

7.（   ）斜交板支承反力的分布很不均匀，钝角的角隅处的反力会比正交板大几倍，而锐角的角隅处反力变小，甚至会出现负值。

三、填空题

1. 板桥按施工方法分为：（   ）、（   ）及（   ）。

2. 板桥按横截面形式分为：（　　）、（　　）、（　　）、（　　）、（　　）等。

3. 板桥按配筋方式分为：（　　）、（　　）、（　　）。

4. 板桥按力学图式又可以分为三种型式：（　　）、（　　）、（　　）。

5. 简支板桥按施工方法划分为：（　　）、（　　）、（　　）。

6. 装配式简支板桥分为：（　　）、（　　）。

7. 连续板桥一般做成不等跨，边跨跨径为中跨的（　　），这样可以使各跨的跨中弯矩接近相等。

8. 简支板桥可以采用整体式结构，也可以采用装配式结构。整体式结构跨径一般为（　　），装配式结构跨径一般为（　　）。跨径较大时常采用（　　），若跨径更大时则采用（　　），其跨径可达 16～20 m。

9. 企口式混凝土铰连接，常见的有（　　）、（　　）或（　　）。

10. 中、小跨径的斜交桥多采用（　　）或（　　），又有整体与铰接的两种体系。当桥长较大时，还可以做成（　　）。

11. 装配式钢筋混凝土简支斜板桥，当斜度 α = 25°～35°时，块件主钢筋顺（　　）布置，箍筋平行于（　　）布置。

四、简答题

1. 板桥的特点是什么？
2. 板桥按横截面形式分为几种？
3. 板桥按力学图式分为几种型式？
4. 整体式简支板桥的特点是什么？其板内的钢筋是如何设置的？
5. 装配式正交实心板桥的特点是什么？
6. 装配式正交空心板桥板的横截面有几种开孔型式？
7. 装配式板桥安装连接后块件间有几种连接方式？
8. 装配式等截面连续板桥的特点是什么？
9. 撑架连续板桥的特点是什么？
10. 整体式变截面连续板桥的构造特点是什么？
11. 漫水桥的构造特点是什么？
12. 斜交板桥的受力特征如何？
13. 整体式斜板钢筋如何配置的？
14. 装配式斜板钢筋如何配置的？
15. 装配式正交空心板桥的特点是什么？简述其适用范围。

板桥的构造考核答案

一、名词解释

1. 斜交角：斜交板桥的桥轴线与支承线的垂线呈某一夹角，习惯上称此角为斜交角。
2. 斜度：是指桥轴线与水流方向垂线所夹的锐角。
3. 正交桥梁：是指桥轴线与水流方向垂直的桥梁，该种桥梁主筋顺桥轴线，横向钢筋垂直于主筋。

4. 斜交桥梁：是指桥轴线与水流方向不垂直的桥梁，该种桥梁主筋顺桥轴线，横向钢筋部分垂直于主筋，部分平行于主筋。

二、判断题

1. √ 2. √ 3. √ 4. × 5. × 6. √ 7. √

三、填空题

1. 装配式　整体式　组合式
2. 实体矩形　空心矩形　⊓形板　单波式　双波式
3. 钢筋混凝土板　预应力混凝土板　部分预应力混凝土板
4. 简支板桥　悬臂板桥　连续板桥
5. 整体式简支板桥　装配式简支板桥　组合式简支板桥
6. 装配式正交实心板桥　装配式正交空心板桥
7. 0.7～0.8 倍
8. 4～8 m　6～13 m　钢筋混凝土空心板　预应力混凝土空心板
9. 圆形　棱形　漏斗形
10. 实体　空心板　多孔连续斜交板桥
11. 斜跨方向　支承边

四、简答题

1. 答：外形简单，制作方便，不但外部几何形状简单，而且内部一般无需配置抗剪钢筋，仅按构造要求弯起钢筋，因而，施工简单，模板及钢筋工作都较省，也利于工厂化成批生产。

2. 答：板桥按横截面形式分为实体矩形、空心矩形、⊓形板、单波式、双波式等。

3. 答：板桥按力学图式又可以分为以下三种型式简支板桥、悬臂板桥、连续板桥。

4. 答：整体式简支板桥特点：一般均采用等厚度板，它具有整体性能好，横向刚度大，而且易于浇筑各种形状的优点。缺点是其一般为实心截面，其材料使用率亦较低，施工时需要搭设支架，工期较长。

整体式板桥的宽度大，一般均为双向受力板。荷载位于桥中线时，板内产生负弯矩，荷载位于板两边时，板内可能产生负的横向弯矩。所以，针对这些受力特点，除了配置纵向受力钢筋，板内需设置垂直于主钢筋的横向分布钢筋，在板的顶部配置适当的横向受力钢筋。

钢筋混凝土行车道板内主筋直径应不小于 10 mm，间距不大于 20 cm，主筋间距一般也不宜小于 7 cm。板内主筋可以不弯起，也可以弯起，当弯起时，通过支点的不弯起钢筋，每米板宽内不少于 3 根，截面积不少于主筋截面的 1/4。弯起的角度为 30°或 45°，弯起的位置为沿板高中线计算的 1/4～1/6 跨径处。对于分布钢筋，应采用直径不小于 6 mm，间距不大于 25 cm，同时在单位长度板宽内的截面积应不少于主筋截面积的 15%，分布钢筋也可与主钢筋焊接成分块的钢筋网，相邻钢筋网应互相搭接，其搭接长度应符合钢筋搭接长度的规定。板的主钢筋与板边缘间的净距应不小于 2 cm，分布钢筋与板边缘间的净距应不小于 1.5 cm。

5. 答：这种板桥是目前最常用的，它具有形状简单，施工方便，建筑高度小，施工质量易于保证等优点，得到普遍的应用。

6. 答：有如图所示几种形式。

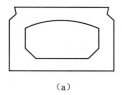 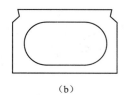 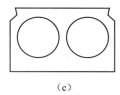 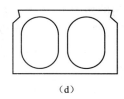

　　　　(a)　　　　　　　　(b)　　　　　　　　(c)　　　　　　　　(d)

（a）、（b）型开成单个较宽的孔，挖空率最大，重量最轻。但顶板需要配置横向受力钢筋，以承担车轮荷载。（a）型略呈微弯形，可以节省一些钢筋，但模板较（b）型复杂。（c）型是用无缝钢管作芯模，能较方便地挖成两个圆孔，但挖空率小，自重较大。（d）型的芯模是由两个半圆和两块侧模组成的，当板厚改变时，只需更换两块侧模板，故较（c）型为好。

　　7. 答：常用企口式混凝土铰连接，即用与预制板同一标号或高一级的细骨料混凝土将预留的圆形、棱形或漏斗形企口加以填实。如考虑铺装层参与受力，则还需要将伸出板面的钢筋加以绑扎。为了加快工程进度，还有用钢板连接。在接缝两侧的板面每隔80～150 cm预埋钢板，安装后再用一块钢板搭焊连接。根据受力特点，钢板间距从跨中向支点由密变疏。

　　8. 答：装配式连续板桥具有连续板桥节省材料和行车顺畅的优点，也具有装配式结构节省支架、模板，能加快工程进度的特点。为了减轻吊装重量，不但沿横向可以分条预制，而且也可以沿纵向分段，安装后进行现浇混凝土接头，使之形成整体。

　　9. 答：其特点是将板厚分为预制安装部分和现浇加厚部分，使之大大减轻了安装重量；再者在桥墩上设置三角形的八字斜撑，使每一孔增加两个支承点，因而内力分布更加均匀，使弯矩峰值降低，所需材料相应减少。为了进一步减小安装重量，纵向预制段可以划在支撑处，相当于将每孔划分为三段安装，通过现浇混凝土层将预制安装构件加以整体化。这样显然能降低材料用量。但是，在施工中，要充分注意对称、均衡地加载。对于多孔桥，还应注意大孔安装所产生的推力对邻孔的影响；并应加强接缝处的连接工作，以增强全桥的整体性。

　　10. 答：一般在桥高不大，支架、模板消耗木材不多或采用钢支架、钢组合模板时，为了加强整体刚度和简化施工工序，往往考虑采用整体式连续板桥。由于混凝土的整体浇筑，使板的强度、刚度要比同一形式、相同尺寸的装配式板桥大，即在满足相同荷载要求的前提下，截面尺寸可以做得更小些。

　　11. 答：在河床宽浅，洪水历时很短的季节性河流上，修建漫水桥是经济合理的。漫水桥除了要满足与高水位桥同等的承载能力外，还应尽量做到阻水面积小，结构的整体性和横向稳定性大，不致被水冲毁。因此，设计漫水桥应注意：

（1）板的上、下游边缘宜做成圆端形，以利水流顺畅通过。

（2）必须设置与主钢筋同粗的栓钉与墩台锚固，以防水流冲毁。

　　12. 答：

（1）斜交板除了跨径方向的纵向弯矩外，在钝角处还产生相当大的垂直于钝角平分线的负弯矩，其值随着斜交角的增大而增大，但影响范围不大。

（2）斜交板支承反力的分布很不均匀，钝角的角隅处的反力会比正交板大几倍，而锐角的角隅处反力变小，甚至会出现负值。

（3）纵向最大弯矩的位置，随着斜交角的增大从跨中间向钝角部位转移。

（4）斜交板的最大纵向弯矩，一般比与斜跨径相等的正交板要小，而横向弯矩则要大得多。

（5）斜交板的扭矩变化很复杂，沿板的自由边和支承边上都有正负扭矩交替产生。

13. 答：

（1）主钢筋。主钢筋配置的数量应依主弯矩的大小来定；配置方向应与主弯矩方向保持一致。

（2）分布钢筋。横向的受力钢筋，按钢筋方向的弯矩值进行配置。当 $l/b \geq 1.3$ 时，从钝角起以垂直于主筋的方向配置到对边的钝角处；靠近支承边的区域内，以平行于支承边配置，到与中间部分的分布钢筋相衔接为止。当 $l/b < 1.3$ 时，分布钢筋沿平行于支承边布置。

（3）附加钢筋。

① 钝角顶面。由于负弯矩的作用，在钝角部分板的顶面，与钝角二等分线呈直角的方向，会产生很大的拉力，可在钝角顶面设置与钝角等分线垂直的附加钢筋。

② 自由边顶面。为了抵抗扭矩，在每边约 $l/5$ 的范围内，要设置附加钢筋（纵向钢筋及分布钢筋）。

③ 钝角底面。钝角处有平行于钝角等分线方向的正弯矩，所以在平行于钝角等分线方向要设置附加钢筋。钝角处支反力很大，也有必要适当设置一些加强钢筋。

14. 答：装配式斜板桥的跨宽比（l/b）一般均大于 1.3，主钢筋沿斜跨径方向配置，分布钢筋在钝角角点之间的范围内与主钢筋垂直，在靠近支承边附近，其布置方向则与支承边平行。

因跨径和斜交角不同而异。这些板的钢筋布置方案大体分两种。

第一方案：当斜交角 $\varphi = 25° \sim 35°$ 时，主钢筋沿斜跨方向布置，分布钢筋按平行于支承边方向布置。

第二方案：当斜交角 $\varphi = 40° \sim 60°$ 时，主钢筋沿斜跨方向布置，分布钢筋在钝角角点之间按垂直与主钢筋布置，在锐角角点与钝角角点之间按平行于支承边布置。

此外，在各种块件的两端还要布置一些加强钢筋。当 $\varphi = 40° \sim 50°$ 时，要布置底层加强钢筋，其方向则与支承边相垂直；当 $\varphi = 55° \sim 60°$ 时，除了底层要布置垂直于支承边的加强钢筋以外，在顶层还要布置与钝角的二等分线相垂直的加强钢筋。

15. 答：当跨径增大时，实体矩形截面就显得不甚合理，因而将截面中部部分地挖空，做成空心板，这样不仅能减轻自重，而且能充分合理地利用材料。

钢筋混凝土空心板桥目前使用跨径范围在 6~13 m，板厚为 0.4~0.8 m；预应力混凝土空心板桥常用跨径在 8~16 m，其板厚为 0.4~0.7 m。空心板较同跨径的实体板重量轻，运输安装方便，而建筑高度又较同跨径的 T 梁小，因而目前使用较多。

第七章

装配式简支梁桥的构造考核内容

> **本章学习重点**：装配式简支梁桥的截面型式；
> 　　　　　　　　块件的划分原则及常用的划分方法；
> 　　　　　　　　装配式钢筋混凝土简支梁桥的主梁与横隔梁的布置、尺寸拟定及钢筋构造；
> 　　　　　　　　装配式预应力混凝土简支梁桥的构造布置、截面尺寸拟定及配筋特点；
> 　　　　　　　　组合梁桥常用的类型。
> **教学目标**：使学生掌握装配式简支梁桥的截面型式；
> 　　　　　　使学生掌握装配式钢筋混凝土简支梁桥的构造要求；
> 　　　　　　使学生掌握预应力混凝土简支梁桥的构造要求。
> **能力目标**：掌握装配式简支梁桥的构造特点和构造要求；
> 　　　　　　熟悉规范中关于钢筋混凝土简支梁桥和预应力混凝土简支梁桥的规定；
> 　　　　　　能够读懂本章简支梁桥的构造图与钢筋图。

一、名词解释

1. 组合梁桥 2. 横隔梁 3. 串联梁 4. 保护层 5. 架立钢筋

二、判断题（对的划√，错的划×）

1.（　　）预应力混凝土简支梁桥的横截面类型，基本上与钢筋混凝土梁桥相似，通常也做成T形、Π形、I形和箱形。

2.（　　）主梁的高度是随截面形式、主梁片数及建筑高度的不同而不同。

3.（　　）预应力混凝土简支T梁的梁肋下部通常加宽做成马蹄形，以便钢丝束的布置和满足承受很大预压力的需要。

4.（　　）从预应力梁的受力特点可知，为了使截面布置经济合理，节省预应力筋的配筋数量，T形梁截面的效率指标 ρ 应大于0.5。

5.（　　）对于预应力比较集中的下翼缘（下马蹄）内必须设置开口式加强箍筋，其间距不大于20 cm。

6.（　　）对于一定的跨径或桥宽的桥梁而言，采用何种预制主梁截面，主梁的间距多大，应从经济的材料用量、尽可能减少预制工作量，并考虑单片主梁的吊装重量等各方面去优选。

7. （　　）主梁的合理高度与梁的间距同活载的大小等有关。对于跨径 10 m、13 m、16 m、20 m 的标准设计采用的梁高相应为 0.7 m、0.9 m、1.1 m、1.3 m。

8. （　　）在实际预制时，翼板的宽度应比主梁中距小 2 cm，以便设置伸缩缝。

9. （　　）试验证明，焊接钢筋骨架整体性好，能保证钢筋与混凝土共同工作，其钢筋重心位置较低，梁肋混凝土体积较小，此外可避免大量就地绑扎工作，入模安装很快，是装配式 T 形梁桥最常用的构造形式。

10. （　　）通常对于小跨径梁可采用单面焊缝。

11. （　　）当骨架较长而不便翻身时，就可用单面焊缝。

12. （　　）当吊装重量不受限制时，对于较大跨径的预应力混凝土 T 形梁，宜用较小的主梁间距（1.6~1.8 m），可减少钢筋与混凝土的用量。

13. （　　）加大翼板宽度能有效地提高截面的效率指标。

三、单项选择题

1. Π 形梁一般只适用（　　）的小跨径桥梁。
   A. $l = 6 \sim 12$ m　　B. $l = 13 \sim 20$ m　　C. $l = 20 \sim 25$ m　　D. $l = 25 \sim 30$ m

2. 装配式混凝土 T 梁的横隔梁间距不宜过大，一般（　　）为宜。
   A. 7~8 m　　B. 4~6 m　　C. 3~5 m　　D. 9~10 m

3. 目前常用的梁肋宽度为（　　），视梁内主筋的直径和钢筋骨架的片数而定。
   A. 10~14 cm　　B. 15~18 cm　　C. 18~25 cm　　D. 20~25 cm

4. 横隔梁的肋宽通常采用 12~16 cm，宜做成（　　），以便于脱模。
   A. 上下同宽　　　　　　　　　　B. 内外同宽
   C. 上宽下窄和内宽外窄的楔形　　D. 上窄下宽和内窄外宽

5. （　　）承受正弯矩作用，设置在梁肋的下缘。
   A. 主钢筋　　B. 架立钢筋　　C. 弯起钢筋　　D. 箍筋

6. 箍筋的主要作用也是增强主梁的（　　）强度。
   A. 抗弯　　B. 抗剪　　C. 抗扭　　D. 抗压

7. （　　）布置在梁肋的上缘，主要起固定箍筋和斜筋并使梁内全部钢筋形成立体或平面骨架的作用。
   A. 主钢筋　　B. 架立钢筋　　C. 弯起钢筋　　D. 箍筋

8. 斜钢筋的主要作用也是增强主梁的（　　）强度。
   A. 抗弯　　B. 抗剪　　C. 抗扭　　D. 抗压

9. 当 T 形梁梁肋高度大于（　　）时，为了防止梁肋侧面因混凝土收缩等原因而导致裂缝，因此需要设置纵向防裂的分布钢筋。
   A. 100 cm　　B. 120 cm　　C. 90 cm　　D. 110 cm

10. 规定各主筋之间的净距当主钢筋为三层或三层以下者（　　）。
    A. 小于 3 cm　　　　　　　　　　B. 大于 5 cm
    C. 不小于 3 cm，且不小于钢筋直径　D. 小于 3 cm 和主钢筋直径

11. 混凝土简支梁桥的块件划分方式常采用（　　）。
    A. 纵向竖缝划分　　　　　　　　B. 纵向水平缝划分

C. 纵横向水平缝划分　　　　　　D. 纵横向竖缝划分
12. 装配式钢筋混凝土简支梁桥适用跨径（　　）。
   A. 6～10 m　　B. 6～16 m　　C. 8～20 m　　D. 8～25 m

四、填空题

1. 从主梁的横截面形式来划分，装配式简支梁桥可以分为三种基本类型：（　　）、（　　）、（　　）。

2. 箱形截面的最大优点是（　　）。

3. 如果要使装配式梁的预制块件进一步减小尺寸和减轻重量，尚可将纵向竖缝化分的主梁在通过（　　）化分成较小的梁段。

4. 我国已拟定了标准跨径为（　　）、（　　）、（　　）和（　　）的四种公路梁桥标准设计。

5. 横隔梁即通过设在横隔梁下方和横隔梁翼缘板处的（　　）连接成整体。

6. 《桥规》规定，受力主钢筋至少有（　　）根，并不少于（　　）应伸过支承截面。

7. 简支梁两侧的受拉主钢筋应伸出支点截面以外，并弯成直角顺梁端延伸至顶部，两侧之间不向上弯曲的受拉主钢筋伸出支承截面的长度，对带半圆弯钩的光圆钢筋（　　），对带直角弯钩的螺纹钢筋（　　）。

8. 斜钢筋与梁的轴线一般布置成（　　）角。弯起钢筋应按圆弧弯折，圆弧半径（以钢筋轴线计算）不小于（　　）。

9. T梁翼缘板内的受力钢筋沿横向布置在板的上缘，以承受（　　），在顺主梁跨径方向还应设置少量的（　　）。

10. 按《桥规》要求，板内主筋的直径不小于（　　），每米板宽内不少于（　　）。

11. 横隔梁的箍筋是抵抗（　　）的。

12. 为改善挑出翼板的受力状态，横向连接往往做成（　　）的简易构造。

13. 装配式预应力混凝土简支梁桥内的配筋，除主要的纵向预应力筋外，尚有（　　）、（　　）、（　　）、承受局部应力的钢筋和其他构造钢筋等。

14. （　　）是由顶面为平面、底面为圆弧筒形的少筋变厚度板（微弯板）和工字形的钢筋混凝土梁组合而成。

15. 组合梁桥的预制构件借助（　　）和在接缝内现浇少量混凝土结合成整体。

16. 为克服先张法直线配筋因支点附近截面负弯矩过大而导致上缘开裂下缘超压的缺点，须在靠近支点区段内（　　），使其不与混凝土粘着，以此来减小梁端区段的预应力。

17. 国内外采用的组合式梁桥有（　　）、（　　）与现浇桥面组成的T形组合梁桥、预应力混凝土的T形组合梁桥以及箱形组合梁桥等几种。

18. 横隔梁在装配式T形梁桥中起着（　　）的作用，它的刚度愈大，桥梁的（　　），在荷载作用下各根主梁就能更好的共同工作。

19. 跨中横隔梁的高度应保证具有足够的抗弯刚度，通常可做成主梁高度的（　　）左右。梁肋下部呈马蹄形加宽时，横隔梁延伸至（　　）。

20. 为了使混凝土的粗骨料能填满整个梁体，以免形成灰浆层或空洞，规定各主筋之间的净距当主钢筋为三层或三层以下者（　　），三层以上者（　　）。

21. 目前公路上预应力混凝土简支梁的跨径已做到 50～60 m，我国编制了后张法装配式预应力混凝土简支梁桥的标准设计，标准跨径为（   ）、（   ）、（   ）、（   ）。

22. 预应力混凝土简支 T 梁的梁肋下部通常（   ），以便钢丝束的布置和满足承受很大预压力的需要。

23. 为了配合钢丝束的起弯，在梁端能布置钢丝束锚头和安放张拉千斤顶，在靠近支点处腹板（   ），加宽范围（   ）。

24. 装配式钢筋混凝土简支梁桥在吊装允许时，主梁间距采用（   ）m 为宜。

25. 斜筋可由纵向受力主筋（满足弯矩后的部分）弯起，如不够，可增设与主筋和架立钢筋相焊的（   ），斜筋一般与纵梁轴线成（   ）角。

五、简答题

1. Π 形构件的特点是什么？
2. 装配式 T 形梁桥的特点是什么？
3. I 字形与开口槽形构件的特点是什么？
4. 装配式梁桥设计中块件划分应遵循的原则是什么？
5. 钢筋混凝土与预应力混凝土梁桥常用的块件划分方式有哪几种？
6. 组合式梁桥块件划分的特点是什么？
7. 串联梁的主要优点是什么？
8. 简述主梁翼缘板厚度的处理方法。
9. 钢筋混凝土梁内钢筋的种类及其作用是什么？
10. 在焊接钢筋骨架中，为保证焊接质量，使焊缝处强度不低于钢筋本身强度，对焊缝的长度必须满足哪些要求？
11. 装配式主梁的连接有哪些要求？
12. 装配式主梁的连接的方式有哪几种？
13. 简述扣环接头的做法。
14. 预应力混凝梁的马蹄外形尺寸有哪些规定？
15. 纵向预应力筋布置方式有哪几种？
16. 预应力筋总的布置原则是什么？
17. 设计组合式梁桥的目的是什么？
18. 装配式预应力混凝土简支梁桥内的配筋有哪几种？
19. 绘图说明无预应力的钢筋与预应力筋如何协同配置。
20. 为克服先张法直线配筋因支点附近截面负弯矩过大而导致上缘开裂下缘超压应采取什么措施？
21. 预应力混凝土组合箱梁有什么特点？

装配式简支梁桥的构造考核答案

一、名词解释

1. 组合梁桥：也是一种装配式的桥跨结构，不过它是进一步用纵向水平缝将桥梁的全部梁肋与桥面板（翼板）分割开来，再借助纵横向的竖缝将板划分成平面呈矩形的预制构件，施工时先架设梁肋，再安装预制板，最后在接缝内或连同在板上现浇一部分混凝土使结构连成整体。

2. 横隔梁：是装配式T形桥梁的一部分，起保证主梁相互连接整体的作用。它的刚度愈大，桥梁的整体性就越好。

3. 串联梁：如果要使装配式梁的预制块件进一步减小尺寸和减轻重量，尚可将纵向竖缝划分的主梁在通过横向竖缝划分成较小的梁段。对于这样的预制梁段，由于没有钢筋穿过接缝，就必须在安装就位后串联以预应力筋施加预压应力才能保证所有接缝具有足够的连接强度，使梁整体受力。因此横向分段预制的装配式梁也成串联梁。

4. 保护层：为了防止钢筋受到大气影响而锈蚀，并保证钢筋与混凝土之间的黏着力充分发挥作用，钢筋到混凝土边缘设置的混凝土层。

5. 架立钢筋：布置在梁肋的上缘，主要起固定箍筋和斜筋并使梁内全部钢筋形成立体或平面骨架的作用的钢筋。

二、判断题

1. √ 2. √ 3. √ 4. √ 5. × 6. √ 7. × 8. × 9. √ 10. × 11. √ 12. ×
13. √

三、单项选择题

1. A 2. B 3. B 4. C 5. A 6. B 7. B 8. B 9. A 10. D 11. A 12. C

四、填空题

1. Π形梁桥 T形梁桥 箱形梁桥

2. 纵横向的抗弯和抗扭能力大

3. 横向竖缝

4. 10 m 13 m 16 m 20 m

5. 焊接钢板

6. 2 20%的主钢筋

7. 不小于15d 不小于10d

8. 45° 10d（d为钢筋直径）

9. 悬臂的负弯矩 分布钢筋

10. 10 mm 5根

11. 剪力

12. 企口铰接式

13. 架立钢筋 箍筋 水平分布钢筋

14. 钢筋混凝土组合梁桥

15. 伸出钢筋的相互联系

16. 将部分预应力筋用套管套住

17. 钢筋混凝土工字梁 少筋微弯板

18. 保证各根主梁相互连接成整体 整体性愈好

19. 3/4 马蹄形加宽处

20. 不小于3 cm，且不小于钢筋直径 不小于4 cm，且不小于钢筋直径的1.25倍

21. 25 m 30 m 35 m 40 m

22. 加宽做成马蹄形
23. 要加宽至与马蹄同宽 最好达一倍梁高（离锚固端）左右
24. 1.8～2.2
25. 短斜筋 45°

五、简答题

1. 答：截面形状稳定，横向抗弯刚度大，块件堆放、装卸和安装都方便。但这种构件的制造较复杂；梁肋被分成两片薄的腹板，通常用钢筋网来配筋，难以作成刚度大的钢筋骨架。设计经验证明，跨度较大的Π形梁桥的混凝土和钢筋的用量都比T形梁桥的大，而且构件也重。故Π形梁一般只适用 $l=6～12$ m 的小跨径桥梁。

2. 答：装配式T形梁桥的优点是：制造简单，肋内配筋可做成刚劲的钢筋骨架，主梁之间借助间距为4～6 m 的横隔梁来连接，整体性好，接头也较方便。不足之处是：截面形状不稳定，运输和安装较复杂；特别预应力混凝土T形梁，更不能斜置、倒置或在安装过程中倾斜而导致断裂；构件正好在桥面板的跨中接头，对板的受力不利。装配式钢筋混凝土T形梁的常用跨径约为7.5～20 m，装配式预应力混凝土T梁则为20～40 m。

3. 答：在I字梁或开口槽形梁上，搁置轻巧的预制微弯板或空心板构件，以作为现浇桥面混凝土的模板之用，简化了现浇混凝土的施工工序。

4. 答：
(1) 根据建桥现场实际可能的预制、运输和起重等条件，确定拼装单元的尺寸和重量；
(2) 块件的划分应满足受力要求，拼装接头应尽量设置在内力较小处；
(3) 拼装接头的数量要少，接头型式要牢固可靠，施工要方便；
(4) 构件要便于预制、运输和安装；
(5) 构件的形状和尺寸应力求标准化，增强互换性，构件的种类应尽量减少。

5. 答：(1) 纵向竖缝划分；(2) 纵向水平缝划分；(3) 纵、横向竖缝划分。

6. 答：划分方式的特点是：主梁构件轻，桥面板整体性好，受力有利。但增加了现浇混凝土的施工工序，延长施工期。

7. 答：块件尺寸小，重量轻，可以工厂化成批预制后方便的运至远近工地。但块件的预制精度要求高。

8. 答：翼板厚度的具体尺寸有两种处理方法：一种是考虑翼板承担全部桥上的恒载与活载，板的受力钢筋全部设在翼板内，在铺装层内只有局部的加强钢筋网，这时一般做得较厚一些，端部一般取10 cm；另一种是一般只承担本身自重、桥面铺装层恒载和施工临时荷载，活载则与布置有受力钢筋的钢筋混凝土铺装层共同承担（例如在小跨径无中横隔梁的桥上），在此情况下端部厚度采用8 cm 就够了。

9. 答：装配式T形梁桥的钢筋可分为纵向受力钢筋、架立钢筋、斜钢筋、箍筋和纵向水平分布钢筋等几种。

(1) 主钢筋：承受正弯矩作用，故抵抗拉力的主钢筋设置在梁肋的下缘。随着弯矩向支点处的减小，主钢筋可在跨间适当的位置处切断或弯起。为保证主筋在梁段有足够的锚固长度和加强支承部分的强度。

(2) 弯起钢筋：抗剪，当无主钢筋弯起时，尚需配置专门的焊与主筋和架立钢筋上的斜钢筋。

（3）箍筋：抗剪。《桥规》中规定其间距应不大于梁高的 3/4 和 50 cm，且两支点附近的第一个箍筋应设置在距支承边缘 5 cm 处。

（4）架立钢筋：布置在梁肋的上缘，主要起固定箍筋和斜筋，并使梁内全部钢筋形成立体或平面骨架的作用。

（5）纵向水平分布钢筋：当 T 形梁梁肋高度大于 100 cm 时，为了防止梁肋侧面因混凝土收缩等原因而导致裂缝。

10. 答：

（1）对于利用主钢筋弯起的斜筋，在起弯处应与其他主筋相焊接，可采用每边各 $2.5d$ 的双面焊或一边长 $5d$ 的单面焊缝。弯起钢筋的末端与架立钢筋（或其他主筋）相焊接时，采用长 $5d$ 的双面焊缝或 $10d$ 的单面焊缝。

（2）对于附加的斜筋，其与主筋或架立筋的焊缝长度，采用每边各长 $5d$ 的双面焊缝或一边长 $10d$ 的单面焊缝。

（3）各层主钢筋相互焊接固定的焊缝长度，采用 $2.5d$ 的双面焊缝或 $5d$ 的单面焊缝。

通常对于小跨径梁可采用双面焊缝，先焊好一边再把骨架翻身焊另一边，这样既可缩短接头长度，又可减少焊接变形，当骨架较长而不便翻身时，就可用单面焊缝。

11. 答：接头要有足够的强度，以保证结构的整体性，并使在运营过程中不致因车辆反复作用和冲击作用而松动。

12. 答：钢板连接，螺栓连接，扣环连接。

13. 答：这种接头的做法是：横隔梁在预制时在接缝处伸出钢筋扣环 A，安装时在相邻构件的扣环两侧在安上腰圆形的扣环 B，在形成的圆环内插入短分布钢筋后就现浇混凝土封闭接缝，接缝宽度为 0.20~0.50 m。

14. 答：

（1）马蹄宽度为肋宽的 2~4 倍，并注意马蹄部分（特别是斜坡区）的管道保护层不宜小于 6 cm。

（2）马蹄全宽部分高度加 1/2 斜坡区高度约为 $(0.15~0.20)h$，斜坡宜陡于 45°，同时应注意，马蹄部分不宜过高、过大，否则会降低截面形心，减少偏距 e，并导致降低抵消自重的能力。

15. 答：布置方式有如图 7-1 所示 6 种。

（1）全部主筋直线形布置，构造简单，它仅适用于先张法施工的小跨度梁。其缺点是支点附近无法平衡的张拉负弯矩会在梁顶出现过高的拉应力，甚至招致严重的开裂。有时为减小此应力，可根据弯矩的变化，将纵向预应力筋按需要截断。

（2）对于长度较大的后张法梁，如采用直线形预应力筋时，为减少梁端附近的负弯矩并节省钢材，可将主筋在中间截面截断。此时应将预应力筋在横隔梁处平缓的弯出梁体，以便进行张拉和锚固。这种布置的特点是主筋最省、张拉摩阻力也较小，但预应力筋没有充分发挥抗剪作用，且梁体在锚固处的受力和构造也较复杂。

（3）当预应力筋数量不太多，能全部在梁端锚固时，为使张拉工序简便，通常都将预应力筋全部弯至梁端锚固。这种布置的预应力筋弯起角不大，可以减少摩擦损失，但梁端受预应力较大。

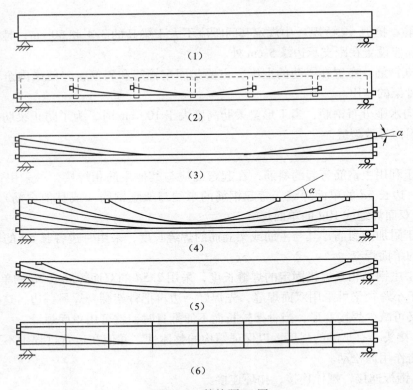

图 7-1 简答题 15 图

(4) 对于钢束根数较多的情况，或者当预应力混凝土梁的梁高受到限制，以致不能全部在梁端锚固时，就必须将一部分预应力筋弯出梁顶。此方法能缩短预应力筋的长度，节约钢材，对于提高梁的抗剪能力有力；但使张拉作业的操作稍趋复杂，预应力筋的弯起角较大，摩擦损失较大。

(5) 大跨度桥梁为了减轻自重而配合荷载弯矩图形设计的变高度鱼腹形梁。这种结构因模板结构、施工和安装较复杂，一般很少采用。

(6) 表示预应力混凝土串联梁，梁顶附近的直线形预应力筋是为防止在安装过程中梁顶出现拉应力而布置。

16. 答：在保证梁底保护层厚度及使预应力钢筋位于索界内的前提下，尽量使预应力筋的重心靠下；在满足构造要求的同时，预应力钢筋尽量相互紧密靠拢，使构件尺寸紧凑。

17. 答：目的在于减轻拼装构件的起吊重量和尺寸，并便于集中预制和运输吊装，构件的组合采用在工地现浇少量桥面混凝土来完成。主梁构件轻，桥面板整体性好，受力有利。但相对来说组合梁桥的施工工序多一些，材料用量多，施工期长。

18. 答：装配式预应力混凝土简支梁桥内的配筋，除主要的纵向预应力筋外，尚有架立钢筋、箍筋、水平分布钢筋、承受局部应力的钢筋和其他构造钢筋等。

19. 答：

(1) 图 7-2 (a) 表示当梁中预应力筋在两端不便弯起时，为了防止张拉阶段在梁顶部可能开裂而布置的受拉钢筋。

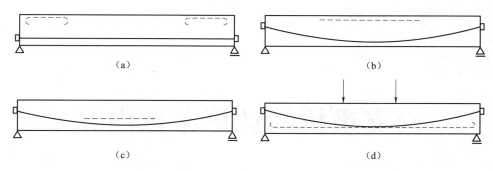

图 7-2 简答题 19 图

(2) 对于自重比恒载于活载小得多的梁，在预加力阶段跨中部分的上翼缘可能会开裂而破坏。因而也可在跨中部分的顶部加设无预应力的纵向受力钢筋 [图 7-2 (b)]，这种钢筋在运营阶段还能加强混凝土的抗压能力，在破坏阶段则可提高梁的安全度。

(3) 图 7-2 (c) 所示在跨中部分下翼缘内设置的钢筋，多半是在全预应力梁中为了加强混凝土承受预加压力的能力。

(4) 对于部分预应力梁也往往利用通常布置在下翼缘的纵向钢筋来补足极限强度的需要 [图 7-2 (d)]。并且这种钢筋对于配置无黏结预应力筋的梁能起到分布裂缝的作用。

此外，无预应力的钢筋还能增加梁在反复荷载作用下的疲劳极限强度。

20. 答：为克服先张法直线配筋因支点附近截面负弯矩过大而导致上缘开裂下缘超压的缺点，须在靠近支点区段内，将部分预应力筋用套管套住，使其不与混凝土粘着，以此来减小梁端区段的预应力。

21. 答：这种结构具有抗扭刚度大，横向分布好，承载能力高，结构自重轻，能节省较多钢材等优点，而且槽形截面对运输机吊装的稳定性也好。在组合截面上采用预应力空心板块，使行车道具有较高的抗裂安全度，能保证较好的连续作用。

第八章

简支梁桥的计算考核内容

本章学习重点：简支梁桥的行车道板类型及其计算内容和计算方法；
荷载横向分布系数的常用计算方法；
主梁的作用效应的计算方法、作用效应组合及内力包络图。
教学目标：使学生掌握行车道板的三种类型的计算方法；
使学生掌握荷载横向分布系数的常用计算方法及其基本假定；
使学生掌握主梁内力计算的方法。
能力目标：会利用所学计算原理计算行车道板内力；
会利用所学计算原理计算荷载横向分布系数；
会利用所学计算原理计算主梁内力。

一、名词解释

1. 荷载横向分布系数　2. 压力面　3. 内力包络图　4. 板的有效工作宽度
5. 修正偏心压力法

二、判断题（对的划√，错的划×）

1. （　　）行车道板一般用钢筋混凝土制作，对跨度较大的行车道也可施加横向预应力，做成预应力混凝土板。
2. （　　）长宽比 =5 周边支承板视作承受荷载的双向受力板（双向板）来设计。
3. （　　）对长宽比 =1 的板按周边支承板（单向板）来设计。
4. （　　）桥梁结构具有不同横向连接刚度时，对荷载横向分布的影响也很大，横向连接刚度愈大，荷载横向分布作用愈显著，各主梁的负担也愈均匀。
5. （　　）荷载横向分布系数 m 表示某根主梁所承担的最大荷载是各个轴重的倍数（通常大于1）。
6. （　　）在同一座桥中，计算主梁荷载横向分布系数的值与采用的汽车荷载等级有关。
7. （　　）修正刚性横梁法主要考虑了主梁的抗扭刚度，与结构的几何尺寸和材料特性无关。
8. （　　）计算主梁的弯矩和剪力时，可在全跨内取用相同的荷载横向分布系数。

三、单项选择题

1. 采用（　　）计算时，其基本假定是忽略主梁之间横向结构的联系作用，即假设桥面板在主梁上断开，而当做沿横向支承在主梁上的简支梁或悬臂梁来考虑。

  A. 偏心压力法   B. 横向铰接板（梁）法
  C. 杠杆原理法   D. 横向刚接梁法

2. （ ）是将主梁和横隔梁的刚度换算成正交两个方向刚度不同的比拟弹性平板来求解，并由实用的曲线图表进行荷载横向分布计算。

  A. 偏心压力法   B. 横向铰接板（梁）法
  C. 杠杆原理法   D. 比拟正交异性板法

3. 横向刚接梁法——把相邻主梁之间视为刚性连接，即（ ）。

  A. 传递剪力和弯矩   B. 只传递剪力
  C. 只传递弯矩   D. 不传递弯矩也不传递剪力

4. 多梁式桥，当荷载作用在支点处时，连接的端横隔梁的支点反力与多跨简支梁的支点反力相差不多，可用（ ）计算。

  A. 偏心压力法   B. 横向铰接板（梁）法
  C. 杠杆原理法   D. 横向刚接梁法

5. 横向铰接板（梁）法——把相邻板（梁）视为铰接，即（ ）。

  A. 传递剪力和弯矩   B. 只传递剪力
  C. 只传递弯矩   D. 不传递弯矩也不传递剪力

6. （ ）是把横隔梁视作刚性极大的梁。

  A. 偏心压力法   B. 横向铰接板（梁）法
  C. 杠杆原理法   D. 横向刚接梁法

7. 在把横隔梁视作刚性极大的梁的同时，考虑主梁抗扭刚度的作用，这是（ ）。

  A. 偏心压力法 B. 修正刚性横梁法 C. 杠杆原理法 D. 横向刚接梁法

8. 荷载压力面在铺装层内的扩散程度，对于混凝土或沥青面层，可以偏安全地假定按（ ）扩散。

  A. 35°角   B. 45°角   C. 30°角   D. 60°角

9. 对长宽比 <2 的板按（ ）来设计。

  A. 周边支承板（双向板）   B. 单向板
  C. 悬臂板   D. 铰接悬臂板

10. 横向采用钢板连接的装配式 T 形梁桥，当桥面板 $l/b \geq 2$ 时，计算时可简化为（ ）。

  A. 双向板 B. 单向板 C. 铰接悬臂板 D. 悬臂板

11. 横向采用混凝土企口铰连接的装配式 T 形梁桥，当桥面板 $l/b \geq 2$ 时，计算时可简化为（ ）。

  A. 双向板 B. 单向板 C. 悬臂板 D. 铰接悬臂板

12. 跨径中间的单独荷载作用下，单向板的荷载有效分布宽度 a 为（ ）。

  A. $a = a_1 + d + \dfrac{l}{3} = a_2 + 2H + d + \dfrac{l}{3}$ B. $a = a_1 + \dfrac{l}{3} = a_2 + 2H + \dfrac{l}{3}$
  C. $a' = a_1 + t = a_2 + 2H + t$ D. $a_x + a' + 2x$

13. 横向分布系数沿跨径的变化规律表述正确的是（ ）。

A. 有多根内横梁的桥梁，横向分布系数沿跨径的变化点在 l/4 处
B. 计算简支梁桥支点剪力时，取不变化的跨中横向分布系数计算
C. 横向分布系数沿跨径不变化
D. 计算简支梁桥跨中弯矩时，取不变化的跨中横向分布系数计算

14. 下列不属于杠杆法计算荷载横向分布系数的基本假定的是（　　）。
A. 忽略主梁间的横向联系　　　B. 假设桥面板在主梁上断开
C. 桥梁横向连接可靠　　　　　D. 按横向支承在主梁上的简支梁考虑

15. 下列情况不可以采用偏心压力法计算荷载横向分布系数的是（　　）。
A. 具有可靠横向连接的桥梁　　B. 窄桥
C. 跨中截面荷载横向分布　　　D. 支点截面荷载横向分布

16. 用刚性横梁法计算出的某梁荷载横向分布影响线的形状是（　　）。
A. 一根直线　　B. 一根折线　　C. 一根曲线　　D. 一根抛物线

四、填空题

1. 通常就把长宽比≥2 周边支承板视作短跨承受荷载的（　　）设计，对长宽比<2 的板按（　　）设计。

2. 为了方便起见，近似地把车轮与桥面的接触面看做是（　　）。

3. 车轮与桥面的接触实际上接近于（　　）。

4. 在实践中可能遇到的桥面板受力图式为（　　）、（　　）、铰接悬臂板和双向板等几种。

5. 对于常见 $l_a/l_b \geq 2$ 的 T 形梁桥，也可遇到两种情形。一种是当翼缘板的端边为自由边时，自由端按（　　）分析。另一种是相邻翼缘板在端部互相做成铰接接缝的构造，在此情况下，桥面板应按一端嵌固一端铰接的（　　）进行计算。

6. 目前常用荷载横向分布计算方法有：（　　）、（　　）、（　　）、（　　）、（　　）。

7. 杠杆原理法是把横向结构（桥面板和横隔梁）视作（　　）。

8. 偏心压力法是把横隔梁视作（　　），当计及主梁抗扭刚度影响时，此法又称为（　　）。

9. 横向铰接板（梁）法是把相邻板（梁）视为铰接，即（　　）。

10. 横向刚接梁法是把相邻主梁之间视为（　　），即传递剪力和弯矩。

11. 在钢筋混凝土或预应力混凝土梁桥上，当设置了具有可靠横向连接的中间横隔梁，且在桥的宽跨比 B/L 小于或接近于 0.5 的情况时（一般称为窄桥），采用（　　）计算横向分布系数。

12. 在实际应用中，当求简支梁跨中最大弯矩时，鉴于横向分布系数沿跨内部分的变化不大，为了简化起见，通常按（　　）来计算。

13. 钢筋混凝土或预应力混凝土桥梁的恒载在计算自重内力时，为了简化计算，可以将桥梁上部构造的全部恒载（　　）。为了精确起见，人行道、栏杆、灯柱也可像活载一样，按（　　）。

14. 对于小跨径梁，如仅计算 $M_{\frac{1}{2}}$ 以及 $Q_{\frac{1}{2}}$，则弯矩包络图可绘成（　　），而剪力包络图绘成（　　）。

五、问答题

1. 行车道板的作用是什么？
2. 目前常用哪几种荷载横向分布计算方法？简述其适用条件。
3. 按杠杆原理法进行荷载横向分布的计算时，采用什么基本假定？
4. 杠杆原理法的适用范围是什么？
5. 刚性横梁法的适用范围是什么？有哪几种？
6. 铰接板法的适用条件是什么？
7. 目前在设计实践中横向分布系数时，习惯采用怎样的实用处理方法？
8. 简述用于弯矩计算的荷载横向分布系数沿桥跨变化。
9. 简述用于剪力计算的荷载横向分布系数沿桥跨变化。
10. 杠杆原理法的基本假定和适用范围是什么？
11. 刚性横梁法的适用范围是什么？
12. 何为单向板、双向板？从受力性能及设计方面阐述其区别。
13. 行车道板的计算类型有哪几种类型？
14. 绘图描述装配式钢筋混凝土简支梁桥的荷载横向分布系数沿桥跨的变化规律。
15. 主梁的活载跨中内力用什么公式计算？公式中各符号代表什么含义？
16. 主梁的活载支点内力用什么公式计算？公式中各符号代表什么含义？
17. 简述单向板 1 m 宽度范围内，汽车荷载引起的弯矩计算公式，并说明公式中符号的意义。
18. 简述主梁恒载的计算公式，并说明公式中符号的意义。

六、计算题

1. 如图所示（图 8-1），某钢筋混凝土 T 梁，其桥面铺装平均厚度为 11 cm，T 梁翼板按铰接悬臂板计算，试求公路-Ⅱ级车辆荷载作用下的翼板控制截面内力。（公路-Ⅱ级车辆荷载，汽车中、后轴车轮着地长度 $a_2 = 0.2$ m；着地宽度 $b_2 = 0.6$ m）。

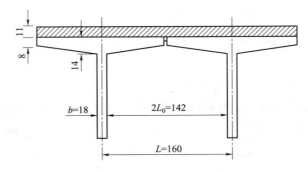

图 8-1 计算题 1 图（尺寸单位：cm）

2. 钢筋混凝土梁桥的桥面板为单向板，板的计算跨径为 $l = 1.60$ m，桥面铺装层厚为 10 cm，桥面板厚 t 与主梁高 h 之比小于 1/4，每米板宽上每延米的结构重力 $g = 5$ kN/m，汽车荷载为公路-Ⅱ级，后轴重力为 140 kN，后轮着地宽度 $b_2 = 0.6$ m，车轮荷载位于跨中时有效分布宽度 $a = 1.12$ m，汽车冲击系数为 0.30。试按照简便近似的方法计算每米宽板的跨中弯矩和支点弯矩。

3. 钢筋混凝土T形梁桥,边主梁的翼缘板末端支承着安全带,安全带与梁肋之间的水平方向净距离为0.90 m,桥面铺装层厚度为10 cm,设计荷载为汽车荷载公路-Ⅱ级,后轴重力为140 kN,后轮着地宽度和长度分别为0.60 m和0.20 m,汽车的冲击系数为0.30,求悬臂板根部每米板宽范围内的最大活载弯矩和活载剪力。

4. 桥面净空为净(-7+2×1.0) m人行道的钢筋混凝土T梁桥,共设五根主梁,主梁间距1.8 m。试求荷载位于支点处时1号梁和2号梁相应于公路-Ⅱ级以及人群荷载的横向分布系数。

5. 一座计算跨径l=19.5的钢筋混凝土简支梁桥,跨度内设有5道横隔梁,横截面布置如图8-2所示,试求荷载位于跨中时,2号梁相对应于汽车荷载和人群荷载的横向分布系数m_{cq}和m_{cr}。

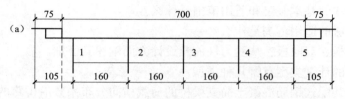

图8-2 计算题5图(尺寸单位:cm)

6. 某钢筋混凝土简支T梁桥(图8-3),行车道宽9 m,两侧人行道宽1 m,桥梁截面为5梁式布置,已知主梁抗扭系数β=0.9,试按考虑主梁抗扭的修正偏心压力法,求1号梁在汽车及人群荷载作用下的荷载横向分布系数。

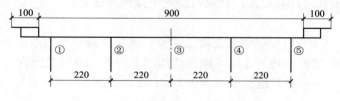

图8-3 计算题6图(尺寸单位:cm)

7. 某一装配式钢筋混凝土简支T梁桥,标准跨径为20 m,计算跨径$L_{计}$=19.5 m。桥梁的横桥向布置如图8-4所示,车行道宽7 m,双车道。已知汽车荷载冲击系数μ=0.191,2号梁在汽车荷载作用下荷载横向分布系数为:跨中m_c=0.45,支点截面m_0=0.65,试计算在公路-Ⅰ级汽车荷载作用下,2号梁跨中最大弯矩及支点最大剪力的标准值。

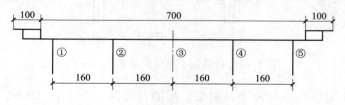

图8-4 计算题7图(尺寸单位:cm)

8. 装配式钢筋混凝土简支板桥,设计荷载为汽车荷载公路-Ⅱ级,计算跨径为l=5.68 m,某号梁对于汽车荷载的跨中荷载横向分布系数m_{cq}=0.270,汽车荷载的冲击系数μ=0.295,车道折减系数ξ=1,试计算该板在汽车荷载作用下的跨中弯矩。

简支梁桥的计算考核答案

一、名词解释

1. 荷载横向分布系数：如果桥梁的结构一定，轮重在桥上的位置也确定，则分布至某根梁的荷载也是一个定值。在桥梁设计中，通常用一个表征荷载分布程度的系数 m 与轴重 p 的乘积来表示这个值，因此前后轴的两排轮重分布在某号梁的荷载可分别为 mp_1 和 mp_2。这个 m 就称为荷载横向分布系数，它表示某根主梁所承担的最大荷载是各个轴重的倍数（通常小于1）。

2. 压力面：车轮与桥面的接触实际上接近于椭圆，而且荷载通过铺装层扩散分布，故车轮压力在桥面板上的实际分布是较为复杂的。为了方便起见，近似地把车轮与桥面的接触面看做是 $a_2 \times b_2$ 的矩形面积，这即为压力面。

3. 内力包络图：如果沿梁轴的各个截面处，将所采用控制设计的计算内力值按适当比例尺绘成纵坐标，其中右半跨的弯矩值（M_{max}）对称于左半跨，右半跨的剪力值（Q_{min}）反对称于左半跨（Q_{max}），连接这些坐标点而绘成的曲线，就称作内力包络图。

4. 板的有效工作宽度：板在局部荷载作用下，不仅直接承压部分参加工作，其相邻的部分板也会共同参与工作，承担一部分荷载，这就是板的有效工作宽度。

5. 修正偏心压力法：为了弥补刚性横梁法在推演中由于作了横隔梁近似绝对刚性和忽略主梁抗扭刚度的两项假定的不足，导致边梁受力偏小的计算结果，考虑主梁抗扭刚度的影响，这种方法即为修正刚性横梁法。

二、判断题

1. √ 2. × 3. × 4. √ 5. × 6. × 7. × 8. ×

三、单项选择题

1. C 2. D 3. A 4. C 5. B 6. A 7. B 8. B 9. A 10. D 11. D 12. B 13. D 14. C 15. D 16. A

四、填空题

1. 单向受力板（单向板）　周边支承板（双向板）
2. $a_2 \times b_2$ 的矩形面积
3. 椭圆
4. 单向板　悬臂板
5. 悬臂板　铰接悬臂板
6. 杠杆原理法　偏心压力法　横向铰接板（梁）法　横向刚接梁法　比拟正交异性板法
7. 在主梁上断开而简支在其上的简支梁
8. 刚性极大　修正偏心压力法
9. 只传递剪力
10. 刚性连接
11. 偏心压力法
12. 不变化的 m_c

13. 平均分摊给每根主梁　荷载横向分布系数进行分配

14. 二次抛物线　直线形

五、问答题

1. 答：钢筋混凝土和预应力混凝土肋梁桥的行车道桥，是直接承受车辆轮压的承重结构，在构造上它通常与主梁的梁肋和横隔梁（或横隔板）整体相连，这样既能将车辆活载传给主梁，又能构成主梁截面的组成部分，并保证了主梁的整体作用。

2. 答：

（1）杠杆原理法——把横向结构（桥面板和横隔梁）视作在主梁上断开而简支在其上的简支梁。

（2）偏心压力法——把横隔梁视作刚性极大的梁，当计及主梁抗扭刚度影响时，此法又称为修正偏心压力法。

（3）横向铰接板（梁）法——把相邻板（梁）视为铰接，只传递剪力。

（4）横向刚接梁法——把相邻主梁之间视为刚性连接，即传递剪力和弯矩。

（5）比拟正交异性板法——将主梁和横隔梁的刚度换算成正交两个方向刚度不同的比拟弹性平板来求解，并由实用的曲线图表进行荷载横向分布计算。

3. 答：其基本假定是忽略主梁之间横向结构的联系作用，即假设桥面板在主梁上断开，而当做沿横向支承在主梁上的简支梁或悬臂梁来考虑。

4. 答：杠杆原理法适用于：双梁式桥在荷载作用下，横隔梁和桥面板的工作性质和简支梁一样，可用杠杆原理法做精确的计算；多梁式桥，当荷载作用在支点处时，连接的端横隔梁的支点反力与多跨简支梁的支点反力相差不多，可用杠杆原理法计算；也可以近似地应用于横向联系很弱的无中间横隔梁的桥梁计算。

5. 答：在钢筋混凝土或预应力混凝土梁桥上，当设置了具有可靠横向连接的中间横隔梁，且在桥的宽跨比 B/L 小于或接近于 0.5 的情况时（一般称为窄桥），计算基本可变荷载的横向分布可用此法。此方法按计算中是否考虑主梁抗扭刚度的作用，又分为"刚性横梁法"和考虑主梁抗扭刚度的"修正刚性横梁法"。

6. 答：对于用现浇混凝土纵向企口缝连接的装配式板桥以及仅在翼板间用焊接钢板或伸出交叉钢筋连接的无中间横隔梁的装配式桥，由于块件间横向具有一定的连接构造，但其连接刚性又很薄弱，对于这类跨中荷载横向分布的计算，结构的受力状态实际接近于数根并列而相互横向铰接的狭长板，采用横向铰接板理论来计。

7. 答：对于无中间横隔梁或仅有一根中横隔梁的情况，跨中部分采用不变的 m_0，从离支点 $\frac{l}{4}$ 处起至支点的区段 m_x 呈直线形过渡。

对于有多根内横隔梁的情况，m_0 从第一根内横隔梁起向 m_e 直线形过渡。

8. 答：在实际应用中，当求简支梁跨中最大弯矩时，鉴于横向分布系数沿跨内部分的变化不大，为了简化起见，通常均可按不变化的 m_c 来计算。

对于其他截面计算，一般也可取用不变的 m_c。但对于中梁来说，m_o 与 m_c 的差值可能较大，且内横隔梁又少于三根时，以计及 m 沿跨径变化的影响为宜。

9. 答：在计算主梁的最大剪力（梁端截面）时，鉴于主要荷载位于所考虑一端的 m 变化区段内，而且相对应的内力影响线坐标均接近最大值，故应考虑该段区横向发布系数变化的影响。对位于远端的荷载,鉴于相应影响坐值的显著减少,则可近似取用不变的 m_c 来简化计算。

对于跨内其他截面的主梁剪力,也可视具体情况计及 m 沿桥跨变化的影响。

10. 答:按杠杆原理法进行荷载横向分布的计算,其基本假定是忽略主梁之间横向结构的联系作用,即假设桥面板在主梁上断开,而当做沿横向支承在主梁上的简支梁或悬臂梁来考虑。

杠杆原理法适用于:双梁式桥在荷载作用下,横隔梁和桥面板的工作性质和简支梁一样,可用杠杆原理法做精确的计算;多梁式桥,当荷载作用在支点处时,连接的端横隔梁的支点反力与多跨简支梁的支点反力相差不多,可用杠杆原理法计算;也可以近似地应用于横向联系很弱的无中间横隔梁的桥梁计算。

11. 答:在钢筋混凝土或预应力混凝土梁桥上,当设置了具有可靠横向连接的中间横隔梁,且在桥的宽跨比 B/L 小于或接近于 0.5 的情况时(一般称为窄桥),计算基本可变荷载的横向分布可用此法。

12. 答:对于四边简支的板,当板的长边与短边之比(l_a/l_b)接近 2 时,作用效应的绝大部分将沿板的短跨方向传递,沿长跨方向传递的作用效应不足 6%。l_a/l_b 之比值愈大,沿 l_a 跨度方向传递的作用效应就愈少。通常就把长宽比 $\geqslant 2$ 周边支承板视作短跨承受荷载的单向受力板(单向板)来设计,对长宽比 <2 的板按周边支承板(双向板)来设计。由于双向板的用钢量大,构造复杂,目前较少使用。

13. 答:对于常见 $l_a/l_b \geqslant 2$ 的 T 形梁桥,也可遇到两种情形。其一是当翼缘板的端边为自由边时,鉴于类似于前面所分析的原因,实际上是三边支承的板可以作为沿跨一端嵌固,而另一端为自由端的悬臂板来分析。另一种是相邻翼缘板在端部互相做成铰接接缝的构造,在此情况下桥面板应按一端嵌固,一端铰接的铰接悬臂板进行计算。

所以在实践中可能遇到的桥面板受力图式为单向板、悬臂板、铰接悬臂板和双向板等几种。由于双向板的用钢量大,构造复杂,目前较少使用。

14. 答:

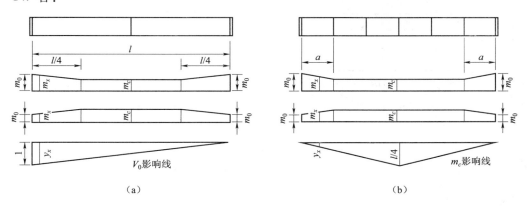

图 8-5 问答题 14 图

对于无中间横隔梁或仅有一根中横隔梁的情况,跨中部分采用不变的 m_0,从离支点 $l/4$ 处起至支点的区段 m_x 呈直线形过渡,如图 8-5(a)。

对于有多根内横隔梁的情况,m_0 从第一根内横隔梁起向 m_c 直线形过渡,如图 8-5 (b) 所示。

15. 答:如图 8-6 所示。

跨中截面

当计算简支梁各截面的最大弯矩和跨中最大剪力时,可近似取用不变的跨中横向分布系数 m_c 计算。

汽车荷载:
$$S_q = (1+\mu)\xi m_{cq}(P_K y_K + q_K \Omega)$$

人群荷载:
$$S_r = m_{cr} q_r \Omega$$

式中:S_q、S_r——跨中截面由汽车荷载,人群荷载引起的弯矩或剪力。

μ——汽车荷载冲击系数。

ξ——多车道桥梁的车道荷载折减系数。

m_{cq}、m_{cr}——跨中截面汽车荷载,人群荷载的横向分布系数。

P_K、q_K——汽车车道荷载的集中荷载和均布荷载标准值。

y_K——计算内力影响线竖标的最大值,将集中荷载标准值作用于影响线竖标值最大的位置处,即为荷载的最不利布置。

q_r——人群荷载集度,一般均取单侧人行道计算,q_r = 人群荷载标准值 × 单侧人行道宽。

Ω——跨中截面计算内力影响线面积。

跨中截面弯矩影响的面积:
$$\Omega_M = \frac{l^2}{8}$$

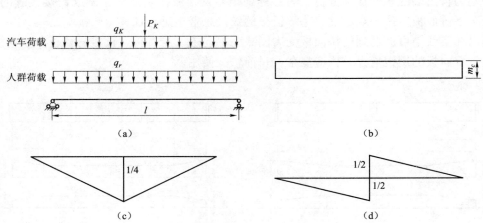

图 8-6 跨中内力计算图

(a) 汽车荷载和人群荷载;(b) 沿梁跨的横向分布系数;(c) 跨中弯矩影响线;(d) 跨中剪力影响线

16. 答:

对于支点截面的剪力或靠近支点截面的剪力,需计入由于荷载横向分布系数在梁端区段内发生变化所产生的影响,其计算公式为:
$$Q_A = Q'_A + \Delta Q_A$$

式中:Q'_A——按不变的 m_c 计算的内力值,Q'_A 为由均布荷载 m_{cq}、q_K,$m_{cr}q_r$ 引起的内力值。

$m_{cr}q_r$、q_K、m_{cr}、q_r 的含义同上题。

ΔQ_A——考虑近支点处横向分布系数的变化而引起的内力增（减）值。

（1）汽车荷载。

① 由集中荷载 P_K 引起的支点截面剪力 Q_{q1}，当 $m_{0q} > m_{cq}$ 时，将集中荷载 P_K，作用于支点截面处，引起的支点截面剪力最大，为：

$$Q_{q1} = (1+\mu)\xi m_{0q} P_K \cdot 1 = (1+\mu)\xi m_{0q} P_K$$

当 $m_{0q} < m_{cq}$ 时，设集中荷载 P_K 作用于距左支点 x 位置处，列出支点剪力 Q_{q1} 与 x 的关系式，求得 Q_{q1} 的极大值，也可以近似将集中荷载 P_K 作用支点截面计算。

② 由均布荷载 q_K 引导起的支点截面剪力 Q_{q2} 为：

$$Q_{q2} = (1+\mu)\xi \left[m_{cq} \cdot q_K \cdot \frac{l}{2} + \frac{a}{2}(m_{0q} - m_{cq})q_K \cdot \bar{y} \right]$$

当 $m_{0q} < m_{cq}$ 时，括号中的第二项为负值。

③ 汽车荷载引起的支点截面剪力为：

$$Q_q = Q_{q1} + Q_{q2}$$

（2）人群荷载。人群荷载为均布荷载，由其引起的支点剪力与由汽车荷载的均布荷载 q_k 引起的支点截面剪力计算方法相同。

由人群荷载引起的剪力为：

$$Q_r = m_{cr} \cdot q_r \cdot \frac{l}{2} + \frac{a}{2}(m_{0r} - m_{cr})q_K \cdot \bar{y}$$

式中：m_{cr}、m_{0r}——人群荷载跨中，支点截面的横向分布系数；

q_r——单侧人行道人群荷载的集度。

17. 答：M_{op} 为宽 1 m 的简支板跨中汽车荷载弯矩。对汽车车轮荷载，跨中弯矩为：

$$M_{op} = (1+\mu)\frac{P}{8a}\left(l - \frac{b_1}{2}\right)$$

式中：μ——汽车冲击系数，在桥面板计算中通常为 0.3；

P——车辆荷载轴重力，计算时常取后轴重；

a——荷载有效分布宽度；

l——板的计算跨径，当梁肋不宽时（如 T 形梁），可取当肋间的净距加板厚，即 $l = l_0 + t$，但不大于 $l_0 + b$（b 为梁肋宽）。

如果板的跨径较大，可能还有第二个车轮进入跨径内时，可将荷载布置使跨中弯矩最大。

18. 答：钢筋混凝土或预应力混凝土桥梁的恒载占全部设计荷载很大的相对密度（60%~90%），在计算自重内力时，为了简化计算，可以将桥梁上部构造的全部恒载平均分摊给每根主梁。为了精确起见，人行道、栏杆、灯柱要也可像活载一样，按荷载横向分布系数进行分配。

$$M_X = \frac{1}{2}gx(L-x)$$

$$Q_X = g\left(\frac{L_0}{2} - x\right)$$

确定了计算恒载 g 之后，就可以按材料力学公式计算梁内各截面的弯矩 M_X、剪力 Q_X。

上两式中：g——根梁所承受沿跨长的荷载强度；
L——计算跨径；
L_0——净跨径；
x——弯矩和剪力计算截面的位置（以支座为坐标原点）。
结构自重内力计算图示如图 8-7 所示。

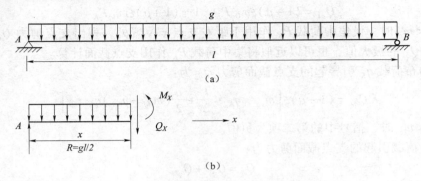

图 8-7 问答题 18 图

六、计算题

1. 解：将车辆的后轮作用于铰缝轴线上，后轴作用力为 $P=140\ \text{kN}$，轮压分布宽度如下图 8-8 所示，由《桥通规》查得，车辆荷载后轮着地长度为 0.20 m，宽度为 0.60 m，则有

$$b_1 = b_2 + 2H = 0.6 + 2 \times 0.11 = 0.82\ （\text{m}）$$
$$a_1 = a_2 + 2H = 0.2 + 2 \times 0.11 = 0.42\ （\text{m}）$$
$$a = a_1 + d + 2l_0 = 0.42 + 1.40 + 2 \times 0.71 = 3.24\ （\text{m}）$$

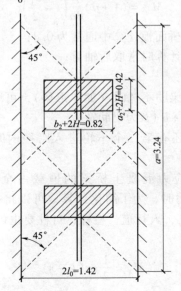

图 8-8 计算图式（单位：m）

（2）每米宽板条的活载弯矩。依据《桥通规》，汽车荷载在 T 形梁悬臂板的冲击系数采

用 0.3,则作用于每米宽板条上的弯矩为

$$M_{sp} = -(1+\mu)\frac{P}{2a}\left(l_0 - \frac{b_1}{4}\right) = -1.3 \times \frac{140}{2 \times 3.24} \times \left(0.71 - \frac{0.82}{4}\right) \approx -14.2 \ (\text{kN} \cdot \text{m})$$

作用于每米宽板条上的剪力为

$$Q_{sp} = (1+\mu)\frac{P}{2a} = 1.3 \times \frac{140}{2 \times 3.24} \approx 28.1 \ (\text{kN})$$

2. 解:画受力图如图 2-9 所示。

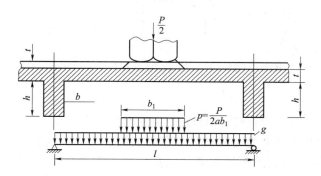

图 8-9 计算图式(单位:m)

(1) 宽度 1 m 的简支板跨中结构重力弯矩为

$$M_{og} = \frac{1}{8}gl^2 = \frac{1}{8} \times 5 \times (1.60)^2 = 1.60 \ (\text{kN} \cdot \text{m})$$

(2) 计算宽 1 m 的简支板跨中汽车荷载弯矩

$$b_1 = b_2 + 2H = 0.6 + 2 \times 0.1 = 0.8 \ (\text{m})$$

$$M_{op} = (1+\mu)\frac{P}{8a}\left(l - \frac{b_1}{2}\right) = 1.3 \times \frac{140}{8 \times 1.12} \times \left(1.60 - \frac{0.80}{2}\right) \approx 24.375(\text{kN} \cdot \text{m})$$

(3) 设计内力计算

按承载能力极限状态进行内力组合计算,基本组合为

$$M_{od} = 1.2M_{og} + 1.4M_{op} = 1.2 \times 1.6 + 1.4 \times 24.375 = 36.045 \ (\text{kN} \cdot \text{m})$$

当 $t/h < 1/4$ 时(即主梁抗扭能力大者):

跨中弯矩 $M_{中} = +0.7M_0 = 0.7 \times 36.045 = 25.232 \ (\text{kN} \cdot \text{m})$

支点弯矩 $M_{支} = -0.7M_0 = -0.7 \times 36.045 = -25.232 \ (\text{kN} \cdot \text{m})$

3. 解:画计算图如图 8-10 所示。将车辆的后轮作用于离路缘石 0.5 m 的位置上,后轴作用力为 $P = 140$ kN,车辆荷载后轮着地长度为 0.20 m,宽度为 0.60 m,则有

$$b_1 = b_2 + 2H = 0.6 + 2 \times 0.1 = 0.8 \ (\text{m})$$

$$a_1 = a_2 + 2H = 0.2 + 2 \times 0.1 = 0.4 \ (\text{m})$$

$$a = a_1 + 2b' = 0.4 + 2 \times (0.9 - 0.5) = 1.2 \ (\text{m})$$

$$M_p = -(1+\mu)\frac{P}{4ab_1}b'^2 = -(1+0.3) \times \frac{140}{4 \times 1.2 \times 0.8} \times (0.9-0.5)^2 = -7.58 \ (\text{kN} \cdot \text{m})$$

$$Q_p = (1+\mu)\frac{P}{2ab_1}b' = 1.3 \times \frac{140}{2 \times 1.2 \times 0.8} \times (0.9-0.5) = 37.917 \ (\text{kN})$$

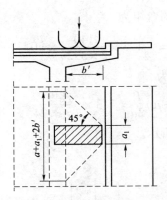

图 8 – 10 计算图式（单位：m）

4. 解：

当荷载位于支点处时，应按杠杆原理法计算荷载横向分布系数。

首先绘制 1 号梁和 2 号梁的荷载横向分布影响线，再根据《桥规》规定，在横向影响线上确定荷载沿横向最不利的布置位置。例如：对于汽车荷载，规定的汽车横向轮距为 1.80 m，两辆汽车车轮的横向最小间距为 1.30 m，车轮距离人行道缘石最小为 0.50 m。求出相应于荷载位置的影响线竖标值后，就可得到 1 号梁的荷载横向分布系数为：

1 号梁

公路 – Ⅱ 级

$$m_q = \frac{1}{2}\sum \eta_{iq} = \frac{1}{2} \times \frac{1.2}{1.8} \approx 0.333$$

人群荷载：

$$m_r = \eta_r = \frac{1.8 - 0.1 + 0.5}{1.8} \approx 1.222$$

同理

2 号梁　　$m_q = 0.639$

人行道荷载引起负反力，则 $m_r = 0$

5. 解： 画计算图式如图 8 – 11 所示。

此桥设有 5 道横隔梁，具有可靠的横向联系，且承重结构的长宽比为

$$\frac{l}{B} = \frac{19.5}{5 \times 1.6} = 2.4 > 2$$

故当荷载位于跨中时，可按偏心压力法来绘制横向影响线，并计算荷载横向分布系数 m。

(1) 绘制 2 号梁荷载横向分布影响线

本桥各根主梁的横截面均相等，梁数 $n = 5$，梁间距为 1.6 m，则：

$$\sum_{i=1}^{5} a_i^2 = a_1^2 + a_2^2 + a_3^2 + a_4^2 + a_5^2$$
$$= (2 \times 1.6)^2 + 1.6^2 + 0 + (-1.6)^2 + (-2 \times 1.6)^2 = 25.6 \ (\text{m}^2)$$

计算 1 号梁横向影响线的两个竖标值为：

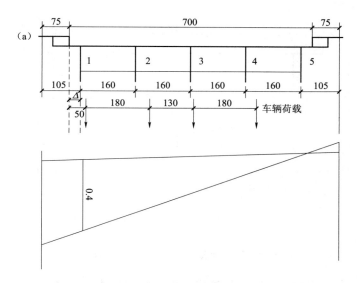

图 8-11 偏心压力法计算荷载横向分布系数（单位：cm）

$$\eta_{21} = \frac{1}{\sum\limits_{i=1}^{n} I_i} + \frac{a_1 a_2}{\sum\limits_{i=1}^{n} a_i^2 I_i} = \frac{1}{5} + \frac{3.2 \times 1.6}{25.6} = 0.2 + 0.2 = 0.4$$

$$\eta_{25} = \frac{1}{\sum\limits_{i=1}^{n} I_i} - \frac{a_1 a_2}{\sum\limits_{i=1}^{n} a_i^2 I_i} = \frac{1}{5} - \frac{3.2 \times 1.6}{25.6} = 0.2 - 0.2 = 0$$

由 η_{21}，η_{25} 绘制 2 号梁荷载横向分布影响线。

（2）求荷载横向分布系数

按《桥通规》规定，将汽车荷载和人群荷载在 2 号梁荷载横微分布影响线上按横向最不利位置布载。

设荷载横向分布影响线的零点到 1 号梁位的距离为 x，由图中可得 $x = 6.4$ m。

人行道缘石至 1 号梁轴线的距离 Δ，$\Delta = 1.05 - 0.75 = 0.3$（m）。

用直线内插法计算出荷载作用点对应的 2 号梁荷载横向分布影响线上的竖标值。

（3）计算 2 号梁荷载横向分布系数 m_e

汽车荷载

$$m_{cq} = \frac{1}{2} \sum \eta_q = \frac{1}{2}(\eta_{q1} + \eta_{q2} + \eta_{q3} + \eta_{q4}) = 0.469$$

人群荷载

$$m_{cr} = \eta_r = 0.442$$

6. 解：画如图 8-12 计算图。

本桥各根主梁的横截面均相等，梁数 $n = 5$，梁间距为 2.2 m，则

$$\sum_{i=1}^{5} a_i^2 = a_1^2 + a_2^2 + a_3^2 + a_4^2 + a_5^2$$

$$= (2 \times 2.2) + 2.2^2 + 0 + (-2.2)^2 + (-2 \times 2.2)^2 = 48.4 \text{（m}^2\text{）}$$

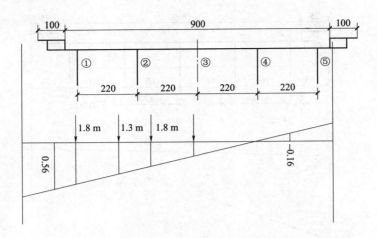

图 8-12 计算图式（尺寸单位：cm）

已知主梁抗扭修正系数 $\beta=0.9$，计算横向影响线竖标值，按修正偏心压力法计算横向分布系数，计算 1 号梁的横向影响线，需两个竖标值。

$$\eta'_{11} = \frac{1}{n} + \beta \frac{a_1^2}{\sum_{i-1}^n a_i^2} = \frac{1}{5} + 0.9 \times \frac{(4.4)^2}{48.4} = 0.56$$

$$\eta'_{15} = \frac{1}{n} - \beta \frac{a_1^2}{\sum_{i-1}^n a_i^2} = \frac{1}{5} - 0.9 \times \frac{(4.4)^2}{48.4} = -0.16$$

设影响线零点离 1 号梁轴线的距离为 x'，由

$$\frac{x'}{0.56} = \frac{4 \times 2.20 - x'}{0.16}$$

解得 $x' = 6.84$ m

计算荷载横向分布系数，绘制 1 号边梁的横向分布影响线，并在其上按横向最不利布载。

1 号梁的横向分布系数为

$$\text{汽车荷载 } m'_{cq} = \frac{1}{2} \sum \eta'_q$$
$$= \frac{1}{2} \frac{\eta'_{11}}{x'}(x'_{q1} + x'_{q2} + x'_{q3} + x'_{q4})$$
$$= \frac{1}{2} \times \frac{0.56}{6.84} \times (6.34 + 4.54 + 3.24 + 1.44) = 0.637$$

$$\text{人群荷载 } m'_{cr} = \eta'_r \frac{0.56}{6.84} \times (6.84 + 0.1 + 0.5) = 0.609$$

7. 解：画如图 8-13 所示计算图。

（1）汽车车道荷载标值，查 JTGD60—2001 "规范"，桥面净宽 $\omega = 7$ m，车辆双向行驶，$7.0 \leq \omega \leq 14.0$，横向布车队数为 2，不考虑折减系数，$\xi = 1$。

公路—Ⅰ级车道荷载，计算跨径 $l = 19.5$ m，位于 5~50 m 之间，集中荷载标准值 $P_K =$

$180 + \dfrac{19.5-5}{50-5} \times (360-180) = 238$ （kN）；均布荷载标准值 $q_K = 10.5$ kN/m。

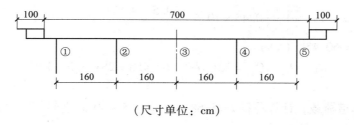

（尺寸单位：cm）

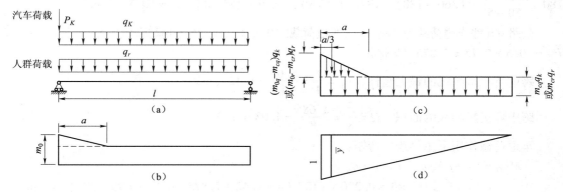

图 8-13 支点剪力计算图

(a) 汽车荷载和人群荷载；(b) 沿梁跨的横向分布系数；(c) 梁上荷载分成两部分；(d) 支点剪力影响线

计算剪力效应时，集中荷载标准值应乘以 1.2 的系数，则计算剪力时，集中荷载标准值 $P_K = 238 \times 1.2 = 285.6$（kN）。

梁号	自跨中至1/4段的分布系数 m_c	支点的分布系数 m_0
	汽车荷载	汽车荷载
2	0.45	0.65

(2) 跨中弯矩。

跨中弯矩影响线的最大竖标：$y_K = \dfrac{l}{4} = \dfrac{19.5}{4} = 4.875$ （m）

跨中弯矩影响线的面积：$\Omega_M = \dfrac{l^2}{8} = \dfrac{(19.5)^2}{8} = 47.531$ （m²）

车道荷载作用下 2 号主梁跨中弯矩：

$M = (1+\mu)\xi m_{cq}(P_K y_K + q_K \Omega)$
$= (1+0.191) \times 1 \times 0.45 \times (238 \times 4.875 + 10.5 \times 47.531) = 891.867$ （kN·m）

(3) 支点剪力。支点截面剪力计算需考虑荷载横向分布系数沿桥纵向的变化，支点截面取 m_0，$l/4 \sim l$ 取 m_c，支点～$l/4$ 段的横向分布系数按直线变化。

(4) 汽车荷载作用下的剪力。

$Q_{q1} = (1+\mu)\xi m_{0q} P_K y = 1.191 \times 1 \times 0.65 \times 285.6 = 221.097$ （kN）

$$Q_{q2} = (1+\mu)\xi\left[m_{cq} \cdot q_K \cdot \omega + \frac{a}{2}(m_{0q} - m_{cq})q_K \cdot \bar{y}\right]$$

$$= 1.191 \times 1 \times \left[0.45 \times 10.5 \times \frac{19.5}{2} + \frac{4.875}{2}(0.65 - 0.45) \times 10.5 \times \frac{11}{12}\right]$$

$$= 60.458 \text{ (kN)}$$

$$Q_q = Q_{q1} + Q_{q2} = 221.097 + 60.458 = 281.555 \text{ (kN)}$$

8. 解：

公路-Ⅰ级车道荷载，计算跨径 $l = 5.68$ m，位于 5~50 m 之间，集中荷载标准值 $P_K = 180 + \frac{5.68-5}{50-5} \times (360-180) = 182.72$ (kN)；均布荷载标准值 $q_K = 10.5$ kN/m。

公路-Ⅱ级车道荷载为公路-Ⅰ级车道荷载的 0.75 倍，则 $P_K = 182.72 \times 0.75 = 137.04$ (kN)，$P_K = 10.5 \times 0.75 = 7.875$ (kN/m)；

跨中弯矩影响线的最大竖标：$y_K = \frac{l}{4} = \frac{5.68}{4} = 1.42$ (m)

跨中弯矩影响线的面积：$\Omega = \frac{l^2}{8} = \frac{5.68^2}{8} = 4.03$ (m³)

车道荷载作用下主梁跨中弯矩：

$$M_{\frac{L}{2}Q} = (1+\mu)\xi m_{cq}(P_K y_K + q_K \Omega)$$

$$= (1+0.295) \times 1 \times 0.270 \times (137.04 \times 1.42 + 7.875 \times 4.03) = 79.137 \text{ (kN·m)}$$

第九章

桥梁支座考核内容

本章学习重点：桥梁支座的作用、类型、布置原则、构造特点及其适用范围；板式橡胶支座的设计计算。

教学目标：使学生掌握几种常见桥梁支座的构造特点、受力特点及其适用范围；
使学生掌握板式橡胶支座的设计计算；
使学生明确桥梁支座作用和分类；
使学生知道桥梁支座的布置原则。

能力目标：掌握几种常见桥梁支座的构造特点和受力特点，根据实际情况选择支座类型；
可以区分不同分类的桥梁支座的型式及构造特点，了解其作用；
掌握板式橡胶支座的设计计算，会校核验算板式橡胶支座。

一、名词解释

1. 支座　2. 固定支座　3. 活动支座　4. 板式橡胶支座

二、判断题（对的划√，错的划×）

1. （　　）固定支座是容许桥梁上部结构支承处能在竖直平面内转动，而不能在水平方向移动的支座。
2. （　　）活动支座是容许桥梁上部结构支承处既能在竖直平面内转动，又能沿桥纵向水平移动的支座。
3. （　　）当桥梁位于坡道上时固定支座的设置，简支梁桥一般应设在上坡方向的前端；连续梁桥一般应设在上坡方向的桥台上。
4. （　　）当桥梁位于平坡上时固定支座的设置，简支梁桥宜设在主要行车方向的前端；连续梁桥宜设在主要行车方向的前端桥台上。
5. （　　）位于山谷地区时，固定支座宜设在相对矮壮的桥墩上，并尽量向中间墩设置。
6. （　　）固定支座宜设置在具有较大支座反力的地方。
7. （　　）固定支座应避开不良地质的桥墩。
8. （　　）墩顶横梁的横向刚度较小时，应设置纵向宜转动的桥梁支座。
9. （　　）在同一桥墩上的几个支座应具有相近的转动刚度。
10. （　　）对于斜桥及横向易发生变形的桥梁，宜采用辊轴和摇轴等支座。
11. （　　）板式橡胶支座的水平位移是通过支座与梁底或墩台面间的相对滑动实

现的。

三、单项选择题

1. 以下哪种支座不是钢支座？（　　）
   A. 平板支座　　　B. 弧形支座　　　C. 球形支座　　　D. 辊轴支座
2. 对于宽桥、弯桥，当纵向为固定支座时，其相邻横向支座为（　　）。
   A. 单向活动支座　B. 固定支座　　　C. 双向活动支座　D. 辊轴支座
3. 一般情况下，矩形支座宜应用于（　　）。
   A. 曲线桥　　　　B. 斜交桥　　　　C. 正交桥　　　　D. 圆柱墩
4. 应根据地区气温条件选用支座橡胶的材料，$-25\ ℃ \sim +60\ ℃$ 地区可选用（　　）支座。
   A. 天然橡胶　　　B. 氯丁橡胶　　　C. 三元乙丙橡胶　D. 聚四氟乙烯板式橡胶
5. 支座加劲钢板的厚度不得小于（　　）。
   A. 1 mm　　　　　B. 2 mm　　　　　C. 3 mm　　　　　D. 4 mm

四、填空题

1. 桥梁支座按其容许变位方式分为（　　）与（　　），其中第二种支座又分为（　　）与（　　）。
2. 活动支座按其活动方式可分为（　　）、（　　）和（　　）。
3. 支座按制作材料分为（　　）、（　　）、（　　）等。
4. 支座按构造形式分为（　　）、（　　）、（　　）和（　　）等。
5. 支座的布置以（　　）为原则。
6. 公路桥常用的支座主要有（　　）、（　　）、（　　）、（　　）等。
7. 板式橡胶支座的活动机理是：利用橡胶的不均匀弹性压缩实现（　　），利用其剪切变形实现（　　）。
8. 板式橡胶支座一般分为（　　）和（　　）两种。
9. 应根据不同的桥跨结构采用不同的平面形状，一般情况下，正交桥梁采用（　　），曲线桥、斜交桥及圆桩墩宜用（　　）。
10. 盆式橡胶支座的工作原理是利用（　　）来获得较大的承载能力。
11. 盆式橡胶支座按其工作特征可分为（　　）、（　　）和（　　）三种。

五、问答题

1. 支座的作用。
2. 桥梁支座的布置原则。
3. 公路桥梁支座有哪些类型？
4. 板式橡胶支座的构造及变形机理是什么？
5. 简述板式橡胶支座的计算要点。

六、计算题

已知装配式钢筋混凝土简支五梁桥的计算跨径 $l = 19.5$ m，梁长 $L = 19.96$ m，汽车荷载为公路Ⅱ级：车道均布荷载 $q_K = 7.875$ kN/m，按计算跨径推得集中荷载 $P_K = 178.5$ kN。人群荷载为 3.0 kN/m^2，计算温差为 $36\ ℃$，安全设计等级取二级。边主梁在人群荷载作用下，最大支点反力 $R_{0,r_K} = 17.7$ kN，车道集中荷载作用下最大支点反力 $R_{0,P_K} = 110.70$ kN，车道均布荷载作用下最大支点反力 $R_{0,q_K}=44.5$ kN，恒载支点反力标准值 $R_{0,g_K}=157.00$ kN。边主梁跨中横向分布系数：车道荷载 $m_{c,q_c}=0.504$，人群荷载 $m_{c,r}=0.620$。假设梁的抗弯刚度 $EI=0.19877\times10^7$ kN/m^2，试确定支座的型号和规格。

桥梁支座考核答案

一、名词解释

1. 支座：是设置在桥梁上、下部结构之间的传力和连接装置。

2. 固定支座：是容许桥梁上部结构支承处能在竖直平面内转动，而不能在水平方向移动的支座。除承受竖向压力外，还能承受因车辆制动力、风力、支座摩阻力等引起的水平力。

3. 活动支座：是容许桥梁上部结构支承处既能在竖直平面内转动，又能沿桥纵向水平移动的支座。容许水平移动的目的是不使桥梁因受活载、温度变化等因素而产生过大的附加水平反力。

4. 板式橡胶支座：又称弹性支座，具有足够的竖向刚度以承受垂直荷载，能将上部结构的反力可靠地传递给墩台；有良好的弹性以适应梁端的转动；有较大的剪切变形以满足上部结构的水平位移；还具有构造简单、安装方便、养护简便、易于更换、建筑高度低、有隔振作用等优点。

二、判断题

1. √ 2. √ 3. × 4. × 5. √ 6. √ 7. √ 8. × 9. √ 10. × 11. ×

三、单项选择题

1. C 2. A 3. C 4. B 5. B

四、填空题

1. 固定支座 活动支座 单向活动支座 多向活动支座

2. 滑动支座 滚动支座 摆动支座

3. 钢支座 橡胶支座 混凝土支座

4. 弧形钢板支座 辊轴支座 摇轴支座 板式橡胶支座 盆式橡胶支座

5. 有利于传递纵向水平力

6. 板式橡胶支座 盆式橡胶支座 球形钢支座 减隔振支座

7. 转角 θ 水平位移 Δ

8. 无加劲支座 加劲支座

9. 矩形支座 圆形支座

10. 底钢盆对橡胶块的三向约束

11. 固定支座 多向活动支座 单向活动支座

五、问答题

1. 答：支座的作用是将上部结构的各种荷载传递到墩台上，并适应活载、温度变化、混凝土收缩和徐变等因素所产生的位移，使桥梁的实际受力情况符合结构计算图式。

2. 答：

（1）当桥梁位于坡道上时固定支座的设置，简支梁桥一般应设在下坡方向的前端；连续梁桥一般应设在下坡方向的桥台上。

（2）当桥梁位于平坡上时固定支座的设置，简支梁桥宜设在主要行车方向的前端；连续梁桥宜设在主要行车方向的前端桥台上。

（3）较长的连续梁桥的固定支座宜设在桥长中间部位的桥墩上，以使其两侧的自由伸缩长度比较均匀。位于山谷地区时，固定支座宜设在相对矮壮的桥墩上，并尽量向中间墩设置。

（4）固定支座宜设置在具有较大支座反力的地方。

（5）固定支座应避开不良地质的桥墩。

（6）墩顶横梁的横向刚度较小时，应设置横向宜转动的桥梁支座。

（7）在同一桥墩上的几个支座应具有相近的转动刚度。

（8）对于斜桥及横向易发生变形的桥梁，不宜采用辊轴和摇轴等支座。

（9）宽桥、弯桥，应根据全桥总布置图、线形、桥梁受力等情况综合布设。当横向有两个以上支座时，应考虑桥的横向变形；当纵向为固定支座时，其相邻横向支座为单向活动支座；当纵向为单向活动支座时，其相邻横向支座为多向活动支座。

（10）在地震区要满足桥梁防震、减震的需要。

3. 答：桥梁支座按其容许变位方式分为固定支座与活动支座，活动支座又分为单向活动支座与多向活动支座。桥梁支座应根据桥梁的用途、跨径、类型、结构物的高度等因素，视具体情况选用。目前，公路桥常用的支座主要有板式橡胶支座、盆式橡胶支座、球形钢支座、减隔振支座等。

4. 答：板式橡胶支座一般分为无加劲支座和加劲支座两种。无加劲支座只有一层纯橡胶板，其容许承压应力约为 3 000 kPa，故只适用于小跨径桥梁。加劲支座则在几层橡胶片内嵌入刚性加劲物质组成，常用薄钢板作为刚性加劲物。桥梁上常用的板式橡胶支座每层橡胶片厚 5 mm，橡胶片间嵌入 2 mm 厚的薄钢板。由于钢板的加劲，阻止橡胶片的侧向膨胀，从而提高了橡胶片的抗压能力，支承反力达 7 000 kN，适用于中等跨径桥梁。

它的活动机理是：利用橡胶的不均匀弹性压缩实现转角 θ，利用其剪切变形实现水平位移 Δ。

5. 答：

（1）确定支座的平面尺寸。

（2）确定支座的厚度。

（3）验算支座的偏转情况。

（4）验算支座的抗滑稳定性。

六、计算题

解：（1）确定支座的平面尺寸

由于主梁肋宽为 18 cm，故初步选定板式橡胶支座的平面尺寸为 $l_a = 18$ cm，$l_b = 20$ cm（顺桥），则按构造最小尺寸确定 $l_{0a} = 17$ cm，$l_{0b} = 19$ cm。

首先根据橡胶支座的压应力限值验算支座是否满足要求，支座压力标准值：

$$R_{ck} = R_{0,g} + R_{0,p_k} + R_{0,q_k} + R_{0,r_k} = 157 + 110.70 + 44.5 + 17.7 = 329.90 \text{（kN）}$$

支座应力为：$\sigma = \dfrac{R_{ck}}{A_{Ae}} = \dfrac{329.90 \times 10^{-3}}{0.17 \times 0.19} \approx 10.21 \approx 10$ （MPa）

满足规范要求。

通过验算可知，混凝土局部承压强度也满足要求（过程略），因此所选定的支座的平面尺寸满足设计要求。

（2）确定支座厚度

支座的厚度由橡胶层厚度和加劲钢板厚度两部分组成，应分别考虑计算。

假设本算例中支座水平放置，且不考虑混凝土收缩与徐变的影响。温差 $\Delta t = 36\ ℃$ 引起的温度变形，由主梁两端均摊，则每一支座的水平位移 Δ_g 为：

$$\Delta_g = \frac{1}{2}\alpha' \cdot \Delta t \cdot l' = \frac{1}{2} \times 10^{-5} \times 36 \times (19.5 + 0.2) = 0.0035\ (\text{m}) = 0.35\ \text{cm}$$

式中：

l'——构件计算长度，$l' = l + l'_a$，见图 9-1。

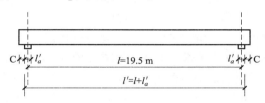

图 9-1 计算长度示意图

因此，不计制动力时，$\Delta_l = \Delta_g$，$t_e \geq 2\Delta_g = 2 \times 0.35 = 0.70\ (\text{cm})$。

为了计算制动力引起的水平位移 $\Delta_{F_{bk}}$，首先要确定一个支座上的制动力标准值 F_{bk}。由于计算跨径为 19.5 m，故纵向折减系数 ζ' 取 1.0，由于该桥桥面净宽为 7.0 m，按二车道设计，故车道折减系数 ζ 取 1.0。车道荷载制动力按同向行驶时的车道荷载（不计冲击力）计算，故计算制动力时按一个车道计算，一个车道上由车道荷载产生的制动力为在加载长度上的车道荷载标准值的总重力的 10%，故本算例的制动力为：

$$F'_{bk} = (q_k l + p_k) \times 10\% = (7.875 \times 19.5 + 178.5) \times 10\% = 33.21\ (\text{kN})$$

由于 F'_{bk} 小于公路 II 级汽车荷载制动力最低限制 90 kN，故 F'_{bk} 取 90 kN 计算。由于本算例中有五根梁，每根梁设 2 个支座，共有 10 个支座，且假设桥墩为刚性墩，各支座抗推刚度相同，因此制动力可平均分配，且一个支座的制动力为：

$$F_{bk} = \frac{F'_{bk}}{10} = \frac{90}{10} = 9.0\ (\text{kN})$$

因此，计入制动力时，橡胶厚度 t_e 的最小值为：

$$t_e \geq \frac{\Delta_g}{0.7 - \dfrac{F_{bk}}{2G_e l_a l_b}} = \frac{0.35}{0.7 - \dfrac{9.0 \times 10^3}{2 \times 1.0 \times 10^6 \times 0.2 \times 0.18}} = 0.61\ (\text{cm})$$

式中：G_e——1.0 MPa。

此外，从保证受压稳定考虑，矩形板式橡胶支座的橡胶厚度 t_e 应满足：

$$1.8\ (\text{cm}) = \frac{18}{10} = \frac{l_a}{10} \leq t_e \leq \frac{l_a}{5} = \frac{18}{5} = 3.6\ (\text{cm})$$

由上述分析可知，按计入制动力和不计入制动力计算的橡胶厚度最大值为 0.70 cm，小于 1.8 cm，因此橡胶层总厚度 t_e 的最小值取 1.8 cm。由于定型产品中，对于平面尺寸为

18 cm×25 cm 的板式橡胶支座中，t_e 只有 2 cm、2.5 cm、3.0 cm、3.5 cm 四种型号，t_e 暂取 2 cm。

选择加劲钢板，《桥规》规定单层加劲钢板厚度应按下式计算：

$$t_s = \frac{K_p R_{ck}(t_{es,u} + t_{es,l})}{A_e \sigma_s}$$

且单层加劲钢板厚度不小于 2 mm。在本算例中：K_p 为应力校正系数，取 1.3；$A_e = 17 \times 19 = 323$ cm²；$t_{es,u}$、$t_{es,l}$ 为一块加劲钢板上、下橡胶层厚度，参照《桥梁附属构造与支座》中定型产品规格中间橡胶层厚度均取 5 mm；σ_s 为加劲钢板轴向拉应力限值，取钢材屈服强度的 0.65 倍，取钢材的屈服强度为 340 MPa，因此 $\sigma_s = 0.65 \times 340 = 221$（MPa），$R_{ck}$ 是支座压力标准值，将上述各项代入 t_s 的计算公式得：

$$t_s = \frac{1.3 \times 329.9 \times 10^3 \times (5+5)}{323 \times 10^{-4} \times 221 \times 10^6} \approx 0.60 \text{（mm）}$$

由于计算的 $t_s = 0.60$ mm < 2 mm，故 t_s 取 2 mm。按板式橡胶支座的构造规定，加劲板上、下保护层不应小于 2.5 mm，取 2.5 mm，中间橡胶层厚度有 5 mm、8 mm、11 mm 三种，取 5 mm。故可布置 4 层钢板。此时橡胶厚度 $t_e = 2 \times 2.5 + 3 \times 5 = 20$（mm），与取用值一致。加劲板总厚度 $\sum t_s = 4 \times 2 = 8$（mm），故支座高度 $h = 20 + 8 = 28$（mm）。

(3) 验算支座的偏转情况

支座的平均压缩变形 $\delta_{c,m}$ 为：

$$\delta_{c,m} = \frac{R_{ck} t_e}{A_e E_e} + \frac{R_{ck} t_e}{A_e E_b}$$

式中，R_{ck}、t_e、A_e 含义同前，E 为橡胶体积模量，取 2 000 MPa，E_e 为支座抗压弹性模量，可按下式计算：

$$S = \frac{I_{0a} I_{0b}}{2t_{es}(I_{0a} + I_{0b})} = \frac{17 \times 19}{2 \times 0.5 \times (17+19)} = 8.97$$

$$E_e = 5.4 G_e S^2 = 5.4 \times 1.0 \times 8.97^2 = 434.49 \text{（MPa）}$$

将上述各值代入 $\delta_{c,m}$ 计算式，得：

$$\delta_{c,m} = \frac{329.90 \times 10^3 \times 20}{0.17 \times 0.19 \times 434.49 \times 10^6} + \frac{329.90 \times 10^3 \times 20}{0.17 \times 0.19 \times 2\,000 \times 10^6} = 0.573 \text{（mm）}$$

在恒载、车道荷载和人群荷载作用下，主梁挠曲在支座顶面引起的倾角应按结构力学方法计算，则有：恒载产生的转角 $\theta_1 = \dfrac{gl^3}{24EI} = \dfrac{16.07 \times 19.5^3}{24 \times 0.198\,77 \times 10^7} = 0.002\,50$（rad）

车道均布荷载产生的转角 $\theta_2 = \dfrac{m_c q_k l^3}{24EI} = \dfrac{0.504 \times 7.875 \times 19.5^3}{24 \times 0.198\,77 \times 10^7} = 0.000\,616\,9$（rad）

车道集中荷载产生的转角 $\theta_3 = \dfrac{m_c p_k l^3}{16EI} = \dfrac{0.504 \times 178.5 \times 19.5^3}{16 \times 0.198\,77 \times 10^7} = 0.001\,075$（rad）

人群荷载产生的转角 $\theta_4 = \dfrac{m_c p_{0r} l^3}{24EI} = \dfrac{0.62 \times 3.00 \times 0.75 \times 19.5^3}{24 \times 0.198\,77 \times 10^7} = 0.000\,22$（rad）

因此，转角 $\theta = \theta_1 + \theta_2 + \theta_3 + \theta_4 = 0.004\,4$ rad，$\dfrac{I'_a \theta}{2} = \dfrac{200}{2} \times 0.004\,4 = 0.44$（mm），小于

$\delta_{c,m}$,支座不会落空。

此外,为了限制竖向压缩变形,《桥规》规定 $\delta_{c,m}$ 不得大于 $0.07t_e$,由于 $0.07t_e = 0.07 \times 20 = 1.4(mm)> \delta_{c,m} = 0.573$ mm,因此 $\delta_{c,m}$ 满足:$\frac{I'_a \theta}{2} \leq \delta_{c,m} \leq 0.07t_e$ 条件,验算通过。

(4)验算支座抗滑稳定性

保证板式橡胶支座和墩台顶面或主梁底面不产生滑移,需对其抗滑稳定性进行验算,验算时应对无汽车荷载和有汽车荷载(支反力最小)两种情况分别进行验算。

仅有结构自重作用时:
$$\mu R_{Gk} = 0.3 \times 157 = 47.1 \text{ (kN)}$$
$$1.4 G_e A_g \frac{\Delta_l}{t_e} = 1.4 \times 1.0 \times 10^3 \times 0.18 \times 0.20 \times \frac{3.5}{20} = 8.82 \text{ (kN)}$$

可见,$\mu R_{GK} \geq 1.4 G_e A_g \frac{\Delta_l}{t_e}$,这说明在自重作用下,支座不会滑动。

计入制动力时:
$$R_{ck} = R_{0,gk} + (R_{0,qk} + R_{0,pk}) \times 0.5 = 157 + (110.7 + 44.5) \times 0.5 = 234.6 \text{ (kN)}$$

故有:
$$\mu R_{ck} = 0.3 \times 234.6 = 76.38 \text{ (kN)}$$

而:$1.4 G_e A_g \frac{\Delta_l}{t_e} + F_{bk} = 1.4 \times 1.0 \times 10^3 \times 0.18 \times 0.20 \times \frac{3.5}{20} + 9.0 = 17.82$(kN)

小于 $\mu R_{ck} = 70.83$ kN。因此,制动力作用下支座不会滑动,验算通过。

第十章

超静定混凝土梁桥构造设计要点考核内容

本章学习重点：悬臂梁桥、连续梁桥、刚架桥和斜拉桥的受力体系和受力特点；这四种桥型的主要结构形式、构造特点、主要构件的尺寸拟定和配筋要求。

教学目标：使学生掌握悬臂梁桥、连续梁桥、刚架桥和斜拉桥的受力特点和主要构件的尺寸拟定；

使学生明确悬臂梁桥、连续梁桥、刚架桥和斜拉桥的主要结构形式；

使学生理解悬臂梁桥和连续梁桥的特征，与简直体系的优缺点。

能力目标：掌握悬臂梁桥、连续梁桥、刚架桥和斜拉桥的受力特点，在实际应用时能分清四种不同的结构；

掌握不同分类的桥型型式及使用时对主要构件尺寸的拟定和配筋的布置；

在看到桥型图时可以分清类型，在自己进行梁桥方案选择时能够选择出合适的桥型。

一、名词解释

1. 刚架桥　2. 单跨刚构桥的节点　3. 预应力混凝土斜拉桥　4. 漂浮体系
5. 悬臂梁桥　6. 连续梁桥　7. 刚构体系

二、判断题（对的划√，错的划×）

1.（　　）连续梁和悬臂梁的跨中弯矩比简支梁小，因而增加了跨度内主梁的高度，从而可降低钢筋混凝土数量和结构自重。而且这本身又导致了恒载内力的减小。

2.（　　）简支梁和悬臂梁都属于静定体系，它们的内力受基础不均匀沉降的影响。

3.（　　）连续梁是超静定体系，墩台基础的不均匀沉降会使梁内产生不利的附加内力，因而通常适用在地基条件较好的场合。

4.（　　）悬臂梁桥和连续梁桥与多孔简支梁桥相比较的另一个重要特点是：从桥的立面上看，在桥墩上只需设置一排沿墩中心布置的支座，从而可相应的减小桥墩的尺寸。

5.（　　）从营运条件来说，连续体系较简支和悬臂体系都要优越，因为简支体系在梁衔接处以及悬臂体系在悬臂端与挂梁衔接处的挠曲线都会发生不利于行车的折点。

三、单项选择题

1. 斜拉桥的建筑高度小，主梁高度一般为跨度的（　　）。

A. 1/50～1/80　　B. 1/40～1/120　　C. 1/40～1/100　　D. 1/30～1/100

2. 主梁采用T形截面时，钢筋混凝土悬臂梁的悬臂长度一般为中跨长度的（　　）倍。
   A. 0.3～0.4　　B. 0.3～0.5　　C. 0.2～0.4　　D. 0.2～0.5

3. 主梁采用箱形截面时，一般使钢筋混凝土悬臂梁的跨中最大和最小弯矩的绝对值大致相等，悬臂长度可达中跨长度的（　　）倍。
   A. 0.3～0.6　　B. 0.4～0.6　　C. 0.3～0.5　　D. 0.4～0.5

4. 预应力混凝土等截面连续梁的高跨比一般为（　　）。
   A. 1/10～1/20　　B. 1/10～1/25　　C. 1/15～1/20　　D. 1/15～1/25

5. 采用T形和I形截面的预应力混凝土连续梁桥，常用横隔梁肋宽度为（　　）。
   A. 12～20 cm　　B. 12～15 cm　　C. 10～15 cm　　D. 10～20 cm

6. 大跨度预应力刚构桥梁截面均为箱形，箱梁断面尺寸在跨中的梁高为（　　）。
   A. $\frac{1}{40}l \sim \frac{1}{60}l$　　B. $\frac{1}{50}l \sim \frac{1}{70}l$　　C. $\frac{1}{50}l \sim \frac{1}{70}l$　　D. $\frac{1}{50}l \sim \frac{1}{60}l$

四、填空题

1. 单孔双悬臂梁桥，利用悬臂端伸入路堤可以省去（　　）个桥台，但需在悬臂与路堤衔接处设（　　）以利行车。
2. 多跨悬臂梁桥的主孔跨径由（　　）、（　　）、（　　）和（　　）综合决定。
3. 连续梁各孔跨径的划分，通常按（　　）的原则来确定，因此要布置成对称于中央孔的（　　）跨径。
4. 预应力混凝土梁桥横截面形式主要有（　　）、（　　）和（　　）。
5. 采用T形和I形截面的连续梁桥，因其（　　），为增加桥梁的整体性和使荷载有良好的横向分布，宜设置（　　）和（　　）。
6. 刚架桥在竖向荷载作用下，支柱除承受（　　）外，还承受（　　）。
7. 结构形式大多为超静定结构，故在（　　）、（　　）、（　　）和（　　）中结构体系转换等因素的影响和作用下，会产生相当大的附加内力（次内力）。
8. 结构形式大多为超静定结构，故在混凝土收缩、温度变化、墩台不均匀沉陷、预施应力和施工中结构体系转换等因素的影响和作用下，会产生相当大的（　　）。
9. 刚架桥有（　　）和（　　）两种型式。
10. 多跨刚架（构）桥，可以做成（　　）和（　　）两类。
11. 混凝土刚架桥的主梁在纵方向的变化可做成（　　）、（　　）和（　　）三种。
12. 对于受力较大的节点，在对角力的方向要设置（　　），在和对角力相垂直的方向要设置（　　）。
13. 预应力混凝土斜拉桥是一个由（　　）、（　　）、（　　）三种基本构件组成的结构，又称斜张桥，属组合体系桥。
14. 预应力混凝土斜拉桥主要组成部分为（　　）、（　　）和（　　）。
15. 斜拉桥的主要组成部分是主梁、斜拉索和索塔，这三者还可以按相互的结合方式组成四种不同的结构体系，即（　　）、（　　）、（　　）和（　　）。
16. 斜拉桥常用主梁形式有（　　）、（　　）和（　　）等。
17. 斜拉桥的塔柱形式从桥梁立面上看，有（　　）、（　　）和（　　）三种，

18. 斜拉桥在横桥向可做成（　　）、（　　）、（　　）、（　　）、（　　）、（　　）和（　　）等多种形式。
19. 斜索宜用（　　）、（　　）和（　　）的钢材做成。
20. 斜索的立面布置可分为（　　）、（　　）、（　　）、（　　）。
21. 缆索在横截面上的布置，有（　　）、（　　）、（　　）、（　　）几种形式。

六、问答题
1. 钢筋混凝土悬臂和连续体系梁桥的特点。
2. 预应力混凝土连续梁桥与普通钢筋混凝土连续梁桥相比有什么特点？
3. 刚架桥的特点及其适用条件。
4. 预应力混凝土斜拉桥的特点。
5. 连续梁和悬臂梁配筋的主要特点。
6. 斜拉桥由哪几部分组成？斜拉索的立面布置形式主要有哪几种？

超静定混凝土梁桥构造设计要点考核答案

一、名词解释
1. 刚架桥：桥跨结构（主梁）和墩台（支柱）整体相连的桥梁叫做刚架桥。
2. 单跨刚构桥的节点：是指立柱（或斜支撑腿）与主梁相连接的部位，又称角隅节点。
3. 预应力混凝土斜拉桥：是一个由索、梁、塔三种基本构件组成的结构，又称斜张桥，属组合体系桥。
4. 漂浮体系：又称悬浮体系，该体系塔墩固结、塔梁分离，主梁除两端外全部用缆索吊起而在纵向可稍作浮动，是一种具有多跨弹性支承的单跨梁。
5. 悬臂梁桥：这种桥梁的主体是长度超出跨径的悬臂结构。特点是：静定结构，但行车性能差。
6. 连续梁桥：是指承重结构不间断地连续跨越几个桥孔而形成超静定的结构。特点是：桥墩顶面需设置一排支座，梁与梁之间未被伸缩缝断开，行车性能好，但只能采用悬臂方法施工。
7. 刚构体系：梁、塔、墩互为固结，形成跨度内具有多点弹性支承的刚构。

二、判断题
1. ×　2. ×　3. √　4. √　5. √

三、单项选择题
1. C　2. A　3. B　4. D　5. A　6. D

四、填空题
1. 两　搭桥
2. 通航净空　河床地形　经济因素　地质条件
3. 边跨与中跨中最大正弯矩趋近于相等　不等
4. 板式　肋梁式　箱形截面
5. 抗扭刚度较小　中横隔梁　端横隔梁
6. 压力　弯矩

7. 混凝土收缩　温度变化　墩台不均匀沉陷　预施应力　施工
8. 附加内力
9. 单跨　多跨
10. 非连续式　连续式
11. 等截面　等高变截面　变高度
12. 防劈钢筋　受压钢筋
13. 索　梁　塔
14. 主梁　斜拉索　索塔
15. 飘浮体系　支承体系　塔梁固结体系　刚构体系
16. 连续梁　悬臂梁　悬臂刚构
17. 独柱形　A 形　倒 Y 形
18. 单柱式　双柱式　门式　斜腿门式　倒 V 式　宝石式　倒 Y 式
19. 抗拉强度高　抗疲劳强度好　弹性模量较大
20. 辐射式　竖琴式　扇式　星式
21. 竖直双平面索配合门式塔柱　倾斜的双平面索配合 A 形塔柱　单平面索布置在中央分隔带内　斜索竖直平面偏离桥中线的布置

五、问答题

1. 答：钢筋混凝土悬臂和连续体系梁桥的特点：连续梁和悬臂梁的跨中弯矩比简支梁小，因此可以减小跨度内主梁的高度，从而可降低钢筋混凝土数量和结构自重，同时又导致了恒载内力的减小；悬臂梁桥属于静定体系，它们的内力不受基础不均匀沉降的影响。而连续梁桥属于超静定体系，墩台基础的不均匀沉降会使梁内产生不利的附加内力，因而通常适用于地基条件较好的场合；从营运条件来说，连续体系较简支和悬臂体系都要优越，悬臂体系在悬臂端与挂梁衔接处的挠曲线都会发生不利于行车的折点。

2. 答：预应力混凝土连续梁桥的特点：作为超静定结构，预应力混凝土连续梁桥与普通钢筋混凝土连续梁桥具有相同的受力特点，但由于预应力能充分发挥高强材料的特性，促使结构轻型化，所以具有比钢筋混凝土连续梁桥大得多的跨越能力；另外它可以有效地避免混凝土开裂，特别是处于负弯矩区的桥面板开裂，同时又具有结构受力性能好、变形小、伸缩缝少、行车平顺舒适、承载能力大、养护工程量小、抗震能力强等优点。

3. 答：刚架桥的特点：在竖向荷载作用下，将产生水平推力，支柱除承受压力外，还承受弯矩。结构形式大多为超静定结构，故在混凝土收缩、温度变化、墩台不均匀沉陷、预应力施工中结构体系转换等因素的影响和作用下，会产生相当大的附加内力（次内力）。刚架桥必须要有良好的地基条件，或用较深的基础和用特殊的构造措施来抵抗推力的作用，其主要优点是外形尺寸小，桥下净空大，桥下视野开阔，混凝土用量少。但钢筋的用量较大，基础的造价也较高。

刚架桥通常适用于需要较大的桥下净空和建筑高度受到限制的，如立交桥、高架桥等。

4. 答：预应力混凝土斜拉桥的特点：它是一个由索、梁、塔三种基本构件组成的结构，属于组合体系桥。其主要组成部分为主梁、斜拉索、索塔。从索塔上用若干斜拉索将梁吊起，使主梁在跨内增加了若干弹性支点，从而大大减小了梁内弯矩，使梁高降低并减轻重量，提高了梁的跨越能力，具有结构经济合理、外型美观等优点。

5. 答：连续梁和悬臂梁配筋的主要特点是受力主筋的布置要满足正、负两种弯矩的要求。在悬臂部分和支点附近是负弯矩区，主钢筋要布置在梁的顶部；跨中部分承受正弯矩，主钢筋应布置在梁的底部；在正、负弯矩过渡区段，两个方向的弯矩都可能发生，因此的顶部和底部均要布置适量的钢筋。梁内抵抗主拉应力的斜钢筋，也可以像简支梁中那样，根据受力需要，由上下部主钢筋弯折形成。

6. 答：斜拉桥的主要组成部分是主梁、斜拉索和索塔，这三者还可以按相互的结合方式组成四种不同的结构体系，即飘浮体系、支承体系、塔梁固结体系、刚构体系。

斜拉索的立面布置形式主要有辐射式、竖琴式、扇式、星式。

第三篇　圬工和钢筋混凝土拱桥

第十一章

拱桥的构造考核内容

本章学习重点：拱桥的受力特点、拱桥各部分组成及分类。
教学目标：掌握拱桥的受力特点、拱桥各部分组成及分类；
　　　　　了解各类拱桥主拱圈的构造特点；
　　　　　掌握拱桥拱上建筑的构造及桥面系的构造。
能力目标：在实际应用中掌握拱桥各部分的构造，知道各种拱桥的适用情况。

一、名词解释
1. 拱上结构　2. 拱顶　3. 起拱面　4. 拱轴线　5. 拱背　6. 拱腹
7. 起拱线　8. 肋拱桥　9. 拱桥　10. 拱圈

二、判断题（对的划√，错的划×）
1. （　）在今后一个较长时期内，拱桥将逐渐被梁桥所取代。
2. （　）在桥面系与拱圈之间需要有传递压力的构件或填充物，以使车辆能在平顺的桥面上行驶。
3. （　）拱桥与钢桥和钢筋混凝土梁式桥相比，可以节省大量的钢材和水泥。
4. （　）一般将矢跨比大于或等于1/4的拱称为陡拱。
5. （　）无铰拱属三次超静定结构，修建在地基良好的情况。
6. （　）拱石受压面的砌缝应是辐射方向，可做成通缝，不必错缝。
7. （　）矢跨比也称拱矢度，是拱桥中拱圈（或拱肋）的净矢高与计算跨径之比。
8. （　）主拱圈经常采用无铰拱。
9. （　）二铰拱属于静定结构。
10. （　）肋拱桥的横系梁一般可按构造要求配置钢筋，但不得少于两根，并用箍筋连接。

11. （　　）三角形桁架拱的斜压杆斜杆受拉，竖杆受压。
12. （　　）在多孔拱桥中，为了便于敷设防水层和排出积水，需设置护拱。
13. （　　）拱肋是主拱圈的重要组成部分，它参与拱圈共同承受全部恒载和活载。
14. （　　）跨径在 40 m 以上的大跨径拱桥才宜于采用箱形拱。
15. （　　）刚架拱桥是一种属于无水平推力的高次超静定结构。
16. （　　）钢管混凝土拱肋可分为单管拱肋、哑铃形拱肋和桁式拱肋。
17. （　　）钢管混凝土拱桥的立柱用于上承式拱桥和中承式拱桥下承部分。
18. （　　）在大跨径钢筋混凝土拱或无支架施工的拱桥中，为了进一步减小重量，通常采用混凝土梁或板式结构的腹孔形式。
19. （　　）实腹式拱桥的伸缩缝通常设在拱桥的顶部。
20. （　　）实腹式拱桥中为了防止侧墙或腹拱圈与墩台连接处将产生裂缝，须设置伸缩缝和变形缝。
21. （　　）空腹式拱桥靠近墩台的第一个拱铰上方设伸缩缝，其余拱铰上设变形缝。
22. （　　）护拱一般用现浇混凝土或砌筑块片石修筑，起着加强拱上建筑的作用。
23. （　　）沿桥面两侧缘石边缘设置泄水管即可全部排除桥面雨水。
24. （　　）泄水管可采用弯管，但要减小管节的长度。
25. （　　）弧形铰由于构造复杂，加工铰面既费工又难以保证质量，因此主要用来作为主拱圈的拱铰。

三、单项选择题

1. 砌筑石拱桥时拱圈灰缝的宽度宜小于（　　）cm。
   A. 1　　　　　B. 2　　　　　C. 3　　　　　D. 4
2. 对于拱桥，（　　）为其计算跨径。
   A. 每跨拱桥的起点到其终点
   B. 拱桥的标准跨径
   C. 两个拱脚截面最低点之间的水平距离
   D. 拱轴线两端点之间的水平距离
3. 按照不同的静力图式，主拱圈可做成_____、_____和_____。（　　）
   A. 圆弧、抛物线、悬链线　　　　　B. 圬工、钢筋混凝土、钢
   C. 三铰拱、无铰拱、二铰拱　　　　D. 板、肋、箱形
4. 目前我国大中跨径拱桥采用最普遍的拱轴线形是（　　）。
   A. 高次抛物线　　B. 悬链线　　　C. 二次抛物线　　D. 圆弧线
5. 梁式桥与拱式桥在受力特征上最大的区别在于（　　）。
   A. 在竖向荷载作用下，梁式桥有水平反力产生，拱式桥有水平反力产生
   B. 在竖向荷载作用下，梁式桥有水平反力产生，拱式桥无水平反力产生
   C. 在竖向荷载作用下，梁式桥无水平反力产生，拱式桥有水平反力产生
   D. 在竖向荷载作用下，梁式桥无水平反力产生，拱式桥无水平反力产生
6. 下列有关无铰拱的说法不正确的是：（　　）。
   A. 无铰拱属三次超静定结构
   B. 在自重及外荷载作用下，拱的内力分布比三铰拱均匀

C. 无铰拱一般修建在地基良好的条件

D. 无铰拱随着跨径的增大，附加力的影响也相对地增大

7. 砌筑石拱圈时，主拱圈的构造应满足规范要求，下列说法不正确的是：(　　)。

   A. 拱石受压面的砌缝应与拱轴线相垂直，砌缝做成通缝，不必错缝

   B. 当拱圈厚度不大时，可采用单层拱石砌筑

   C. 当拱圈厚度较大时，可采用2～4层拱石砌筑，并应纵横错缝，其错缝间距大于10 cm

   D. 拱圈与墩台及空腹式的腹拱墩连接处，应采用料石即可。

8. 由于拱桥水平推力较大，在连续多孔的大、中桥梁中需设置(　　)。

   A. 单向推力墩　　B. 挡墙　　C. 拱上建筑　　D. 拱式腹孔

9. 三铰拱常用于(　　)。

   A. 空腹式的主拱圈　　　　B. 空腹式拱上建筑的腹拱圈

   C. 实腹式的主拱圈　　　　D. 实腹式拱上建筑的腹拱圈

10. 在拱圈的横截面内，拱石的竖向砌缝应当错开，其错开宽度至少(　　)。

    A. 0.10 m　　B. 0.20 m　　C. 0.05 m　　D. 0.30 m

11. 肋拱桥两侧的拱肋最外缘间的距离，一般也不应小于跨径的(　　)。

    A. 1/30　　B. 1/10　　C. 1/40　　D. 1/20

12. 刚架拱片是刚架拱桥的主要承重结构，下面哪个不属于其主要组成。(　　)

    A. 跨中实腹段的主梁　　　B. 空腹段的次梁

    C. 主拱腿（主斜撑）　　　D. 盖梁

13. 下列有关钢管混凝土的基本原理不正确的是(　　)。

    A. 借助内填普通混凝土以增强钢管的稳定性

    B. 钢管对核心混凝土的"套箍"作用，使核心混凝土处于三向受压状态

    C. 核心混凝土具有更高的抗压强度和变形能力

    D. 钢管混凝土拱使桥梁结构由受压构件变为受弯构件

14. 填料厚度（包括路面厚度）等于或大于(　　)的拱桥，设计时均不计汽车荷载的冲击力。

    A. 0.3 m　　B. 0.2 m　　C. 0.5 m　　D. 0.4 m

15. 泄水管应伸出结构外表面(　　)，以免雨水顺着结构物外表面下流。

    A. 4～8 cm　　B. 5～10 cm　　C. 3～9 cm　　D. 4～9 cm

16. 拱肋分段时接头宜布置在(　　)。

    A. 拱顶　　　　　　　　　B. 拱肋自重作用下弯矩最小的地方

    C. 一般在跨径的3/4倍附近　D. 一般在跨径的1/2～3/4倍附近

17. 施工过程中，为消除或减小主拱圈的部分附加内力，以及对主拱圈内力作适当调整时，往往在拱脚或拱顶设(　　)。

    A. 临时铰　　B. 两铰拱　　C. 三铰拱　　D. 平铰

18. 可以用于大中型拱桥的防水层的有(　　)。

    A. 粘贴式防水层　　　　　B. 沥青涂抹式

    C. 柏油涂抹式　　　　　　D. 石灰三合土

19. 空腹式拱桥腹拱圈上的铰常采用（　　）。
　　A. 平铰　　　　B. 铅垫铰　　　　C. 弧形铰　　　　D. 不完全铰
20. 拱桥的承重结构以（　　）为主。
　　A. 受压　　　　B. 受拉　　　　C. 受剪　　　　D. 受扭

四、填空题

1. 拱桥也是由（　　）和（　　）两大部分组成。
2. 拱桥的上部结构是由（　　）及其上面的（　　）所构成。
3. 按拱圈横截面型式拱桥分为（　　）、（　　）、（　　）、（　　）。
4. 按拱上建筑的型式可将拱桥分为（　　）和（　　）。
5. 拱桥按桥面的位置可分为（　　）、（　　）、（　　）。
6. 空腹式拱桥腹孔的型式大致可分为两类，一类是（　　），另一类是（　　）。
7. 拱桥按主拱圈所采用的拱轴线形式分为（　　），（　　）和（　　）。
8. 双曲拱桥的主要特点是将主拱圈以（　　）的方法按先后顺序进行施工，再以（　　）的组合式整体结构承重。
9. 双曲拱桥主拱圈通常是由（　　）、（　　）、（　　）和横向联系等几部分组成。
10. 桁架拱桥又称（　　），是一种具有（　　）力的桁架结构。
11. 桁架拱桥的上部结构一般均由（　　）、（　　）和（　　）三部分组成。
12. 桁架拱桥的腹杆包括（　　）和（　　）。根据腹杆的不同布置情况，可分为（　　）、（　　）、（　　）和（　　）等四种形式。
13. 刚架拱桥的上部结构由（　　）、（　　）和（　　）等部分组成。
14. 钢管混凝土拱桥上部结构由（　　）、（　　）、（　　）、立柱、吊杆、系杆等组成。
15. 钢管混凝土拱桥桥面系的布置形式有三种：（　　）、（　　）和（　　）。
16. 拱桥的实腹式拱上建筑由（　　）、（　　）、（　　）以及（　　）、（　　）、泄水管和桥面等部分组成。
17. 实腹式拱桥拱上侧墙的作用是（　　），拱上填料厚度超过（　　）不计冲击力。
18. 拱桥的实腹式拱上建筑拱腹填料的做法，可分为（　　）和（　　）两种方式。
19. 拱桥的腹拱孔在墩台处的支承方案有三种：为（　　）、（　　）和（　　）。
20. 拱桥的立柱式腹拱墩，是由（　　）和（　　）组成的钢筋混凝土排架结构。
21. 拱桥的泄水管可以采用（　　）、（　　）或陶瓷（瓦）管等。
22. 拱桥的防水层有（　　）与（　　）两种。
23. 箱形拱的拱圈的闭合箱由（　　）、（　　）、（　　）及横隔板组成。
24. 坦拱是矢跨比小于（　　）的拱。

五、识图题

分别标出图 11-1 中数字对应部分的名称。

六、问答题

1. 试述拱桥的主要优缺点。
2. 试述拱桥的分类及适用条件。
3. 试述双曲拱、箱形拱、桁架拱的组成及构造特点。

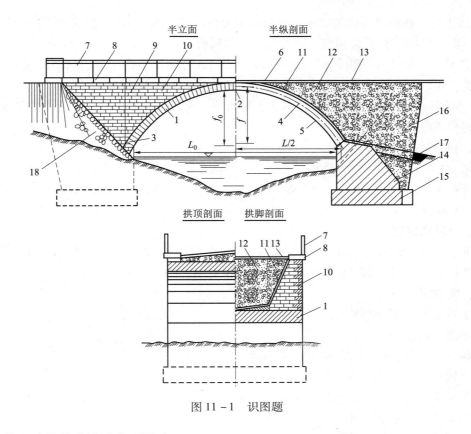

图 11-1 识图题

4. 拱上建筑的分类及主要构造。
5. 拱上填料的构造要求是什么?
6. 拱桥为何要设置伸缩缝和变形缝?如何设置?
7. 拱铰的类型及构造。
8. 简述拱桥与梁桥的主要区别。
9. 拱桥的防水层及泄水管是如何设置的?
10. 拱桥在什么情况下需设置铰?

拱桥的构造考核答案

一、名词解释

1. 拱上结构:桥面系和这些传力构件或填充物统称为拱上结构或拱上建筑。
2. 拱顶:拱圈最高处横向截面称为拱顶。
3. 起拱面:拱圈和墩台连接处的横向截面称为起拱面。
4. 拱轴线:拱圈各横向截面形心的连线称为拱轴线。
5. 拱背:拱圈的上曲面称为拱背。
6. 拱腹:拱圈的下曲面称为拱腹。
7. 起拱线:拱圈的起拱面与拱腹相交的直线称为起拱线。

8. 肋拱桥：在板拱桥的基础上，将板拱划分成两条（或多条），形成分离的、高度较大的拱肋，肋与肋间用横系梁相连，这样的桥叫肋拱桥。

9. 拱桥：主要承重结构是拱肋（或拱圈），是在竖向荷载作用下，拱圈既要承受压力，但也承受弯矩，墩台除受竖向压力和弯矩外，还承受水平推力的结构。

10. 拱圈：简称主拱，是拱桥的主要承重构件，承受桥上传来的全部荷载。并通过它把荷载传递给墩台和基础。

二、判断题

1. ×　2. √　3. √　4. ×　5. √　6. √　7. ×　8. √　9. ×　10. ×　11. ×　12. √　13. √　14. ×　15. ×　16. √　17. √　18. √　19. ×　20. √　21. √　22. ×　23. ×　24. ×　25. √

三、单项选择题

1. B　2. D　3. C　4. B　5. C　6. D　7. D　8. A　9. B　10. A　11. D　12. D　13. D　14. C　15. B　16. B　17. A　18. A　19. A　20. A

四、填空题

1. 上部结构　下部结构

2. 拱圈　拱上建筑

3. 板拱桥　肋拱桥　双曲拱桥　箱形拱

4. 实腹式　空腹式

5. 上承式拱桥　中承式拱桥　下承式拱桥

6. 拱式腹孔　梁式腹孔

7. 圆弧线　悬链线　抛物线

8. "化整为零"　"集零为整"

9. 拱肋　拱波　拱板

10. 拱形桁架桥　水平推

11. 桁架拱片　横向连接系　桥面

12. 斜杆　竖杆　竖杆式　三角形　斜压杆　斜拉杆

13. 刚架拱片　桥面系　横向连接系

14. 钢管混凝土拱肋　桥面系　横向联系

15. 横铺桥面板式　纵铺桥面板式　整体肋板式

16. 侧墙　拱腹填料　护拱　变形缝　防水层

17. 承受填料和车辆荷载产生的侧压力　50厘米

18. 填充　砌筑

19. 腹拱的拱脚直接支承在桥台上　腹拱支承在墩顶实墙上　腹拱跨过桥墩

20. 立柱　盖梁

21. 铸铁管　混凝土管

22. 粘贴式　涂抹式

23. 箱壁（侧板）　顶板（盖板）　底板

24. 1/5

五、识图题

1—拱圈；2—拱顶；3—拱脚；4—拱轴线；5—拱腹；6—拱背；7—栏杆；8—路缘石；9—变形缝；10—拱上侧墙；11—防水层；12—拱腔填料；13—桥面防水层；14—桥墩；15—基础；16—侧墙；17—盲沟；18—锥坡。

六、问答题

1. 答：拱桥的主要优点是：

（1）跨越能力较大；

（2）能充分做到就地取材，可以节省大量的钢材和水泥；

（3）耐久性好，而且养护、维修费用少；

（4）外形美观；

（5）构造较简单，技术容易被掌握。

拱桥的主要缺点是：

（1）自重较大，相应的水平推力也较大，增加了下部结构的工程量；

（2）拱桥的施工工序较多，需要的劳动力较多，建桥时间也较长；

（3）拱桥需要设置单向推力墩，增加了造价；

（4）与梁式桥相比，上承式拱桥的建筑高度较高，使两岸接线的工程量增大。

2. 答：

（1）按拱圈横截面型式分类

① 板拱桥：通常只在地基条件较好的中、小跨径圬工拱桥中采用板拱形式。

② 肋拱桥：多用于较大跨径的拱桥。

③ 双曲拱桥：具有装配式桥梁的特点，该种桥适合于工业化生产。

④ 箱形拱：一般情况下，跨径在 50 m 以上的拱桥采用箱形截面才是合适的。

（2）按拱上建筑形式分类

① 实腹式拱桥：常用于跨径 20 m 以下的拱桥。

② 空腹式拱桥：常用于 25 m 以上的拱桥。

（3）按主拱圈所采用的拱轴线型式分类

① 圆弧拱：圆弧线常用于 15~20 m 以下的小跨径拱桥。

② 悬链线拱：是目前我国大、中跨径拱桥采用最普遍的拱轴线形。

③ 抛物线拱：对于结构重力接近均布的拱桥，可以采用二次抛物线作为拱轴线。在某些大跨径拱桥中，由于拱上建筑布置的特殊性（如腹拱跨径特别大等），为了使拱轴线尽可能与结构重力压力线相吻合，也有采用高次抛物线（如四次或六次抛物线）作为拱轴线的。

（4）按静力体系分类

① 三铰拱：在地基条件很差或寒冷地区修建拱桥时可以采用三铰拱。主拱圈一般不采用三铰拱。而常用于空腹式拱上建筑的腹拱圈。

② 无铰拱：无铰拱一般修建在地基良好的条件下。钢筋混凝土无铰拱仍是大跨径桥梁的主要桥型之一。

③ 两铰拱：在因地基条件较差而不宜修建无铰拱时，可考虑采用两铰拱。

3. 答：

（1）双曲拱

组成：双曲拱桥主拱圈通常是由拱肋、拱波、拱板和横向联系等几部分组成。

构造特点：这种拱桥的主拱圈横截面是由一个或数个小拱组成的，由于主拱圈在纵向及横向均呈曲线形，故称之为双曲拱桥。由于双曲拱桥的截面抵抗矩较相同材料用量的板拱大得很多，因此可以节省材料。双曲拱桥的主要特点是将主拱圈以"化整为零"的方法按先后顺序进行施工，再以"集零为整"的组合式整体结构承重。

（2）箱形拱

组成：箱形拱的拱圈，可以由一个闭合箱（单室箱）或由几个闭合箱（多室箱）组成。每一个闭合箱又由箱壁（侧板）、顶板（盖板）、底板及横隔板组成。

构造特点：箱形截面挖空率可达全截面的50%～70%。因此，与板拱相比，可以大量地减少圬工体积，减小重量，节省上、下部结构的造价。与双曲拱桥相比，在相同的截面积下，可增大截面抵抗矩，且抗扭刚度更大，因而截面经济、横向整体性强、稳定性好。而且它的中性轴靠近中部，对于正负弯矩有几乎相等的截面抵抗矩，能够较好地适应拱桥不同截面正负弯矩变化的要求，充分利用材料。同时在无支架施工中，由于是薄壁箱形截面，吊装时构件的刚度大、稳定性好，操作安全。

（3）桁架拱

组成：桁架拱桥的上部结构一般均由桁架拱片、横向连接系和桥面三部分组成。

构造特点：是一种具有水平推力的桁架结构，其下弦杆为拱形，上弦杆一般与桥道结构组合成一整体而共同工作。桁架拱兼备了桁架和拱式结构的有利因素，因此能充分发挥材料的受力性能。其外形轻巧美观，各部构件截面尺寸较小，重力较轻，结构受力合理，整体性强，不仅节省材料，而且减少对墩台的垂直压力和水平压力。

4. 答：拱上建筑的分类主要分为：实腹式拱上建筑和空腹式拱上建筑。

（1）实腹式拱上建筑由侧墙、拱腹填料、护拱以及变形缝、防水层、泄水管和桥面等部分组成。

（2）空腹式拱上建筑除具有实腹式拱上建筑相同的构造外，还具有腹孔和腹孔墩。腹孔的形式大致可以分为两类，一类是拱型腹孔，另一类是梁或板式腹孔。在圬工拱桥中，为了节省钢材，大多采用拱形腹孔。腹孔墩可分为横墙（立墙）式和立柱式两种。

5. 答：拱腹填料的做法，可分为填充和砌筑两种方式。

（1）填充的方式是在拱圈两侧砌筑侧墙，以承受拱腹填料及车辆荷载所产生的侧压力。侧墙一般用块石或片石砌筑。可用粗料石或细料石镶面。侧墙厚度一般按构造要求确定，其顶面宽0.50～0.70 m，向下逐渐增厚，墙脚厚度可以采用侧墙高度的0.4倍。特殊情况下侧墙厚度应由计算确定。填充用的材料尽量做到就地取材，通常采用砾石、碎石、粗砂或卵石夹黏土并加以夯实。在地质条件较差的地区，为了减小拱上建筑的重量，可以采用其他轻质材料（如炉渣、石灰、黏土等混合料）作填料。

（2）当填充材料不易取得时，可改用砌筑的方式，也就是采用干砌圬工或浇筑贫混凝土作为拱腹填料。当用贫混凝土时，往往可以不另设侧墙，而在外露混凝土表面用砂浆饰面或设置镶面。

6. 答：

设置目的：在活载作用、温度变化、混凝土收缩等因素影响下，主拱圈将产生挠度，拱上建筑也随之变形。这时侧墙或腹拱圈与墩台连接处将产生裂缝。为了防止这种不规则裂缝的出现，须设置伸缩缝和变形缝。

设置方式：

（1）实腹式拱桥的伸缩缝通常设在两拱脚的上方，并需在横桥方向贯通全宽和侧墙的全高及至人行道构造。

（2）拱式拱上结构的空腹式拱桥，一般将紧靠桥墩（台）的第一个腹拱圈做成三铰拱，并在靠墩台的拱铰上方的侧墙上，也相应地设置伸缩缝，在其余两铰上方的侧墙，可设变形缝。在大跨径拱桥中，根据温度变化情况和跨径长度，必要时还需将靠近拱顶的腹拱圈或其他腹拱也做成两铰拱或三铰拱。拱铰上面的侧墙也需相应地设置变形缝，以便使拱上建筑更好地适应主拱圈的变形。

（3）对于梁式或板式拱上结构，宜在主拱圈两端的拱脚上设置腹孔墩或采取其他措施与桥墩（台）设缝分开。

7. 答：目前常用的形式有弧形铰、平铰或其他形式的假铰。

（1）平铰：这种铰是平面相连，直接抵承。平铰的接缝间可铺砌一层低标号的砂浆，也可垫衬油毛毡或直接采用干砌。

（2）弧形铰：弧形铰由两个具有不同半径弧形表面的块件合成，一个为凹面（半径为R_2），一个为凸面（半径为R_1），R_2与R_1的比值常在1.2~1.5范围内取用。铰的宽度应等于构件的全宽。沿拱轴线方向的长度，取为厚度的1.15~1.20倍。

（3）假铰：采用钢筋混凝土预制吊装的腹拱圈，为了便于整体吊装，不完全铰（或称假铰）。这种铰既能使拱圈在施工时不断开，又能在使用时起到拱铰的作用，构造也简单，因此目前使用较广泛。

8. 答：

（1）外形不同：梁桥外形为直线，拱桥外形为曲线；

（2）受力性能不同：梁桥中梁主要受弯，拱桥中拱肋主要受压；

（3）材料不同：梁桥所用材料为受弯性能好的材料，如钢筋混凝土、钢等；拱桥所用材料为受压性能好的材料，如圬工材料等。

9. 答：

（1）对于实腹式拱桥，防水层应沿拱背护拱、侧墙铺设。如果是单孔，可以不设拱腹泄水管，积水沿防水层流至两个桥台后面的盲沟，然后沿盲沟排出路堤。如果是多孔拱桥，可在1/4跨径处设泄水管。

（2）对于空腹式拱桥，防水层应沿腹拱上方与主拱圈跨中实腹段的拱背设置，泄水管也宜布置在1/4跨径处。

10. 答：

一是主拱圈按两铰拱或三铰拱设计时。

二是空腹式拱上建筑，其腹拱圈按构造要求需要采用两铰或三铰拱。

三是在施工过程中，为消除或减小主拱圈的部分附加内力，以及对主拱圈内力作适当调整时，往往在拱脚或拱顶设临时铰。

第十二章

拱桥的设计要点考核内容

本章学习重点：掌握拱桥总体设计。
教学目标：掌握拱桥总体设计的主要内容；
　　　　　　掌握拱轴线型选择的原则；
　　　　　　了解圆弧线和悬链线的几何性质、拱桥主要尺寸的拟定方法；
　　　　　　掌握拱桥上部构造体积的计算方法。
能力目标：能对拱桥进行总体设计，包括会拱轴线形的选择，会对拱桥上部构造体积进行
　　　　　　计算。

一、名词解释
1. 压力线　2. 合理拱轴线　3. 拱轴系数　4. 矢跨比

二、判断题（对的划√，错的划×）
1.（　　）拟定起拱线标高时，为了尽量减小墩（台）基础底面的弯矩，节省墩台的圬工数量，一般宜选择低拱脚的设计方案。
2.（　　）当跨径不变，矢跨比越大（矢高越大），则墩台所受的推力越大。
3.（　　）在相邻两孔中，大跨径用较坦的拱（矢跨比较小），小跨径用较陡的拱（矢跨比较大）。
4.（　　）大跨径可用轻质的拱上填料或空腹式拱上建筑，小跨径用重质的拱上填料或实腹式拱上建筑。
5.（　　）现实中存在"合理拱轴线"。
6.（　　）如果拱轴线与拱上荷载产生的压力线相吻合，则此时拱圈各截面只有轴向力而无弯矩、剪力。
7.（　　）选择拱轴线的原则就是要尽可能地降低荷载产生的弯矩值。
8.（　　）在拱桥设计时，必须要选择一条能够使结构重力作用下的截面弯矩为零的拱轴线。
9.（　　）对于空腹式拱桥，结构重力的压力线与拱轴线将有偏离，这种偏离对拱圈控制截面的内力是不利的。
10.（　　）结构重力从拱顶向拱脚是均匀增加的荷载是悬链线的合理拱轴线。
11.（　　）圆弧线是目前我国大、中跨径拱桥采用最普遍的拱轴线形。
12.（　　）轻型拱桥或矢跨比较小的大跨径钢筋混凝土拱桥可以采用抛物线拱。

13. （　　）采用悬臂式人行道结构，虽然用钢量较不设悬臂者多，但减少了主拱圈宽度及墩台尺寸，节省了较多的圬工量。

14. （　　）根据 $y^{1/4}$ 与 f 的比值（级差取 0.01）计算 m，m 共有 20 级，据此绘制了 $y^{1/4}/f$ 与 m 的关系图式。

三、单项选择题

1. 下面有关拱桥的标高说法错误的是：（　　）。
   A. 桥面标高设计时需按有关规定，并与有关部门（如航运、防洪、水利等）商定
   B. 当桥面标高确定后，由桥面标高减去拱顶填料厚度就可得到拱顶上缘（拱背）的标高
   C. 得出拱顶上缘（拱背）的标高后，由主拱圈材料规格等条件估算出拱圈的厚度，由此可推求出拱顶底面标高
   D. 仅由两岸线路的纵断面设计来控制

2. 拱桥的矢跨比越小，则（　　）。
   A. 拱上建筑体积增大
   B. 桥头路基填土高度增高
   C. 推力和温度变化、混凝土收缩对拱圈内产生的附加内力增大
   D. 对墩台基础有利

3. 在竖向均布荷载作用下，拱的合理拱轴线是（　　）。
   A. 二次抛物线　　B. 圆弧线　　C. 悬链线　　D. 椭圆

4. 在某些大跨径拱桥中，由于拱上建筑布置的特殊性（如腹拱跨径特别大等），为了使拱轴线尽可能与结构重力压力线相吻合，也有采用（　　）作为拱轴线的。
   A. 二次抛物线　　B. 圆弧线　　C. 悬链线　　D. 高次抛物线

5. 《桥规》规定，若主拱圈的宽跨比小于（　　）时，为保证拱的安全可靠，应验算拱的横向稳定性。
   A. 1/10　　B. 1/20　　C. 1/30　　D. 1/40

6. 从 $y^{1/4}/f$ 与 m 的关系图中可以看出（　　）。
   A. 当 m 值增大时，$y^{1/4}$ 值减小，则拱轴线上抬
   B. 当 m 值减小，$y^{1/4}$ 增大，则拱轴线上抬
   C. 当 m 值增大时，$y^{1/4}$ 值增大，则拱轴线上抬
   D. 当 m 值减小，$y^{1/4}$ 减小，则拱轴线上抬

7. 公路圬工拱桥采用（　　）作为拱轴线。
   A. 合理拱轴线　　　　　　B. 活载压力线
   C. 恒载压力线　　　　　　D. 恒载加一半活载压力线

8. 恒载作用下实腹式悬链线拱拱圈任意截面的内力有（　　）。
   A. 弯矩、轴力　　B. 弯矩　　C. 轴力　　D. 弯矩、轴力、剪力

四、填空题

1. 拱桥总体设计的主要内容是合理地拟定（　　）、（　　）、（　　）、（　　）、主拱圈的矢跨比等。

2. 拱桥的标高主要有四个，即（　　）、（　　）、（　　）、（　　）。

3. 拱桥的桥面标高，一方面由（　　）来控制，另一方面还要保证（　　）的要求。
4. 拱圈的宽度，主要取决于（　　）。
5. 我国拱桥常用的拱轴线形有以下三种：（　　）、（　　）、（　　）。
6. 在（　　）荷载作用下，拱的合理拱轴线是圆弧线。
7. 钢筋混凝土人行道悬臂的做法大致有两种：一种是（　　），另一种是（　　）。
8. 中、小跨径石拱桥主拱圈高度可按下式进行估算：（　　）。
9. 实腹式悬链线拱的拱轴线方程为（　　）。
10. 等截面圆弧无铰拱的拱轴方程为（　　）。
11. 公路拱桥主拱圈宽度一般均大于跨径的（　　），若小于之，则应验算拱的横向稳定性。

五、公式推导题
试推导等截面悬链线无铰拱的拱轴线方程。

六、问答题
1. 如何确定拱桥的设计标高和矢跨比？
2. 连续拱桥中，如何处理不等跨问题？
3. 何为合理拱轴线？选择拱轴线的原则是什么？试述圆弧线、悬链线、抛物线的适用条件。
4. 为什么公路拱桥一般以恒载压力线作为拱轴线？
5. 试写出拱桥上部结构侧墙体积和侧墙勾缝面积计算公式及符号含义。
6. 解释悬链线拱拱圈体积公式 $V = \dfrac{1}{v_1} LBd$ 中各符号的含义。

拱桥的设计要点考核答案

一、名词解释
1. 压力线：压力线在竖向荷载作用下，拱圈各截面上轴向压力作用点的连线称为压力线。
2. 合理拱轴线：当拱圈所选择的拱轴线与压力线相吻合时，这样的拱轴线称为拱圈在该荷载作用下的"合理拱轴线"。
3. 拱轴系数：也称拱轴曲线系数，对实腹式拱桥而言，它等于拱脚处恒载集度与拱顶处恒载集度的比值。
4. 矢跨比：拱的矢高 f 与跨径 L 之比 f/L 称为矢跨比，又称矢度。

二、判断题
1. √　2. ×　3. ×　4. √　5. ×　6. √　7. √　8. ×　9. ×　10. √　11. ×　12. √　13. √　14. ×

三、单项选择题
1. C　2. D　3. A　4. D　5. B　6. A　7. C　8. C

四、填空题
1. 桥梁的长度　跨径　孔数　桥面标高

2. 桥面标高　拱顶底面标高　起拱线标高　基础底面标高
3. 桥下净空能满足宣泄洪水或通航　两岸线路的纵断面设计
4. 桥面净空的宽度
5. 圆弧线　悬链线　抛物线
6. 径向均布
7. 设置单独的人行道悬臂构件　采用横贯全桥的钢筋混凝土挑梁，在挑梁上再安设钢筋混凝土人行道板
8. $d = mk\sqrt[3]{L_0}$
9. $y_1 = \dfrac{f}{m-1}(ch\xi - 1)$
10. $y_1 = R(1 - \cos\varphi)$
11. 1/20

五、公式推导题

拱轴线水平倾角的正切为

$$\tan\varphi = \frac{dy_1}{dx}$$

压力线水平倾角的正切为

$$\tan\varphi = \frac{V_x}{H_g}$$

则

$$\frac{dy_1}{dx} = \frac{V_x}{H_g}$$

两边对 x 取导数得

$$\frac{d^2 y_1}{dx^2} = \frac{1}{H_g}\frac{dV_x}{dx} = \frac{q_x}{H_g} \tag{1}$$

任意截面的恒载集度为

$$g_x = g_d + \gamma y_1$$

那么，拱脚恒载集度为

$$g_j = g_d + \gamma f$$

如果令拱轴系数 $m = g_j/g_d$，则恒载集度变为

$$g_x = g_d\left[1 + (m-1)\frac{y_1}{f}\right]$$

代入式（1），并引入参变量：$x = \xi L_1 (L_1 = L/2)$，则有

$$\frac{d^2 y_1}{d\xi^2} = \frac{L_1^2}{H_g} g_d\left[1 + (m-1)\frac{y_1}{f}\right]$$

如果取

$$k = \frac{L_1^2 g_d}{H_g f}(m-1)$$

则有

$$\frac{d^2 y_1}{d\xi^2} - ky_1 = \frac{L_1^2}{H_g}g_d$$

可见此方程为二次常系数非齐次线性微分方程，其解为相应齐次微分方程的一般解和特解之和。

解方程得拱轴线方程为

$$y_1 = \frac{f}{m-1}(ch\xi - 1)$$

六、问答题

1. 答：

（1）拱桥的设计标高

拱桥的标高主要有四个，即桥面标高、拱顶底面标高、起拱线标高、基础底面标高。

① 拱桥的桥面标高，一方面由两岸线路的纵断面设计来控制，另一方面还要保证桥下净空能满足宣泄洪水或通航的要求。

② 当桥面标高确定后，由桥面标高减去拱顶填料厚度（一般包括路面厚度在内为 0.3~0.5 m），就可得到拱顶上缘（拱背）的标高。

③ 根据跨径大小、荷载等级、主拱圈材料规格等条件估算出拱圈的厚度。由此可推求出拱顶底面标高。

④ 拟定起拱线标高时，为了尽量减小墩（台）基础底面的弯矩，节省墩台的圬工数量，一般宜选择低拱脚的设计方案。但具体设计时，拱脚位置往往又受到通航净空、排洪、流冰等条件的限制，并要符合《桥规》的有关规定。

（2）矢跨比的确定

拱桥主拱圈矢跨比是设计拱桥的主要参数之一。当跨径不变，矢跨比越大（矢高越大），则墩台所受的推力越小，但建筑高度和上部结构的材料用量大；矢跨比越小，则拱上建筑体积减少，桥头路基填土高度降低，但推力和温度变化、混凝土收缩对拱圈内产生的附加内力增大，对墩台基础不利。此外，当桥面标高和跨径确定后、矢跨比还影响桥下净空、拱脚标高。因此，矢跨比的数值必须根据地形、地质、水文、路线标高和桥梁结构型式等方面综合考虑决定。

2. 答：可以采用如下措施：

（1）采用不同的矢跨比：在相邻两孔中，大跨径用较陡的拱（矢跨比较大），小跨径用较坦的拱（矢跨比较小），使两相邻孔在永久荷载作用下的不平衡推力尽量减小。

（2）采用不同的拱脚标高：大跨径孔的矢跨比大，拱脚降低，减小了拱脚水平推力对基底的力臂，这样可以使大跨与小跨结构重力引起的水平推力对基底所产生的力矩接近平衡。

（3）调整拱上建筑的重量：大跨径可用轻质的拱上填料或空腹式拱上建筑，小跨径用重质的拱上填料或实腹式拱上建筑。

如果以上措施仍不能达到平衡，则需设计成体型不对称的或加大尺寸的桥墩和基础来加以解决。

3. 答：

（1）合理拱轴线：当拱圈所选择的拱轴线与压力线相吻合时，这样的拱轴线称为拱圈在该荷载作用下的"合理拱轴线"。

（2）选择拱轴线的原则：以结构重力压力线作为设计拱轴线，当拱圈所选择的拱轴线与压力线尽量吻合，就使拱圈截面的弯矩尽量减小。

（3）在均布径向荷载作用下，拱的合理拱轴线是圆弧线，圆弧线拱，线形最简单，施工最方便，易为群众掌握。但在一般情况下，圆弧形拱轴线与结构重力压力线偏离较大，使拱圈各截面受力不够均匀。因此圆弧线常用于 15~20 m 以下的小跨径拱桥。

结构重力从拱顶向拱脚是均匀增加的，在这种荷载作用下拱的合理拱轴线是一条悬链线。因此实腹式拱桥采用悬链线作拱轴线是适合的。对于空腹式拱桥，结构重力的压力线与拱轴线将有偏离。理论分析证明，这种偏离对拱圈控制截面的内力是有利的。为了设计的方便起见，空腹式拱桥也广泛采用悬链线作为拱轴线。所以，悬链线是目前我国大、中跨径拱桥采用最普遍的拱轴线形。

在竖向均布荷载作用下，拱的合理拱轴线是二次抛物线，对于结构重力接近均布的拱桥，可以采用二次抛物线作为拱轴线。

在某些大跨径拱桥中，由于拱上建筑布置的特殊性（如腹拱跨径特别大等），为了使拱轴线尽可能与结构重力压力线相吻合，也有采用高次抛物线（如四次或六次抛物线）作为拱轴线的。但因计算工作量过大，目前仍很少采用。

4. 答：

最理想的拱轴线是与拱上各种荷载作用下的压力线相吻合，这时拱圈截面只受轴向压力，而无弯矩作用，借以能充分利用圬工材料的抗压性能。但事实上不可能获得这样的拱轴线，因为除恒载外，拱圈还受活载、温度变化和材料收缩等因素的作用。当恒载压力线与拱轴线吻合时，在活载作用下就不再吻合。但公路拱桥的恒载占全部荷载的相对密度较大。所以，公路拱桥一般以恒载压力线作为拱轴线。

5. 答：

（1）圆弧拱侧墙体积和侧墙勾缝面积计算

侧墙体积（半跨一边的体积）

$$V = V_1 + V_2 = B_1 C L_1^2 + B_2 m_1 L_1^3 + \left(C_0 + \frac{m_1 h}{2}\right) h L_1$$

侧墙勾缝面积（半跨一边的面积）

$$A = A_1 + A_2 = B_1 L_1^2 + h L_1$$

式中：V_1——曲线部分体积，$V_1 = B_1 C L_1^2 + B_2 m_1 L_1^3$；

V_2——直线部分体积，$V_2 = \left(C_0 + \frac{m_1 h}{2}\right) h L_1$。

A_1——曲线部分面积，$A_1 = B_1 L_1^2$；

A_2——直线部分面积，$A_2 = h L_1$；

B_1、B_2——系数；

L_1——拱圈外弧半跨长度；

C——拱弧顶处的侧墙宽度；

C_0——侧墙顶宽。

（2）悬链线拱侧墙体积和侧墙勾缝面积

侧墙体积（半跨一边的体积）

$$V = V_1 + V_2 = \frac{C f_1 L_1}{k(m-1)}(shk - k) + \frac{f_1^2 L_1 m_1}{2k(m-1)^2}\left(\frac{1}{2}shkchk - 2shk + \frac{3}{2}k\right) + \left(C_0 + \frac{m_1 h}{2}\right) h L_1$$

侧墙勾缝面积（半跨一边的面积）

$$A = A_1 + A_2 = \frac{L_1 f_1}{k(m-1)}(shk - k) + hL_1$$

式中：$V_1 = \dfrac{Cf_1 L_1}{k(m-1)}(shk - k) + \dfrac{f_1^2 L_1 m_1}{2k(m-1)^2}\left(\dfrac{1}{2}shkchk - 2shk + \dfrac{3}{2}k\right)$；

$V_2 = \left(C_0 + \dfrac{m_1 h}{2}\right)hL_1$；

$A_1 = \dfrac{L_1 f_1}{k(m-1)}(shk - k)$；

$A_2 = hL_1$；

m——拱轴系数；

k——系数，$k = \ln(m + \sqrt{m^2 - 1})$。

6. 答：

B——拱圈宽度；

$\dfrac{1}{v_1}$——悬链线拱轴长度系数；

L——拱圈计算跨径；

d——拱圈厚度。

第四篇　桥梁墩台

第十三章

桥梁墩台构造考核内容

本章学习重点： 梁桥、拱桥的桥墩与桥台的结构构造。
教学目标： 使学生掌握钢重力式桥墩、空心桥墩、柱式桥墩、轻型桥墩和重力式桥台、埋置式桥台、轻型桥台、框架式桥台等常用墩台的构造、受力特点、适用条件、主要结构的尺寸和配筋要点等。要求学生了解一些比较特殊的桥梁墩台构造，如框架桥墩和组合式桥台等。
能力目标： 掌握梁桥、拱桥的桥墩与桥台的结构构造，在实际应用时能分清不同的结构；掌握不同类型的桥墩及桥台使用时的适用场合。

一、名词解释
1. 桥墩　2. 桥台　3. 柔性排架墩　4. 埋置式桥台　5. 承台　6. 盖梁　7. 基础

二、判断题（对的划√，错的划×）
1. （　　）重力式桥墩不适用于荷载较大的大、中型桥梁或流冰、漂浮物多的河流中。
2. （　　）重力式桥墩的墩帽受到支座传来的很大的集中应力作用，所以要求它有足够的厚度和强度。
3. （　　）部分中心镂空桥墩镂空有一个基本前提，即保证桥墩截面强度和刚度足以承担和平衡外力，从而保证桥墩的稳定性。
4. （　　）柔性排架墩其主要特点是上部结构传来的水平力（制动力、温度影响力等）按各墩台的刚度分配到各墩台。
5. （　　）柔性排架桩墩对于漂浮物严重和流速较大的河流，由于桩墩较坚固，适宜采用。
6. （　　）桩柱式桥墩的基础适用于扩大基础。
7. （　　）框架式桥墩使桥梁的跨越能力提高，缩短了主梁的跨径，降低了梁高。
8. （　　）重力式桥台内的填土容易积水，应注意防水，所以填料为透水性良好的材料。

9. （　　）埋置式桥台适用于桥头为浅滩，溜坡受冲刷较小，填土高度在 20 m 以下的中等跨径的多跨桥中。

10. （　　）埋置桥台的台身常做成向后倾斜，这样可减小台后土压力和基底合力偏心距。

11. （　　）结合式锚锭板式组合桥台台身不仅承受竖向荷载，还承受水平向荷载。

12. （　　）前倾式桥台由于台身向桥孔方向倾斜，因此没有直立台身的受力情况好。

13. （　　）拱桥重力式桥墩因为承受较大的水平推力，所以拱桥重力式桥墩的宽度尺寸比梁桥大。

14. （　　）拱桥的组合式桥台后座基底标高应高于拱脚下缘标高，力台后土侧压力和基底摩阻力的合力作用点则比拱座中心标高低。

15. （　　）当桥面的横向排水坡不用桥面三角垫层调整时，可在墩帽顶面从中心向两端横桥向做成一定的排水坡。

三、单项选择题

1. 重力式桥墩主要依靠（　　）来平衡外力，从而保证桥墩的稳定。
   A. 自身重力（包括桥跨结构重力）　　B. 基础与地基的摩擦力
   C. 土侧压力　　　　　　　　　　　　D. 填土重力

2. 下列说法哪个不是重力式桥墩的特点？（　　）。
   A. 一般是用圬工材料修筑而成
   B. 具有刚度大，防撞能力强等优点
   C. 存在阻水面积大、圬工数量大、对地基承载力要求高等缺点
   D. 具有较好的变形

3. 重力式桥墩由墩帽其最小厚度一般不小于（　　），中小跨径梁桥也不应小于（　　）。
   A. 0.4 m　0.3 m
   B. 0.5 m　0.4 m
   C. 0.3 m　0.2 m
   D. 0.6 m　0.5 m

4. 有关轻型桥墩的说法正确的是：（　　）。
   A. 其抗冲击能力较好　　　　　B. 用于流速大并夹有大量泥沙的河流中
   C. 一般用于中小跨径的桥梁　　D. 轻型桥墩自重较大

5. 重力式桥墩的墩身侧坡一般采用（　　）。
   A. 10:1～20:1　　B. 20:1～30:1　　C. 30:1～40:1　　D. 15:1～30:1

6. 有关肋拱桥的拱座下列说法错误的是：（　　）。
   A. 肋拱桥拱座由于压力比较集中，故应用高标号混凝土及数层钢筋网加固
   B. 装配式的肋拱以及双曲拱桥的拱座，可预留供插入拱肋的孔槽，就位后再浇混凝土封固
   C. 为了加强肋底与拱座的连接，底部可设 U 形槽浇灌混凝土，其标号不低于 15 号
   D. 孔底或孔壁还应增设一些加固钢筋网

7. 关于梁桥桥墩，以下说法正确的是：（　　）。
   A. 重力式桥墩适用于地基较差的桥梁

B. 从桥墩阻水方面来看，矩形桥墩优于圆形桥墩

C. 柱式桥墩常采用盖梁来代替实体式桥墩上的墩帽

D. 轻型桥墩的用钢量少于重力式桥墩

8. 埋置式桥台台顶部分的内角到路堤锥坡表面的距离不应小于（　　）。
　　A. 75 cm　　　　B. 50 cm　　　　C. 45 cm　　　　D. 60 cm

9. 桩柱式桥墩墩柱的纵向受力钢筋截面积的配筋率应不小于混凝土计算截面的（　　）。
　　A. 0.3%　　　　B. 0.2%　　　　C. 0.5%　　　　D. 0.4%

10. 为使桩柱与盖梁或承台有较好的整体性，露出柱顶与柱底的主筋可弯成与铅垂线约成（　　）的喇叭形，伸入盖梁或承台中。
　　A. 60°倾斜角　　B. 30°倾斜角　　C. 15°倾斜角　　D. 45°倾斜角

11. 为了使桩柱式桥墩桩柱与盖梁或承台有较好的整体性，桩柱顶一般应嵌入盖梁或承台（　　）cm。
　　A. 10~15 cm　　B. 15~20 cm　　C. 25~30 cm　　D. 35~40 cm

12. 框架墩形式较多，均为（　　），所有钢筋均应通过计算确定。
　　A. 压弯构件　　B. 受弯构件　　C. 受压构件　　D. 受扭构件

13. 有关支撑梁轻型桥台说法不正确的是：（　　）。
　　A. 轻型桥台用于跨径不大于13 m的板（梁）桥
　　B. 利用上部结构及下部的支撑梁作为桥台的支撑
　　C. 整个构造物成为四铰刚构系统
　　D. 支撑梁轻型桥台仅支撑梁支撑桥台，承受台后土压力

14. 在一联的柔性墩中，汽车制动力按以下何种方法分配？（　　）。
　　A. 平均分配　　　　　　　　B. 按墩高分配
　　C. 按各墩的抗推刚度分配　　D. 完全由刚性墩台承担

15. 重力式U形桥台伸入路堤锥坡内（　　），并抵挡路堤填土向两侧的压力。
　　A. 75 cm　　　　B. 50 cm　　　　C. 70 cm　　　　D. 100 cm

16. 组合式桥台台身基础承受竖向力，一般采用（　　）。
　　A. 桩基础　　　B. 沉井　　　　C. 扩大基础　　　D. 管柱

17. 组合式桥台中拱的水平推力则主要由（　　）来平衡。
　　A. 台后土压力　　　　　　　B. 台身基础
　　C. 桩基础　　　　　　　　　D. 后座基底摩阻力及台后的土侧压力

18. 重力式桥台的主要特点是依靠（　　）来平衡外力而保持其稳定。
　　A. 台后土压力　B. 自身重量　　C. 台内填土　　　D. 锥坡填土

19. 下列哪一种桥台形式不属于重力式桥台？（　　）
　　A. 双柱式桥台　B. 重力式桥台　C. 八字式桥台　　D. U形桥台

四、填空题

1. 桥梁墩台是桥梁的重要组成部分，称为（　　），它主要由（　　）、（　　）和（　　）三部分组成。

2. 桥墩按其构造可分为（　　）、（　　）、（　　）、（　　）、（　　）等

类型。

3. 桥墩按其受力特点可分为（　　）和（　　）。

4. 桥墩按其截面形状可分为（　　）、（　　）、（　　）、（　　）及各种截面组合而成的空心墩。

5. 桥墩按施工工艺可分为（　　）桥墩和（　　）桥墩。

6. 对一些宽桥或高墩桥梁，为了节省墩身圬工体积，常常将墩帽做成（　　）或（　　）。

7. 空心桥墩有两种形式，一种为（　　）桥墩；另一种为（　　）桥墩。

8. （　　）是柱式桥墩和桩柱式桥墩的墩帽，一般用（　　）的钢筋混凝土就地浇筑。

9. 柔性排架墩由单排或双排的（　　）与（　　）连接而成。

10. 多跨长桥采用柔性墩时宜分成若干联，每联设置一个（　　），以减小设置固定支座的（　　），避免刚性桥台的支座所受（　　）力过大。

11. 柔性墩在全桥中除一个中墩设置（　　）支座外，其余墩台均采用（　　）支座。

12. 埋置衡重式高桥台，利用（　　）及（　　）平衡部分土压力。

13. 薄壁轻型桥台常用的形式有（　　）、（　　）、（　　）和（　　）等。

14. 支撑梁轻型桥台在墩台基础间设置（　　），在上部结构与台锚之间设置（　　）连接。

15. 框架式桥台由（　　）、（　　）和（　　）组成，是一种在横桥向呈（　　）的钢筋混凝土轻型桥台。

16. 框架式桥台采用（　　）式，台前设置（　　），其构造形式有（　　）、（　　）、（　　）和（　　）板凳式等。

17. 常见的梁桥的组合式桥台有（　　）、（　　）、（　　）以及桥台与挡土墙组合式等。

18. 锚锭板式组合桥台有（　　）与（　　）两种形式。

19. 分离式锚锭板式组合桥台的台身主要承受（　　）和（　　），锚锭板结构承受（　　）的作用。

20. 拱桥的组合式桥台由（　　）和（　　）两部分组成，（　　）承受竖向力，一般采用桩基础。拱的水平推力则主要由（　　）及（　　）来平衡。

21. U字形拱桥轻型桥台，由（　　）和（　　）组成。当桥台宽度较大时，为了保证前墙和侧墙的整体性，可在U字形桥台的中间加一道背撑，成为（　　）。当拱桥在软土地基而桥台本身不高时可采用（　　）、（　　）、屈膝式桥台等。

五、问答题

1. 梁式桥桥墩主要类型有哪几种？各适用于什么条件？
2. 试述重力式实体桥墩的特点及使用场合。
3. 分析柱式桥墩的构造为何在桥梁中得到广泛的采用。
4. 简述柔性排架墩的工作原理。
5. 常用桥台的主要类型有哪些？
6. 排除U形桥台前墙后面积水的措施有哪些？
7. 埋置式桥台和轻型桥台在构造和受力上各有特点？比较各自的适用范围。

8. 桥墩、桥台的作用是什么？
9. 简述拱桥桥墩中拱座的构造。
10. 目前在拱桥中常用的单向推力墩有几种型式，其结构组成及特点是什么？
11. 简述柱式桥墩的构造。
12. 锚锭板式组合桥台的分类、各自组成及受力特点是什么？

桥梁墩台构造考核答案

一、名词解释

1. 桥墩：是指多跨桥梁中的中间支承结构物。
2. 桥台：是设置在桥的两端，除了支承桥跨结构作用的受力外还是与两岸接线路堤衔接的构造物。
3. 柔性排架墩：由单排或双排的钢筋混凝土桩与钢筋混凝土盖梁连接而成。
4. 埋置式桥台：是指桥台台身埋置于台前溜坡内，不需另设翼墙，仅由台帽两端的耳墙与路堤衔接的桥台。
5. 承台：是位于多排桩顶面的结构。可以连接各桩，使之均匀受力。
6. 盖梁：是位于柱身顶面，直接支承上部的结构。一方面将荷载往下传，另一面可以连接各柱，使之均匀受力。
7. 基础：基础是结构物直接与地层接触的最下部分，它将上部和墩台的力传递到地基土壤和岩层。

二、判断题

1. × 2. √ 3. √ 4. √ 5. × 6. × 7. √ 8. √ 9. × 10. √ 11. × 12. × 13. √ 14. × 15. √

三、单项选择题

1. A 2. D 3. A 4. C 5. A 6. C 7. C 8. B 9. D 10. C 11. B 12. A 13. D 14. C 15. A 16. A 17. D 18. B 19. A

四、填空题

1. 桥梁的下部结构　墩台帽　墩台身　基础
2. 重力式墩　空心墩　柱式墩　排架墩　轻型桥墩　框架墩
3. 刚性墩　柔性墩
4. 矩形　圆形　圆端形　尖端形
5. 就地砌筑或浇筑　预制安装
6. 悬臂式　托盘式
7. 部分镂空式　薄壁空心
8. 盖梁　20~30号
9. 钢筋混凝土桩　钢筋混凝土盖梁
10. 刚性墩（台）　墩顶位移　水平
11. 活动　固定
12. 衡重台　其上的填土重力

13. 悬壁式　扶壁式　撑墙式　箱式
14. 锚固栓钉　支撑梁
15. 台帽　立柱　基础　框架式结构
16. 埋置　溜坡　柱式　肋板式　半重力式　双排架式
17. 锚碇板式　过梁式　框架组合式
18. 分离式　结合式
19. 上部结构传来的竖向力　水平力　土压力
20. 台身　后座　台身基础　后座基底摩阻力　台后的土侧压力
21. 前墙（等厚度的）　平行于行车方向的侧墙　山字形桥台　空腹L形桥台　履齿式桥台

五、问答题

1. 答：梁式桥桥墩主要类型有：重力式桥墩、空心桥墩、柱式桥墩、桩柱式桥墩、柔性排架墩、框架式桥墩和轻型桥墩等。

适用条件：

（1）重力式桥墩。适用于荷载较大的大、中型桥梁或流冰、漂浮物多的河流中，以及砂石料丰富的地区和基岩埋深较浅的地基。

（2）空心桥墩。对于受船只、漂流物或流冰撞击的墩身部分，一般不宜用空心桥墩薄壁，适用于桥梁跨径较大的高墩和软弱地基桥墩。

（3）柱式桥墩和桩柱式桥墩。柱式桥墩和桩柱式桥墩是目前公路桥梁中广泛采用的桥墩形式。这种桥墩的优点是能减轻墩身重力，节约圬工材料，施工方便，外形轻巧又较美观，特别是对于桥宽较大的桥梁和立交桥。

（4）柔性排架墩。柔性排架墩多用于墩高为5.0～7.0 m，跨径13 m以下，桥长50～80 m的中小型桥中。单排架墩一般用于高度不超过4.0～5.0 m；桩墩高度大于5.0 m时，为避免行车时可能发生的纵向晃动，宜设置双排架墩。对于漂浮物严重和流速较大的河流，由于桩墩容易磨耗，不宜采用。

（5）轻型桥墩。轻型桥墩一般用于中小跨径的桥梁，与重力式墩相比，其圬工体积显著减小，自重减小，因而其抗冲击能力较低，不宜用于流速大并夹有大量泥沙的河流或可能有航船、冰等漂浮物撞击的河流中。

（6）框架式桥墩。这类桥墩结构不仅轻巧美观，给桥梁建筑增添了新的艺术造型，而且使桥梁的跨越能力提高，适合于大跨径及城市桥梁，缩短了主梁的跨径，降低了梁高，但其结构复杂，施工比较麻烦。

（7）带破冰棱的桥墩。在有强烈流水或大量漂浮物的河道上（冰厚大于0.5 m，流冰速度大于1 m/s），桥墩的迎水端应做成破冰棱体。

2. 答：

特点：重力式桥墩主要依靠自身重力（包括桥跨结构重力）来平衡外力，从而保证桥墩的稳定。它往往是用圬工材料修筑而成，具有刚度大，防撞能力强等优点，但同时存在阻水面积大、圬工数量大、对地基承载力要求高等缺点。

适用场合：适用于荷载较大的大、中型桥梁或流冰、漂浮物多的河流中，以及砂石料丰富的地区和基岩埋深较浅的地基。

3. 答：柱式桥墩和桩柱式桥墩是公路桥梁采用较多的桥墩型式之一，原因是：

（1）能够减轻墩身重力，节约圬工材料。

（2）柱式桥墩能配合各种基础，顶部可设计为有盖梁与无盖梁式，设计较灵活多样。

（3）适合于各种地质与土质状况和有水与无水河床。

（4）施工中模形简单，长柱可采用滑模施工，施工速度快。

（5）结构外形轻巧，协调又较美观。

4. 答：柔性排架墩由单排或双排的钢筋混凝土桩与钢筋混凝土盖梁连接而成。其工作原理是，上部结构传来的水平力（制动力、温度影响力等）按各墩台的刚度分配到各墩台，作用在每个柔性墩上的水平力较小，而作用在刚性墩台上的水平力很大，多跨长桥采用柔性墩时宜分成若干联，每联设置一个刚性墩（台），两个活动支座之间或刚性台与第一个活动支座间称为一联，以减小设置固定支座的墩顶位移，避免刚性桥台的支座所受水平力过大。

5. 答：

（1）梁桥桥台。

① 重力式 U 形桥台；

② 埋置式桥台；

③ 轻型桥台：分为薄壁型轻型桥台和支撑梁型轻型桥台；

④ 框架式桥台：构造形式有柱式、肋板式、半重力式和双排架式、板凳式等；

⑤ 组合式桥台：有锚碇板式、过梁式、框架组合式以及桥台与挡土墙组合式等。

（2）拱桥桥台。

① 重力式 U 形桥台；

② 组合式桥台；

③ 轻型桥台：又分为八字形轻型桥台、前倾式轻型桥台、U 字形桥台、山字形桥台、空腹 L 形桥台、履齿式桥台、屈膝式桥台等。

6. 答：桥台内的填土容易积水，应注意防水，防止冻胀，以免桥台结构开裂。为了排除桥台前墙后面的积水，应于侧墙间略高于高水位的平面上铺一层向路堤方向设有斜坡的夯实黏土作为防水层，并在黏土层上再铺一层碎石，将积水引向设于桥台后横穿路堤的盲沟内。

7. 答：

（1）埋置式桥台在构造和受力上的特点：是将台身埋在锥形护坡中，只露出台帽，以安放支座和上部结构。由于台身埋入土中，利用台前锥坡产生的土压力来抵消部分台后填土压力，可以增加桥台的稳定性，桥台的尺寸也相应减小，不需另设翼墙，桥台圬工数量较省。但埋置式桥台的锥坡挡水面积大，对桥孔下的过水面积有所压缩。

（2）轻型桥台在构造和受力上的特点：轻型桥台有薄壁型轻型桥台和支撑梁型轻型桥台。薄壁轻型桥台主要特点是利用钢筋混凝土结构的抗弯能力来减少圬工体积从而使桥台轻型化。支撑梁型轻型桥台在墩台基础间设置支撑梁，在上部结构与台锚之间设置锚固栓钉连接，使上部结构与支撑梁共同支撑桥台承受台后土压力，减小桥台尺寸，节省圬工数量。其主要特点是：① 利用上部结构及下部的支撑梁作为桥台的支撑，防止桥台向跨中移动或倾覆；② 整个构造物成为四铰刚构系统，台身按上下铰接支承的弹性地基梁验算。

（3）埋置式桥台的适用范围：仅适用于桥头为浅滩，溜坡受冲刷较小，填土高度在

10 m 以下的中等跨径的多跨桥中。

（4）轻型桥台的适用范围：轻型桥台通常用钢筋混凝土或圬工材料砌筑。圬工轻型桥台只限于桥台高度较小的情况，而钢筋混凝土轻型台应用范围更广泛。轻型桥台用于跨径不大于 13 m 的板（梁）桥，且不宜多于 3 孔，全长不大于 20 m。

8. 答：桥梁墩台承担着桥梁上部结构所产生的作用，并将作用有效地传递给地基。

桥墩是指多跨桥梁中的中间支承结构物，它除承受上部结构作用的受力外，还承受风力、流水压力及可能发生的冰压力、船只和漂流物的撞击力等。

桥台是设置在桥的两端，除了支承桥跨结构作用的受力外还是与两岸接线路堤衔接的构造物；既要挡土护岸，又能承受台背填土及填土上车辆作用所产生的附加土侧压力。

9. 答：拱桥的墩帽顶部做成斜坡，还要尽量考虑设置成与拱轴线正交的拱座。

由于拱座承受着较大的拱圈压力，故一般采用 20 号以上的整体式混凝土、混凝土预制块或 40 号以上的块石砌筑。肋拱桥拱座由于压力比较集中，故应用高标号混凝土及数层钢筋网加固；装配式的肋拱以及双曲拱桥的拱座，可预留供插入拱肋的孔槽，就位后再浇混凝土封固。为了加强肋底与拱座的连接，底部可设 U 形槽浇灌混凝土，其标号不低于 25 号，有时孔底或孔壁还应增设一些加固钢筋网。

10. 答：目前在拱桥中常用的单向推力墩有普通柱墩加设斜撑的单向推力墩、悬臂式单向推力墩和实体单向推力墩。

结构组成及特点：

（1）普通柱墩加设斜撑的单向推力墩：这种单向推力墩是在普通墩柱上对称增设一对钢筋混凝土斜撑，以提高其抵抗单向水平推力的能力。接头只承受压力而不承受拉力。在基础埋置深度不大，地基条件较好时，也可把桥墩基础加宽成上形的单向推力墩。

（2）悬臂式单向推力墩：悬臂式单向推力墩是在桥墩的顺桥向双向挑出悬臂。当邻孔遭到破坏后，由于悬臂端的存在，使拱支座竖向反力通过悬臂端而成为稳定力矩，保证了单向推力墩不致遭到损坏。

（3）实体单向推力墩：当桥墩较矮及单向推力不大时，只需加大实体墩身的尺寸即可。

11. 答：柱式桥墩和桩柱式桥墩是目前公路桥梁中广泛采用的桥墩形式，由柱式墩身和盖梁组成，一般可分为单柱、双柱和多柱等形式。

盖梁是柱式桥墩和桩柱式桥墩的墩帽，一般用 20～30 号的钢筋混凝土就地浇筑，也有采用预制安装或预应力混凝土的。盖梁的横截面形状一般为矩形或者 T 形。盖梁宽度由上部构造形式、支座间距和尺寸等确定，高度一般为梁宽的 0.8～1.2 倍。

墩柱一般采用 20～30 号的钢筋混凝土，直径 0.6～1.5 m 的圆柱或方形、六角形柱。墩柱配筋由计算确定，纵向受力钢筋的直径应不小于 12 mm，纵向受力钢筋截面积的配筋率应不小于混凝土计算截面的 0.4%，纵向受力筋之间净距应不小于 5 cm，净保护层厚不小于 2.5 cm。箍筋直径不小于 6 mm，在受力钢筋接头处，箍筋间距应不大于纵向钢筋直径的 10 倍或构件横截面的较小尺寸，亦不大于 40 cm。

桩柱顶一般应嵌入盖梁或承台 15～20 cm，露出柱顶与柱底的主筋可弯成与铅垂线约成 15°倾斜角的喇叭形，伸入盖梁或承台中，喇叭形主筋外围应设置直径不小于 8 mm 的箍筋，间距一般为 10～20 cm。单排桩基的主筋应与盖梁主筋连接。

横系梁加强桩柱的整体性，横系梁的高度可取为桩（柱）径的 0.8～1.0 倍，宽度可取为桩（柱）径的 0.6~1.0 倍。横系梁一般不直接承受外力，可不作内力计算，按横截面积的 0.10% 配置构造钢筋即可。构造钢筋伸入桩内与主筋连接。

12. 答：锚锭板式组合桥台有分离式与结合式两种形式。

分离式是台身与锚锭板、挡土结构分开，台身主要承受上部结构传来的竖向力和水平力，锚锭板结构承受土压力。锚锭板结构由锚锭板、立柱、拉杆和挡土板组成，桥台与结构间预留空隙，基础分开，互不影响，受力明确。

结合式是锚锭板结构与台身结合在一起，台身兼做立柱和挡土板。作用在台身的所有水平力假定均由锚锭板的抗拔力来平衡，台身仅承受竖向荷载，与分离式锚锭板结构相比，其结构简单，施工方便，工程量较小，但受力不很明确。

第十四章

桥墩计算考核内容

本章学习重点： 重点是梁桥、拱桥的桥墩的计算，着重介绍了重力式桥墩的计算方法。
教学目标： 要求学生掌握梁桥、拱桥的桥墩的作用，作用布置及其作用效应组合；
　　　　　　要求学生掌握重力式桥墩的计算方法；
　　　　　　要求学生了解桩柱式桥墩的计算要点，包括盖梁和桩柱的主要计算方法等。
能力目标： 要求学生能够会重力式桥墩的计算，桩柱式桥墩的计算，包括盖梁和桩柱的计算等。

一、名词解释

1. 抵抗倾覆稳定系数 K_0　　2. 抵抗滑动稳定系数 K_c

二、判断题（对的划√，错的划×）

1. （　　）计算桥墩在顺桥向承受最大竖向荷载是用来验算在横桥方向上墩身承载力、偏心距、地基承载力以及桥墩的稳定性。
2. （　　）公路拱桥的重力式桥墩，横桥向一般不控制设计，故无需进行相应的计算或验算。
3. （　　）温度作用，主要指上部结构受温度变化发生伸缩而对桥墩产生的水平力。
4. （　　）混凝土收缩、徐变的作用属于作用于桥墩上的可变作用。
5. （　　）计算水的浮力时，若地基的透水性难以确定，分别按透水和不透水两种情况以最不利的作用效应组合进行计算。
6. （　　）对矮桥桥墩，因墩身尺寸一般都比较大，各截面承载力往往都能满足要求，所以通常只验算墩身底截面即可。
7. （　　）基底承载力验算一般按顺桥向和横桥向分别进行。
8. （　　）拱桥在施工过程中可能产生的单向水平推力，此时砌体强度和基底土的承载能力可以降低，倾覆和滑动稳定性系数可以提高。
9. （　　）计算桥墩各截面在顺桥向可能产生最大偏心弯矩时，等跨布载时除永久作用外，应在相邻两孔的一孔上布置汽车和人群荷载。

三、单项选择题

1. 下列作用是作用于桥墩的永久作用：（　　）。
　　A. 基础变位作用　B. 汽车制动力　　　C. 温度作用　　　D. 支座摩阻力
2. 在桥墩计算中，对装配式预应力空心桥墩所施加的预应力应列为（　　）作用。

A. 永久　　　B. 可变　　　C. 其他可变　　　D. 偶然
3. 对于（　　）桥墩，由于冲击力作用衰减很快，所以不计冲击力。
A. 钢筋混凝土柱式　　　　　　B. 柔性排架
C. 钢筋混凝土轻型　　　　　　D. 重力式实体
4. 下列哪对荷载能同时组合？（　　）。
A. 流水压力和汽车制动力　　　B. 冰压力和流水压力
C. 风荷载和流水压力　　　　　D. 汽车制动力和支座摩阻力
5. 对高桥桥墩，其危险截面不一定在墩身底截面，这时应选（　　）截面进行验算。
A. 墩身的中间截面　　　　　　B. 墩身的中间截面
C. 相距 3～4 m 取一截面　　　 D. 相距 2～3 m 取一截面
6. 计算墩身计算长度时，构件一端固定，一端为不移动的铰时，其计算长度为：（　　）。
A. $1.0l$　　　B. $0.7l$　　　C. $0.5l$　　　D. $2.0l$
7. 当偏心荷载的合力作用在基底截面的核心半径 ρ 以内时，应按（　　）式验算基底应力。
A. $\sigma_{max} = \dfrac{\sum M}{W} \leq [\sigma]$　　　B. $\sigma_{max} = \dfrac{2N}{ac_X} \leq [\sigma]$
C. $\sigma_{min}^{max} = \dfrac{\sum N}{A} \pm \dfrac{\sum M}{W} \leq [\sigma]$　　　D. $\sigma_{max} = \dfrac{\sum N}{A} \leq [\sigma]$
8. 当多柱式桩柱式桥墩的盖梁的刚度与桩柱的刚度比大于 5 时，桥墩按（　　）计算。
A. 连续梁　　　B. 简支梁　　　C. 简支梁或悬臂梁　　　D. 悬臂梁
9. 当计算桩柱式桥墩的盖梁时，不是其主要作用的是：（　　）。
A. 支座反力　　　　　　　　　B. 盖梁自重及活载（汽车荷载含冲击力）
C. 风荷载　　　　　　　　　　D. 上部结构重力
10. 重力式桥墩当墩高超过 20 m 时，需进行（　　）水平弹性位移验算。
A. 墩顶　　　B. 墩身　　　C. 墩底　　　D. 1/2 墩身截面

四、填空题
1. 布置在桥墩上的各种作用的位置、大小和方向应该使桥墩处于（　　）受力状态之下。这样的作用组合称为（　　）。
2. 桥墩计算一般需验算（　　），作用在墩身截面上的（　　）、（　　）、（　　）以及桥墩的稳定性等
3. 纵桥向墩帽最小宽度为（　　）。
4. 在不利效应组合作用下，验算桥墩各控制截面的（　　）应小于或等于（　　）。
5. 当双柱式桩柱式桥墩的盖梁的刚度与桩柱的刚度比大于 5 时，按（　　）或（　　）计算。
6. 桥墩桩柱上的恒载有上部结构的（　　）、（　　）及桩柱自重。

五、问答题
1. 梁桥桥墩计算中，可能出现的作用效应组合有哪几种情况？
2. 叙述梁桥桥墩顺桥向活载布置的几种不利情况。

3. 梁桥重力式墩验算有哪些内容？
4. 梁桥桩柱式墩的盖梁（帽梁）的计算图式应如何考虑？
5. 简述梁桥桩柱式墩台桩身的计算要点。
6. 叙述重力式桥墩计算步骤。
7. 如何布置作用才可能使梁桥桥墩各截面产生最大竖向反力？
8. 在进行桩柱式桥墩的盖梁计算时如何考虑荷载纵横向分布的影响，其注意事项有哪些？
9. 梁桥重力式桥墩主要的尺寸是如何拟定的？

六、计算题

1. 某重力式桥墩，支承着两等跨简支梁桥的上部结构，其标准跨径为 16 m，计算跨径为 15.5 m，若只在一孔桥面上布置一列公路－Ⅱ级汽车荷载，求汽车荷载引起的桥墩上的最大支承反力。

2. 某简支梁桥标准跨径为 20 m，计算跨径为 19.5 m，行车道净宽为 2×7.0 m，上部结构由固定铰支座支承在计算桥台台帽上，若桥上行驶汽车荷载作为公路－Ⅱ级，求该桥台所承受的汽车制动力。

桥墩计算考核答案

一、名词解释
1. 抵抗倾覆稳定系数 K_0：

$$K_0 = \frac{M_{稳}}{M_{倾}}$$

式中：$M_{稳}$——稳定力矩；

$M_{倾}$——倾覆力矩。

2. 抵抗滑动稳定系数 K_c：

$$K_c = \frac{f\sum P_i}{\sum T_i}$$

式中：$\sum P_i$——各竖向力总和；

$\sum T_i$——各水平力总和；

f——基础底面（圬工）与地基土之间的摩擦系数。

二、判断题
1. × 2. × 3. √ 4. × 5. √ 6. √ 7. √ 8. × 9. ×

三、单项选择题
1. A 2. A 3. D 4. C 5. D 6. B 7. C 8. A 9. C 10. A

四、填空题
1. 该作用的最不利　"最不利的作用效应组合"
2. 墩身截面承载力　合力偏心距　基底承载力　偏心距

3. $b \geq f + \dfrac{a}{2} + 2c_1 + 2c_2 + \dfrac{a'}{2}$

4. 作用效应组合设计值（内力）　构件承载力的设计值

5. 简支梁　悬臂梁

6. 恒载支反力　盖梁的重量

五、问答题

1. 答：

（1）顺桥向作用效应组合（双孔布置和单孔布置分别组合）主要有：

① 上部结构重力 + 计算截面以上桥墩重力 + 浮力。

② 上部结构重力 + 计算截面以上桥墩重力 + 浮力 + 汽车荷载 + 人群荷载。

③ 上部结构重力 + 计算截面以上桥墩重力 + 浮力 + 汽车荷载 + 人群荷载 + 纵向风力 + 支座摩阻力（或制动力 + 温度影响力）。组合时，制动力 + 温度力小于摩阻力时，用制动力 + 温度影响力组合；制动力 + 温度力大于摩阻力时，用摩阻力组合。

④ 上部结构重力 + 计算截面以上桥墩重力 + 浮力 + 汽车荷载 + 人群荷载 + 船只撞击作用或漂浮物撞击作用。

⑤ 上部结构重力 + 计算截面以上桥墩重力 + 浮力 + 汽车荷载 + 人群荷载 + 汽车撞击作用。

（2）横桥向（以双车道为例）作用效应组合主要有：

① 上部结构重力 + 计算截面以上桥墩重力 + 浮力 + 双孔双行汽车荷载 + 双孔单边人群荷载 + 横向风荷载 + 水压力或冰压力。

② 上部结构重力 + 计算截面以上桥墩重力 + 浮力 + 双孔单行汽车荷载 + 双孔单边人群荷载 + 横向风荷载 + 水压力或冰压力。

③ 上部结构重力 + 计算截面以上桥墩重力 + 浮力 + 双孔双行汽车荷载 + 双孔单边人群荷载 + 船只撞击作用或漂浮物撞击作用。

④ 上部结构重力 + 计算截面以上桥墩重力 + 浮力 + 双孔双行汽车荷载 + 双孔单边人群荷载 + 汽车撞击作用。

⑤ 上部结构重力 + 计算截面以上桥墩重力 + 浮力 + 双孔单行汽车荷载 + 双孔单边人群荷载 + 船只撞击作用或漂浮物撞击作用。

⑥ 上部结构重力 + 计算截面以上桥墩重力 + 浮力 + 双孔单行汽车荷载 + 双孔单边人群荷载 + 汽车撞击作用。

2. 答：

（1）桥墩在顺桥向承受最大竖向荷载。它是用来验算顺桥向墩身承载力和偏心距、地基承载力和偏心距，因此除了有关的永久作用外，应在相邻两孔都布满汽车和人群荷载，同时还可能作用着其他纵向力，如制动力和温度作用、纵向风荷载、船只或漂浮物的撞击作用和汽车撞击作用等。

（2）桥墩各截面在顺桥向可能产生最大偏心弯矩。它是用来验算顺桥向墩身承载力和偏心距、地基承载力和偏心距以及桥墩的稳定性，因此除永久作用外，应在相邻两孔的一孔上布置汽车和人群荷载，若为不等跨时，则在较大跨径的一孔布置汽车和人群荷载，同时还可能作用着其他纵向力，如制动力和温度作用、支座摩阻力、纵向风荷载、船只或漂浮物的撞击作用和汽车撞击作用等。

3. 答：桥墩计算一般需验算墩身截面承载力，作用在墩身截面上的合力偏心距，基底承载力，偏心距以及桥墩的稳定性等。

4. 答：
（1）盖梁的刚度与桩柱的刚度比大于5时
① 双柱式桥墩，按简支梁或悬臂梁计算；
② 多柱式桥墩，按连续梁计算。
（2）当盖梁计算跨径与梁高之比，对简支梁大于2、小于等于5，对连续梁或刚构大于2.5、小于等于5时，按《公路钢筋混凝土及预应力混凝土桥涵设计规范》（JTG D62—2004）作为一般构件计算。
（3）当盖梁的刚度与桩柱的刚度比小于5，或桥墩承受较大横向力时，盖梁应作为横向框架的一部分进行验算。

5. 答：桩柱式桥墩一般分刚性和柔性两种。刚性桩柱式桥墩计算方法同重力式桥墩，柔性桩柱式桥墩受力与桥梁整体结构类型有关。
（1）外力计算。桥墩桩柱上的恒载有上部结构的恒载支反力、盖梁的力量及桩柱自重；桩柱承受的活载按设计荷载进行最不利加载计算，最后经永久作用、可变作用等组合，求得最不利的效应组合设计值。桥墩的水平力有温度作用下支座摩阻力和汽车制动力等。
（2）内力计算。目前桩柱计算广泛采用有限元法，按桩、土、柱、梁等上、下部结构联合计算。对于柔性墩简支梁桥，一次迭代法和三推力方程法仍然使用。而集成刚度法和柔度传递法主要用于柔性墩连续梁桥计算。
（3）墩顶位移计算。在不考虑桩基变位影响时，等截面桥墩引起的墩顶位移可按下式计算：

$$\Delta = 1/E_C I (1/2 MH^2 + 1/3 TH^3 + 1/8 q_1 H^4 + 1/30 q_2 H^4)$$

对于变截面桥墩顶水平位移，近似计算公式：

$$\Delta = 1/E_C I [MH^2(1/2 + k/3) + TH^2(1/3 + k/6) + q_1 H^4(1/8 + k/24) + q_2 H^4(1/30 + k/144)]$$

计入桩基变位（水平位移 Δ_0、转角 ϕ_0），则桥墩顶总的水平位移为：

$$\Delta_{总} = \Delta_{总} + \Delta_0 + \phi_0 H + \Delta$$

6. 答：
① 根据构造要求和经验拟定各部分尺寸；
② 计算作用在桥墩上的作用；
③ 进行作用布置与作用效应组合，并选取截面，计算各截面的内力；
④ 验算墩身截面承载力和偏心距；
⑤ 验算地基承载力和偏心距；
⑥ 验算桥墩倾覆和滑动稳定性。

除此之外，还应结合施工情况进行必要的验算。如拱桥在施工过程中可能产生的单向水平推力，此时砌体强度和基底土的承载能力可以提高，倾覆和滑动稳定性系数可以降低。

7. 答：
桥墩在顺桥向承受最大竖向荷载。
它是用来验算顺桥向墩身承载力和偏心距、地基承载力和偏心距，因此除了有关的永久作用外,应在相邻两孔都布满汽车和人群荷载,同时还可能作用着其他纵向力,如制动力和温度作用、纵向风荷载、船只或漂浮物的撞击作用和汽车撞击作用等。

8. 答:

(1) 荷载纵向分布的考虑:活载由上部结构通过支座传递给桥墩,所以计算时,首先作盖梁计算截面处上部结构支点反力影响线,然后作最不利布载,即可求得相应最大支座反力。

(2) 荷载横向分布的影响:首先作出盖梁控制截面的内力横向影响线,然后作最不利布载。当计算跨中正弯矩时,活载对称布置,当计算支点负弯矩时,活载非对称布置。

注意事项:

(1) 盖梁内力计算时,可考虑桩柱支承宽度对削减负弯矩尖峰的影响。

(2) 桥墩沿纵向的水平力及当盖梁在纵桥向设置有两排支座时产生的上部结构活载偏心力将对盖梁产生扭矩,应予以考虑。

9. 答:

(1) 墩帽。梁桥桥墩的平面尺寸首先应满足上部结构支座布置的要求。

① 纵桥向墩帽最小宽度:

$$b \geqslant f + \frac{a}{2} + 2c_1 + 2c_2 + \frac{a'}{2}$$

② 横桥向墩帽最小宽度:

$$B = 桥跨结构两边梁中心 + 支座横向宽度 + 2c_1 + 2c_2$$

对于圆头形墩帽 c_2 值应根据圆弧形端头至支座边角之间的最小距离确定。

③ 墩帽厚度:大跨径桥梁的墩帽厚度不小于 40 cm;中小跨径桥梁的墩帽厚度不小于 30 cm。

(2) 墩身。墩身顶宽,小跨径桥不宜小于 80 cm(轻型桥墩不宜小于 60 cm);中跨径桥不宜小于 100 cm;大跨径桥应视上部构造类型而定。墩身的侧坡一般采用 20∶1 ~ 30∶1,小跨径桥的墩身也可采用直坡。

(3) 基础。基础在平面上的尺寸宜较墩身底面积尺寸略大,四周放大的尺寸每边约 0.25 ~ 0.75 m。每层高度一般采用 0.5 ~ 1.0 m。基础扩散角(刚性角),用 5 号以下砂浆砌筑的砌体不大于 30°;用 5 号及 5 号以上砂浆砌筑的砌体不大于 35°;用混凝土浇筑的不大于 40°。

六、计算题

1. 解:

汽车荷载:公路 - Ⅱ 级

只在一孔桥面上布置一列公路 - Ⅱ 级汽车荷载,在该跨左支点布设集中荷载 P_K。

(1) 均布荷载:$q_K = 0.75 \times 10.5 = 7.875$ (kN/m)

(2) 集中荷载:

根据《通用规范》:当 $l = 5$ m 时,$P_K = 180$ kN;当 $l \geqslant 50$ m 时,$P_K = 360$ kN

当 $l = 15.5$ m 时,

$$P_k = 0.75 \times \left[180 + \frac{360 - 180}{50 - 5} \times (15.5 - 5) \right] = 166.5 \text{ (kN)}$$

汽车荷载引起的桥墩上的最大支承反力：
$$\frac{1}{2} \times 7.875 \times 15.5 + 1.2 \times 166.5 = 260.83 \text{ (kN)}$$

（计算剪力时，P_K 乘以 1.2 系数）

2. 解：

制动力按《通用桥规》规定，为加载长度总重力的 10%，但公路—Ⅱ级汽车荷载的制动力的标准值不小于 90 kN；

均布荷载：$q_K = 0.75 \times 10.5 = 7.875$（kN/m）

根据《通用规范》：当 $l = 5$ m 时，$P_K = 180$ kN；当 $l \geqslant 50$ m 时，$P_K = 360$ kN

$l = 19.5$ m 时，$p_K = 180 + \dfrac{360 - 180}{50 - 5} \times (19.5 - 5) = 238$（kN）

加载长度：19.5 上制动力。本桥为双向四车道。
$= 2 \times 0.1 \times (q_K \times 19.5 + P_K) = 2 \times 0.1 \times (7.875 \times 19.5 + 238) = 39.16$（kN） < 90 kN

所以该桥台所承受的汽车制动力为 90 kN。

第十五章

桥台计算考核内容

> **本章学习重点**：本章重点是梁桥、拱桥桥台的计算，着重介绍了重力式桥台的计算方法；
> **教学目标**：使学生掌握梁桥、拱桥桥台的作用，作用布置及其作用效应组合；
> 　　　　　使学生掌握重力式桥台的计算方法；
> 　　　　　使学生了解梁桥和拱桥轻型桥台的计算要点。
> **能力目标**：要求学生会重力式桥台的计算；要求学生会梁桥和拱桥轻型桥台的计算。

一、判断题（对的划√，错的划×）

1. （　　）梁桥 U 形桥台侧墙，任一水平截面的宽度，对块石砌体不小于该截面至墙顶高度的 0.4 倍。
2. （　　）如果 U 形桥台两侧墙宽度不小于同一水平截面前墙全长的 0.4 倍时，桥台台身截面承载力验算应把台身前墙应按独立的挡土墙进行验算。
3. （　　）为了防止桥台受路堤的土侧压力而向河中方向移动，通常利用桥跨结构和底部支撑梁作为桥台与桥台或桥墩与桥台之间的支撑，形成四铰框架体系。
4. （　　）通常情况下，轻型桥台的长度都在 $4/\alpha$ 和 $1.2/\alpha$ 之间，属于弹性地基刚性梁。
5. （　　）当基础设置在坚密岩石地基上，基底的合力偏心距 e_0 超出核心半径 ρ 时，按受压区计算基底最大压应力，并且考虑基底承受拉力。
6. （　　）台身的承载力验算按压弯构件进行，为了简化计算，近似地用最大弯矩截面来代替最大受力截面。
7. （　　）拱桥轻型桥台的台口抗剪强度验算时取 1 m 桥台宽度进行计算。

二、单项选择题

1. 在进行桥台计算时，桥台要考虑（　　）的作用。
　　A. 纵、横向风荷载　　　　　　　B. 流水压力、冰压力
　　C. 车辆荷载引起的土侧压力　　　D. 船只或漂浮物的撞击。
2. 在计算桥台前端的最大应力，向桥孔一侧的偏心和向桥孔方向的倾覆与滑动时，台后填土按（　　）考虑。
　　A. 尚未压实　　　　　　　　　　B. 已经压实
　　C. 台后填土的摩擦角取较大值　　D. 台后填土的摩擦角取零
3. 梁桥 U 形桥台防护墙顶宽，对片石砌体不小于（　　）cm；对块石、料石砌体及混

凝土不小于（　　）cm。

  A. 40　30　　　　B. 60　50　　　　C. 30　20　　　　D. 50　40

4. 梁桥 U 形桥台前墙任一水平截面的宽度，不宜小于该截面至墙顶高度的（　　）倍。

  A. 0.3　　　　　B. 0.4　　　　　C. 0.5　　　　　D. 0.6

5. 轻型桥台在竖向荷载作用下，当（　　）时，把桥台当做支承在弹性地基上的无限长梁计算。

  A. $L>4/\alpha$　　B. $L<1.2/\alpha$　　C. $L\leq 4/\alpha$　　D. $4/\alpha>L>1.2/\alpha$

6. 下列说法哪个不是拱桥轻型桥台设计的基本假定：（　　）。

  A. 桥台只绕基底转动而无滑动

  B. 台后计算土压力是由静止土压力和桥台变位所引起的土的弹性抗力所组成

  C. 桥台的刚度较大，它本身的变形相对于整个桥台的位移可以忽略不计

  D. 由于是轻型桥台，变性较大，所以应该计算其变形引起的位移

7. 梁桥轻型桥台台身内力计算台身按（　　）计算。

  A. 两端固结的梁　　　　　　　　B. 上下铰接的简支梁

  C. 一端固结一端铰接　　　　　　D. 一端固定一端自由的梁

三、填空题

1. 拱桥桥台的只考虑顺桥向作用布置应在（　　）上布置车辆荷载，设温度（　　），并考虑（　　），（　　）。

2. 梁桥轻型桥台作为竖梁时的承载力验算，这种情况的最不利作用状态是：桥跨上除（　　）外无荷载，（　　）上布置车辆荷载。

3. 拱桥重力式 U 形桥台的计算，是假定桥台（　　），水平推力由（　　）和（　　）平衡。

4. 圬工体积较小的轻型桥台，在水平推力作用下轻型桥台将绕（　　）产生一定的转动，因而路堤对（　　）和土基对（　　）均产生土的弹性抗力。

5. 轻型桥台整个台身在外力作用下将由（　　）、（　　）和（　　）来平衡。

6. 桥梁台后土侧压力，一般按（　　）计算，其大小与（　　）有关。

7. 台后土压力的计算范围，当验算台身和地基承载力时，计算（　　）范围内的土压力；当验算桥台稳定性时，计算（　　）范围的土压力。

8. 桥台的基底应力为（　　）引起的应力与（　　）引起的应力之和。

9. 桥梁（　　）布置车辆荷载，考虑（　　）及（　　），验算向河心滑动的安全系数；（　　）上布满活载，考虑加（　　）和（　　），验算向路堤方向滑动的安全系数 K_c。

10. 拱桥轻型桥台强度验算包括（　　）、（　　）。

11. 拱桥轻型桥台稳定性验算包括：（　　）、（　　）。

四、问答题

1. 叙述梁桥桥台顺桥向的作用布置方法。

2. 梁桥轻型桥台的计算内容包括哪几方面？

3. 比较桥台与桥墩作用布置与作用效应组合有什么不同？

4. 桥台的作用效应组合有哪些？

5. 为了保证桥台基底只有转动，而无滑动，应根据作用布置的哪两种不同情况进行拱桥轻型桥台抗稳定性验算？

桥台计算考核答案

一、判断题

1. × 2. × 3. √ 4. × 5. × 6. √ 7. √

二、单项选择题

1. C 2. A 3. D 4. B 5. A 6. D 7. B

三、填空题

1. 台后破坏棱体　下降　台后土侧压力　拱圈材料收缩力
2. 结构恒载　台背填土破坏棱体
3. 不能产生水平变位　桥台自重　台后填土的主动土压力
4. 基底重心　台背　基底
5. 桥台自重　台后填土的静止土压力　土的弹性抗力
6. 主动土压力　土的压实程度
7. 基础顶至桥台顶面　基础底至桥台顶面
8. 桥台重力　桥跨结构车辆荷载
9. 台后　超载　主动土压力　桥跨　静止土压力　土抗力
10. 台身承载力验算　台口抗剪强度验算
11. 路堤稳定性验算　抗滑稳定性验算

四、问答题

1. 答：

（1）在桥跨结构上布置车辆荷载，设温度下降，制动力向桥孔方向，并考虑台后土侧压力。

（2）在台后破坏棱体上布置车辆荷载，设温度下降，并考虑台后土侧压力。

（3）在桥跨结构上和台后破坏棱体上都布置车辆荷载（当桥台尺寸较大时，还要考虑在桥跨结构上、台后破坏棱体上和桥台上同时布置车辆荷载的情况），设温度下降，制动力向桥孔方向，并考虑台后土侧压力。

2. 答：

（1）将桥台视为在顺桥向纵向竖直平面内上下端铰支，承受竖向荷载和横向荷载作用的竖梁（简支梁），验算墙身圬工的截面承载力和抗剪承载力。

（2）将台身和翼墙（包括基础）视作横桥向竖直平面内弹性地基上的短梁，验算桥台在该平面内的弯曲承载力。

（3）验算地基土承载力。

3. 答：重力式桥台与重力式桥墩计算作用相比，其计算作用基本相同，不同的主要是桥台要考虑车辆荷载引起的土侧压力，而桥墩不需考虑，以及桥台不需考虑纵、横向风荷载、流水压力、冰压力、船只或漂浮物的撞击等，但桥墩需要考虑。

4. 答:

(1) 上部结构重力 + 计算截面以上桥台重力 + 浮力 + 土侧压力（此组合是验算地基受永久作用时的合力偏心距）。

(2) 上部结构重力 + 计算截面以上桥台重力 + 浮力 + 作用在桥跨结构上的汽车荷载和人群荷载 + 土侧压力。

(3) 上部结构重力 + 计算截面以上桥台重力 + 浮力 + 作用在桥跨结构上的汽车荷载和人群荷载 + 土侧压力 + 制动力 + 温度作用。

(4) 上部结构重力 + 计算截面以上桥台重力 + 浮力 + 作用在桥跨结构上的汽车荷载和人群荷载 + 土压力 + 支座摩阻力。

(5) 上部结构重力 + 计算截面以上桥台重力 + 浮力 + 土侧压力（包括作用在破坏棱体上的汽车荷载所引起的土侧压力）。

(6) 上部结构重力 + 计算截面以上桥台重力 + 浮力 + 土侧压力（包括作用在破坏棱体上的汽车荷载所引起的土侧压力）+ 支座摩阻力。

(7) 上部结构重力 + 计算截面以上桥台重力 + 浮力 + 土侧压力（包括作用在破坏棱体上的汽车荷载所引起的土侧压力）+ 温度影响力。

5. 答:

(1) 桥跨上布满活载（考虑静止土压力加土抗力），验算向路堤方向滑动的安全系数 K_c，即:

$$K_c = \frac{f_1(V + \sum G)}{H - E_j - p_k\left(\frac{h_2}{2} + \frac{f}{3}\right)}$$

(2) 台后布置车辆荷载（考虑超载及主动土压力），验算向河心滑动的安全系数。

第二种情况的验算对于小跨径陡拱，在高路堤情况下，不应忽视。

第五篇　涵　洞

第十六章

涵洞的类型与构造考核内容

> **本章学习重点**：涵洞的洞身和洞口构造；涵洞测设的主要内容。
> **教学目标**：使学生掌握涵洞的分类及适用条件；
> 　　　　　　使学生掌握涵洞的洞身和洞口构造；
> 　　　　　　使学生知道涵洞勘测设计的主要内容和基本方法。
> **能力目标**：掌握涵洞的分类及适用条件，在实际应用时能合理选择涵洞的形式；
> 　　　　　　掌握洞口建筑的形式，能根据实际施工条件做出合理选择；
> 　　　　　　掌握涵洞测设的主要内容和基本原则，为实际施工打下理论基础。

一、名词解释

1. 刚性管涵　2. 缓坡涵洞　3. 压力式涵洞

二、判断题（对的划√，错的划×）

1.（　　）管涵受力性能和对地基的适应性好，不需要墩台，圬工数量少，造价低。

2.（　　）涵洞的洞口类型应根据涵洞进出口的地形和流量大小确定。

3.（　　）盖板涵基础有分离式和整体式两种，前者适用于地基较差的情况，后者适用于地基较好的情况。

4.（　　）洞身较长的涵洞沿纵向分成数段，可以防止由于荷载分布不均匀及基底土壤性质不同引起的不均匀沉降，避免涵洞开裂。

5.（　　）涵底纵坡越大越好，因为纵坡越大涵洞的泄洪能力越强且防止淤积。

6.（　　）拱涵的涵台（墩）临水面为倾斜坡面，背水面为竖直面，以满足拱脚有较大水平推力的要求。

7.（　　）涵洞洞口与涵洞纵轴线垂直，这种做法称为斜交斜做。

三、单项选择题

1. 进水口水流深度小于洞口高度，水流流经全涵保持自由水面的涵洞是（　　）。

A. 有压力式涵洞　　B. 半压力式涵洞　　C. 无压力式涵洞　　D. 倒虹吸管
2. 当山坡涵洞洞底坡度小于 12.5% 时，应选择（　　）。
   A. 跌水式底槽　　B. 急流坡式底槽　　C. 倾斜式底槽　　D. 小坡度底槽
3. 常用涵洞洞口建筑形式中，工程数量小，施工简单，造价低，泄水能力较强的是（　　）。
   A. 端墙式　　　　B. 八字式　　　　C. 并口式　　　　D. 正洞口式
4. 在有较大排洪量，地质条件较差，路堤高度较小的设涵处，宜采用（　　）。
   A. 圆管涵　　　　B. 拱涵　　　　　C. 箱涵　　　　　D. 盖板涵
5. 下列选项中，不属于山坡涵洞洞身构造形式的是（　　）。
   A. 跌水式底槽　　B. 小坡度底槽　　C. 急流坡式底槽　D. 倾斜式底槽
6. 涵底最小纵坡度应不小于（　　）。
   A. 1.0%　　　　B. 0.5%　　　　C. 0.4%　　　　D. 0
7. 路线两侧的水深都大于涵洞进出水口高度，水流充满整个涵身的涵洞是（　　）。
   A. 有压力式涵洞　B. 半压力式涵洞　C. 无压力式涵洞　D. 倒虹吸管

四、填空题

1. 涵洞按构造形式可分为：（　　）、（　　）、（　　）和（　　）；按水力性能可分为：（　　）、（　　）、（　　）和（　　）；按洞顶的填土情况可分为：（　　）和（　　）。
2. 涵洞是由（　　）和（　　）建筑组成的排水构造物；位于涵洞上游的洞口称为（　　），位于涵洞下游的洞口称为（　　）。
3. 小桥涵水文资料调查的目的是（　　）。
4. 涵洞洞口建筑是由（　　）和（　　）两部分组成。常用的洞口型式有（　　）、（　　）、（　　）和（　　）。
5. 公路小桥涵常采用的水文计算方法有（　　）、（　　）和（　　）。
6. 按涵洞与路线的相交形式，可分为（　　）和（　　）。
7. 正交涵的洞口建筑形式有（　　）、（　　）、（　　）和（　　）；斜交涵的洞口建筑形式有（　　）和（　　）。
8. 洞身的作用是（　　）。
9. 洞口建筑常见的形式有（　　）、（　　）、（　　）和（　　）四种。
10. 涵台基础有（　　）和（　　）两种，前者适用于（　　）情况，后者适用于（　　）情况。

五、问答题

1. 涵洞的分类及适用条件有哪些？
2. 简述圆管涵、盖板涵和拱涵的构造特点。
3. 山坡涵洞根据洞底坡率有哪三种形式？其洞身构造有什么特点？各适用在什么场合？
4. 涵洞常用的洞口形式有哪几种？各有什么特点？
5. 涵洞洞身分段设置的目的是什么？
6. 涵洞设计的原则是什么？
7. 涵洞类型的选择应综合考虑的因素有哪些？

8. 小桥涵沿路线布置的原则有哪些？
9. 涵洞野外勘测的主要内容有哪些？

涵洞的类型与构造考核答案

一、名词解释
1. 刚性管涵：当整节钢筋混凝土圆管涵无铰时，称为刚性管涵。
2. 缓坡涵洞：进出水口沟床加固处理是与涵洞本身设置的坡度和涵洞上下游河沟的纵向坡度有关，凡涵洞设置坡度小于临界坡度，上下游河沟纵向坡度也较小时，称为缓坡涵洞。
3. 压力式涵洞：入口处水深大于洞口高度，在涵洞全长的范围内都充满水流，无自由水面。

二、判断题
1. √　2. √　3. ×　4. √　5. ×　6. ×　7. ×

三、单项选择题
1. C　2. A　3. B　4. D　5. D　6. C　7. D

四、填空题
1. 管涵　盖板涵　拱涵　箱涵　无压力式涵洞　半压力式涵洞　有压力式涵洞　倒虹吸管　明涵　暗涵
2. 洞身　洞口　进水口　出水口
3. 为确定设计流量和孔径计算提供所需要的资料
4. 进水口　出水口　端墙式　八字式　走廊式　平头式
5. 形态调查法　径流形成法　直接类比法
6. 正交涵洞　斜交涵洞
7. 端墙式　八字式　走廊式　平头式　斜交斜做　斜交正做
8. 承受土的压力和活载压力并将其传给地基
9. 端墙式　八字式　走廊式　平头式
10. 分离式　整体式　地基较好　地基较差

五、问答题
1. 答：
（1）按建筑材料分类，分为石涵、混凝土涵、钢筋混凝土涵、砖涵及其他材料涵洞。石涵包括石盖板涵和石拱涵，在产石地区应优先考虑采用石涵；混凝土涵，可现场浇筑或预制成拱涵、圆管涵和小跨径盖板涵；钢筋混凝土涵，可用于管涵、盖板涵、拱涵和箱涵；砖涵，主要指砖拱涵；其他材料涵洞包括陶瓷管涵、铸铁管涵、波纹管涵、石灰三合土拱涵等。
（2）按构造形式分类，分为管涵、盖板涵、拱涵和箱涵。管涵，受力性能和对地基的适应能力较好；盖板涵，适宜在低路堤上修建；拱涵，适宜于跨越深沟和高路堤时采用；箱涵，适宜于软土地基。
（3）按洞顶填土情况分类，分为明涵和暗涵。明涵，洞顶不填土，适用于低路堤，浅沟渠；暗涵，洞顶填土大于 50 cm，适用于高路堤，深沟渠。

（4）按水力性能分类，分为无压力式涵洞、半压力式涵洞、有压力式涵洞和倒虹吸管。无压力式涵洞，进口水流深度小于洞口高度，水流流经全涵保持自由水面；半压力式涵洞，进口水流深度大于洞口高度，但水流仅在进口处充满洞口，在涵洞其他部分都是自由水面；有压力式涵洞，涵前壅水较高，全涵内充满水流，无自由水面；倒虹吸管，路线两侧水深都大于涵洞进出水口高度，进出水口设置竖井，水流充满全涵身。

2. 答：

（1）圆管涵洞身主要由各分段的圆管节和支承管节的基础垫层组成。分为刚性管涵和四铰管涵。刚性管涵在横截面上是一个刚性圆环，环的厚度随圆管直径大小和填土高度而变；四铰管涵是一个几何可变结构，只有当竖向作用力和横向作用力互相平衡时才能保持其形状。

（2）盖板涵由盖板和涵台组成。盖板有石盖板、混凝土盖板、钢筋混凝土盖板等。跨径小的采用石盖板涵，跨径大的采用钢筋混凝土盖板涵。墩台的临水面一般为竖直面，背面采用垂直或斜坡面，涵台可做成平面。

（3）拱涵由拱圈和涵台组成。拱圈是拱涵的承重结构，拱圈一般采用等截面圆弧拱。涵台临水面为竖直面，背面为斜坡，以满足拱脚有较大水平推力的要求。

3. 答：山坡涵洞根据洞底坡率有三种形式：跌水式底槽、急流坡式底槽和小坡度底槽。

（1）跌水式底槽，洞身由垂直缝分开的管节组成，每节有独立的底面水平的基础。后一节比前一节垂直降低一定高度，使涵洞得到稳定。适用于底坡小于 12.5% 的山坡涵洞。

（2）急流坡式底槽，急流坡式底槽坡度应等于或接近于天然坡度，当跌水式底槽每一管节的跌水高度太大，不能适应台阶长度的要求时，可建造急流坡式底槽。适用于底坡大于 12.5% 的山坡涵洞。

（3）小坡度底槽，如果地质情况不好，不允许修建坡度较大的涵洞时，应改为小坡度底槽，在进出水口设置有消能设备的涵洞。

4. 答：涵洞常用的洞口型式有端墙式、八字式、走廊式和平头式。

（1）端墙式，洞口构造简单，但泄水能力小，适用于流速较小的人工渠道或不易受冲刷影响的岩石河沟上。

（2）八字式，洞口工程数量小，水力性能好，施工简单，造价较低。

（3）走廊式，洞口使涵前壅水水位在洞口部分提前收缩跌落，可以降低涵洞的设计高度，提高了涵洞的宣泄能力。但是由于施工困难，目前较少采用。

（4）平头式，常用于混凝土圆管涵，因为需要制作特殊的洞口管节，所以模板耗用较多。但它较八字式洞口可省材料 45%～85%，而宣泄能力仅减少 8%～10%。

5. 答：洞身较长的涵洞沿整个长度应分段设置，分段长度一般为 3～6 m，段与段之间用沉降缝分开，基础也同时分开。其目的是防止由于荷载分布不均匀或地基土的性质不同引起的不均匀沉降，避免涵洞开裂。

6. 答：

（1）宜就地取材，尽量节约钢材。

（2）尽量套用标准设计，加快设计、施工进度。

（3）在同一段线路范围内尽量减少涵洞类型，以便大量集中制造，简化施工。

（4）充分考虑日后维修养护的方便。

（5）同一段线路的涵洞应作合理的布局，使全线桥涵能形成畅通无阻的、良好的排水系统。

（6）设计中应加强方案比选工作。除技术条件外，应充分考虑经济效益，节省投资。

7. 答：

（1）地形、地质、水文和水力条件。

（2）经济造价。

（3）材料选择和施工条件。

（4）养护维修。

8. 答：

（1）小桥涵址应布置在地质条件良好、地基稳定的地段。

（2）满足设计宣泄流量，使水流顺畅。

（3）从施工和养护维修要求出发，综合考虑，全面比较，尽可能减少工程数量，减少养护工作量，以降低费用。

总之，小桥涵位置原则上应服从路线走向。

9. 答：

（1）涵洞位置的确定。

（2）水文资料调查。

（3）河沟横断面测量。

（4）河沟纵断面及河沟比降测量。

（5）涵址平面示意图勾绘。

（6）小桥涵地质调查。

第六篇　桥梁施工技术

第十八章　桥梁施工准备与测量考核内容

本章学习重点：桥梁施工准备工作的内容及施工方法选择的原则；桥梁施工高程控制测量、墩台定位及其轴线测设的方法和精度要求。

教学目标：使学生了解桥梁施工现状和发展趋势、桥梁施工与其他方面的相互关系；
使学生掌握桥梁施工组织设计的主要内容；
使学生掌握桥梁施工方法的选择原则，桥梁施工测量的基本方法和内容。

能力目标：掌握桥梁施工组织设计的主要内容，在实际施工时能按步骤进行各阶段工作；掌握桥梁施工方法的选择原则，在进行桥梁施工选择时，能够选择出合理的施工方法；掌握桥梁施工测量的基本方法和内容，为实际桥梁的测量施工打下理论基础。

一、名词解释
1. 扩大基础　2. 灌注桩　3. 沉井基础　4. 墩台定位

二、选择题
1. 桥梁施工与各有关因素的关系，不包括（　　）。
   A. 施工与设计的关系　　　　　　B. 施工与工程造价的关系
   C. 桥梁施工组织管理　　　　　　D. 施工与施工费用的关系
2. 下列各项中，不是沉入桩优点的是（　　）。
   A. 施工工序简单　　　　　　　　B. 易于在水下施工
   C. 施工噪声和振动小　　　　　　D. 桩身质量易于控制
3. 下列各项中，不是沉井基础特点的是（　　）。
   A. 适宜下沉深度为 10~40 m　　　B. 竖向支承能力较大
   C. 施工方法不受水位高低的影响　D. 基础刚度大，变位较小
4. 在浅河中采用土石筑岛法施工桩基的桥梁，其承台的施工方法采用（　　）。
   A. 明挖基坑　　B. 钢板桩围堰　　C. 钢管桩围堰　　D. 套箱围堰

5. 下列各项中，不属于预制安装施工方法的是（　　）。
   A. 浮吊架设法　　B. 顶推法　　　　C. 架桥机安装法　　D. 跨墩龙门安装法
6. 桥梁施工准备的核心是（　　）。
   A. 技术准备　　　B. 劳动组织准备　C. 物资准备　　　　D. 施工现场准备

三、填空题
1. 在桥梁工程中，常用的基础形式有（　　）、（　　）和（　　）。
2. 扩大基础的施工顺序是：（　　）、（　　）、（　　）和（　　）。
3. 桥梁桩基础，按照成桩方法可分为（　　）、（　　）和（　　）。
4. 桥梁上部结构施工方法大致可分为（　　）和（　　）两大类。
5. 常用的桥梁现浇施工方法有（　　）、（　　）、（　　）和（　　）。
6. "四通一平"是指（　　）、（　　）、（　　）、（　　）和（　　）。
7. 桥梁施工准备工作通常包括（　　）、（　　）、（　　）和（　　）。
8. 直线桥梁的墩台定位方法有（　　）、（　　）和（　　）。

四、问答题
1. 扩大基础的主要特点有哪些？
2. 简述灌注桩的特点。
3. 常用的桥梁预制安装施工方法有哪些？
4. 什么叫转体施工法？其使用范围有哪些？
5. 桥梁施工方法的选择原则是什么？
6. 桥梁施工技术准备工作包括哪些内容？
7. 桥梁竣工测量包括哪些内容？

桥梁施工准备与测量考核答案

一、名词解释
1. 扩大基础：是将墩台及上部结构传来的荷载由其直接传递至较浅的支承地基的一种基础形式，一般采用明挖基坑的方法进行施工，故又称为明挖扩大基础或浅基础。
2. 灌注桩：是在现场采用钻孔机械（或人工）将地层钻挖成设计孔径和深度的孔后，将预制成一定形状的钢筋骨架吊入孔内，然后往孔内灌入流动的混凝土而形成的桩基。
3. 沉井基础：是一种断面和刚度均比桩基础大得多的筒状结构，施工时在现场重复交替进行、构筑和开挖井内土方，使之沉落到预定支承的地基上。
4. 墩台定位：在桥梁施工测量中，最主要的工作是准确地定出桥梁墩、台的中心位置和它的纵横轴线，这些工作称为墩台定位。

二、单项选择题
1. D　2. C　3. C　4. A　5. B　6. A

三、填空题
1. 扩大基础　桩基础　沉井基础
2. 开挖基坑　砌筑圬工　绑扎钢筋　浇筑混凝土
3. 沉入桩　灌注桩　大直径桩

4. 预制安装　现浇
5. 固定支架法　逐孔现浇法　悬臂浇筑法　顶推法
6. 水通　电通　通信通　路通　平整场地
7. 技术准备　劳动组织准备　物资准备　施工现场准备
8. 直接丈量法　光电测距法　方向交会法

四、问答题

1. 答：
（1）由于能在现场用眼睛确认支承地基的情况下进行施工，因而其施工质量可靠；
（2）施工时的噪声、振动和对地下污染等建筑公害较小；
（3）与其他类型的基础相比，施工所需的操作空间较小；
（4）在多数情况下，与其他类型的基础相比，造价省、工期短；
（5）易受冻胀和冲刷的影响。

2. 答：
（1）与沉入桩的锤击法和振动法相比，施工噪声和振动要小得多；
（2）能修建比预制直径大得多的桩；
（3）与地基的土质无关，在各种地基上均可使用；
（4）施工时应特别注意钻孔时的孔壁坍塌、桩尖处地基的流沙及孔底沉淀等情况的处理；
（5）因混凝土是在水中浇筑的，故混凝土质量较难控制。

3. 答：常用的预制安装施工方法有：自行式吊车吊装法、跨墩龙门安装法、架桥机安装法、浮吊架设法、浮运整孔假设法、逐孔拼装法和悬臂拼装法等。

4. 答：转体施工法是在岸边立支架（或利用地形）预制半跨桥梁的上部结构，然后借助上下转轴偏心值产生的分力使两岸半跨桥梁上部结构向桥跨转动，用风缆控制其转速，最后就位合拢。

转体施工法适用于峡谷、水流湍急、通航河道和跨线桥等特殊地形的桥梁，具有工艺简单、操作安全、所用设备少、施工速度快等特点。

5. 答：
（1）桥梁的结构形式和规模；
（2）桥位处的地形、自然条件和社会环境；
（3）施工机械和施工管理的制约；
（4）以往的施工经验；
（5）安全性和经济性等。

6. 答：
（1）熟悉设计文件、研究施工图样及现场核对；
（2）施工前的设计技术交底；
（3）制订施工方案、进行施工设计；
（4）编制施工组织设计。

7. 答：桥梁竣工测量主要包括：测量墩距、各部位尺寸和标高；测定主梁线性、跨径、桥梁净空、轴线偏位；桥梁与引道衔接等。

第十九章

梁式桥上部结构的施工

本章学习重点：钢筋混凝土简支梁桥、预应力混凝土简支梁桥施工的主要内容、施工程序和施工方法。

教学目标：使学生掌握钢筋混凝土简支梁桥施工中的模板、钢筋、混凝土等工艺；
使学生明确装配式构件的运输、安装方法及其适用条件；
使学生掌握钢筋混凝土及预应力简支梁的施工方法和技术；
使学生知道悬臂法、顶推法、逐孔施工法的工艺流程。

能力目标：能够独立组织梁式桥上部结构的施工与管理；进行桥梁施工测量、施工方案拟订、组织施工、质量检验；对内业资料进行整理归档。

任务一 钢筋混凝土简支梁桥的施工工艺考核内容

一、名词解释

1. 预拱度 2. 混凝土的施工配合比 3. 就地浇筑法 4. 预制安装法 5. 模板

二、判断题（对的划√，错的划×）

1. （　　）就地浇筑法施工时需进行结构体系转换。
2. （　　）预制安装法施工能缩短施工工期。
3. （　　）自落式拌合机拌合效果优于强制式拌合机。
4. （　　）对桥面铺装混凝土的振捣，应该使用平板式振动器。
5. （　　）模板与构件接触的一侧，应涂刷肥皂水、废机油等隔离剂。
6. （　　）在钢筋焊接中，使用到焊条的是对焊机。
7. （　　）混凝土的拌合时间越长，则混凝土拌合物越均匀、质量越高。
8. （　　）混凝土浇筑工作因故间歇，只要前层混凝土未发生终凝，则无需按工作缝处理。
9. （　　）混凝土的工作缝在重新浇筑前，应凿除下层混凝土表面的水泥砂浆、松软层，不得冲洗。
10. （　　）使用插入式振捣器振捣混凝土时，不得使振捣器插入下层混凝土。
11. （　　）对于无筋构件，若混凝土浇筑工作因故间歇而形成工作缝，则必须在下层混凝土达到足够的强度后设置锚固钢筋或石榫。

12. （　　）混凝土拌合物运送到浇筑现场后，不但要检查其坍落度是否满足构件浇筑要求，还应比较浇筑现场实测坍落度与运输前的坍落度的差值，该差值应符合规定。

13. （　　）混凝土的拌合时间并非越长越好。

14. （　　）直径不大于 25 mm 的螺纹钢筋或光圆钢筋均可采用绑扎搭接。

15. （　　）受压钢筋搭接长度应取受拉钢筋搭接长度的 0.7 倍。

三、选择题

1. 桥跨结构相邻两支座中心之间的距离称为（　　）。
   A. 标准跨径　　B. 经济跨径　　C. 计算跨径　　D. 净跨径

2. 水泥在出厂超过（　　）过期水泥。
   A. 一个月　　B. 两个月　　C. 三个月　　D. 六个月

3. 以下哪种梁板需采用附着式振动器？（　　）
   A. 13 m 先张法板梁　　　　　　B. 40 m 后张法箱梁
   C. 20 m 后张法 T 梁　　　　　　D. 16 m 先张法板梁

4. 所有钢筋接头都不宜位于（　　）。
   A. 最大弯矩处　　B. 最大剪力处　　C. 最大扭矩处　　D. 最大轴心压力处

5. 混凝土采用插入式振捣器时，移动间距不应超过振捣器作用半径的（　　）倍，与侧模板应保持 5~10 cm 的距离，插入下层混凝土 5~10 cm。
   A. 1　　B. 1.5　　C. 2　　D. 0.5

6. 浇筑混凝土要分层对称进行，一般每层厚度不超过（　　）cm。
   A. 30　　B. 40　　C. 50　　D. 60

7. 一般情况下，混凝土达到（　　）时，进行接灌面凿毛、绑扎或焊接钢筋。
   A. 1.2 MPa　　B. 1.5 MPa　　C. 2.5 MPa　　D. 5.0 MPa

8. 冬期施工期间，混凝土强度未达到（　　）MPa 前不得受冻。
   A. 2.5　　B. 5　　C. 7.5　　D. 10

9. 当钢筋采用搭接单面焊时，其搭接长度不应小于（　　）。（d 为钢筋直径）
   A. $5d$　　B. $10d$　　C. $20d$　　D. $30d$

10. 受力钢筋焊接或绑扎接头应设置在内力较小处，并错开布置，对于绑扎接头，两接头间距不小于（　　）搭接长度。
    A. 1.3 倍　　B. 2.5 倍　　C. 3 倍　　D. 5 倍

11. 经凿毛处理的混凝土面，应用水冲洗干净，在浇筑次层混凝土前对垂直施工缝宜刷一层水泥净浆，对水平缝宜铺一层厚为（　　）cm 的 1:2 水泥砂浆。
    A. 10~20　　B. 20~30　　C. 30~40　　D. 40~50

12. 受压钢筋绑扎接头的搭接长度，应取受拉钢筋绑扎接头搭接长度的（　　）倍。
    A. 0.7　　B. 0.8　　C. 0.9　　D. 1.0

13. 混凝土养护，当气温低于（　　）℃时，应覆盖保温，不得向混凝土面上洒水。
    A. 0　　B. 5　　C. 8　　D. 10

14. 模板安装时，相邻两板面表面高差应在（　　）以内。
    A. 2 mm　　B. 5 mm　　C. 8 mm　　D. 10 mm

15. 混凝土运输、浇筑及间歇的全部时间不应超过混凝土的（　　）。当下层混凝土初凝后浇筑上一层混凝土时,应按施工缝进行处理。

  A. 终凝时间 B. 水化时间 C. 初凝时间 D. 拌合时间

16. 混凝土拆模后,在混凝土强度达到设计强度( )以上且龄期达( )前,新浇混凝土不得与流动水接触。

  A. 75%,14 d B. 75%,7 d C. 100%,14 d D. 100%,7 d

17. 混凝土强度达到( )以前,不得在其上踩踏或安装模板及支架。

  A. 1.2 MPa B. 设计强度的75% C. 2.5 MPa D. 5 MPa

18. 当工地昼夜平均气温连续3 d低于( )℃或最低气温低于( )℃时,应采取冬期施工措施;当工地昼夜平均气温高于30 ℃时,应采取夏季施工措施。

  A. 5,0 B. 0,0 C. 5,-3 D. 3,-3

19. 冬期施工时,混凝土的入模温度不应低于( )℃;混凝土的入模温度不宜高于气温且不宜超过( )℃。

  A. 10,20 B. 5,30 C. 5,25 D. -5,30

20. 自然养护时,当环境温度低于( )℃时禁止洒水。

  A. 0 B. 5 C. -3 D. -5

21. 混凝土浇筑时的自由倾落高度不得大于( );当大于( )时,应采用滑槽、串筒、漏斗等器具辅助输送混凝土,保证混凝土不出现分层离析现象。

  A. 2 m B. 5 m C. 8 m D. 10 m

22. 钢筋接头采用双面焊缝的长度不应小于( )。

  A. 10d B. 5d C. 15d D. 20d

23. 钢筋混凝土工程,模板拆除的规定为( )。

  A. 混凝土达到拆模强度

  B. 先支的先拆,后支的后拆

  C. 先拆除非承重部分,后拆除承载部分

  D. 先拆两侧,再拆中间

24. 关于混凝土浇筑,说法错误的是( )。

  A. 混凝土应按一定的顺序、厚度、方向分层浇筑

  B. 应在下层混凝土初凝或重塑前开始浇筑上层混凝土

  C. 混凝土倾落高度超过10 m时,应设置减速装置

  D. 在串筒出料口下面,混凝土堆积高度不宜超过1 m

25. 关于施工缝处理,说法错误的是( )。

  A. 施工缝为斜面时应浇筑成或凿成台阶状

  B. 为了方便施工缝凿毛,应在混凝土初凝前凿除效果最好

  C. 施工缝处理后,需待处理层混凝土达到一定强度后才能继续浇筑

  D. 在新老接触面应插入短钢筋

26. 在桥梁施工中,预拱度的大小通常取( )。

  A. 全部恒载所产生的竖向挠度

  B. 全部恒载和全部活载的所产生的竖向挠度

  C. 全部恒载和一半活载的所产生的竖向挠度

D. 全部活载的所产生的竖向挠度

四、填空题

1. 用预制安装的装配式梁桥与就地浇筑的整体式梁桥相比，有其不同的特点，它包括（　　）、（　　）、（　　）、（　　）和（　　）五个方面。
2. 钢筋骨架在制作中，钢筋的接头方式有（　　）和（　　）两种。
3. 在钢筋骨架的质量要求中，除应按规定对（　　）、（　　）及（　　）进行检验外，并应检查其（　　）的正确性。
4. 原材料在进场前，应对原材料进行检查，具体主要检查的材料包括（　　）、（　　）和（　　）三项。
5. 混凝土应以最少的转运次数、最短的距离迅速地从拌制地点运往灌注地点，其运输方式包括（　　）、（　　）、（　　）和（　　）四种。
6. 简支梁混凝土的浇筑方式主要有（　　）、（　　）和（　　）三种。
7. 当混凝土强度达到设计强度等级的（　　）以后，可拆除侧面模板；达到设计强度等级的（　　）以后，可拆除3 m以内的桥梁模板；达到在桥跨结构净重作用下所必需的强度且不小于设计强度等级的（　　）以后，可拆除各种梁的模板。
8. 混凝土养护有（　　）和（　　）两种。
9. 混凝土浇筑完成后，应及时对混凝土覆盖保湿养护。对掺入缓凝型外加剂或有抗渗等要求的混凝土，不得少于（　　）。
10. 桥跨结构应设置预拱度，当恒载和静载产生的挠度不超过跨径的（　　）时，可不设预拱度。

五、绘出就地浇筑法施工工艺流程图

六、简答题

1. 梁桥施工有哪两大类？各自的优缺点是什么？
2. 常见的支架有哪些类型？
3. 支架和模板制作、安装注意要点有哪些？
4. 确定预拱度应考虑的因素有哪些？
5. 试指出混凝土简支梁的制作的工艺流程。
6. 模板、支架的卸落程序与要求是什么？
7. 浇筑混凝土采用插入振动器振捣时有哪些要求？
8. 自高处向模板内浇筑混凝土时，为防止混凝土离析，应采取哪些措施？
9. 混凝土浇筑前应做好哪些主要准备工作？
10. 混凝土浇筑应连续进行，因故间歇有哪些规定？

七、施工方案分析

1. 某大桥为三孔一联预应力钢筋混凝土连续梁桥，孔径布置为25 m + 32 m + 25 m，采用就地浇筑方法施工，采用门式钢支架，使用组合钢模板。施工单位充分考虑了施工预拱度的因素，并对地基进行了处理，对支架施加了预压。

【问题】：
（1）施工预拱度的确定应考虑哪些因素？
（2）哪些因素决定地基的处理方式？

（3）支架是否需要预压？说明理由。

2. 某五跨一联等截面钢筋混凝土连续空心板桥，标准跨径为13 m，板厚0.6 m，拟采用满布式钢支架就地浇筑。

【问题】：

（1）画图拟定此梁浇筑顺序。

（2）试分析此梁混凝土浇筑的具体施工方案。

钢筋混凝土简支梁桥的施工工艺考核答案

一、名词解释

1. 预拱度：为了避免桥梁在使用过程中由于荷载而产生变形影响美观或其功能，在施工时预设与荷载变形相反方向的挠度，称为预拱度。其大小通常取全部恒载和一半静汽车荷载所产生的竖向挠度值，即 $F = -(F_g + 1/2 * F_p)$，式中：F_g 为恒载引起的挠度；F_p 为静汽车荷载引起的挠度。

2. 混凝土的施工配合比：是在现场砂和石一定含水量的情况下，对于一定拌合用量的混凝土中各种材料用量之比。

3. 就地浇筑法：是在梁体处搭设支架（模架），在其上安装模板、绑扎钢筋、就地浇筑梁体混凝土，待混凝土达到规定强度等级后（预应力混凝土构件预留孔道，施加预应力）拆除模板和支架，一次完成梁体的施工。

4. 预制安装法：是将桥梁上部结构利用纵向、横向竖缝和水平缝划分为预制单元，事先在桥梁预制场（厂）进行构件的制作，待桥梁下部结构施工完毕后，利用运输和吊装设备将预制构件安装就位，最后通过横隔梁（板）、铰接缝等连接系连接成为整体。

5. 模板：用于浇筑混凝土，形成结构形状和尺寸的临时性板块结构。

二、判断题

1. × 2. √ 3. × 4. √ 5. × 6. × 7. × 8. × 9. × 10. × 11. √ 12. √ 13. √ 14. √ 15. √

三、选择题

1. C 2. D 3. C 4. A 5. B 6. A 7. A 8. B 9. B 10. A 11. A 12. A 13. B 14. A 15. C 16. B 17. A 18. C 19. B 20. B 21. A 22. B 23. A 24. A 25. B 26. C

四、填空题

1. 缩短施工工期 节约支架模板 提高工程质量 需要吊装设备 用钢量略为增大

2. 绑扎搭接 焊接

3. 加工质量 焊接质量 各项机械性能 焊接和安装

4. 水泥 细集料 粗集料

5. 在桥面运输 索道吊机运输 在河滩上运输 水上运输

6. 水平分层浇筑 斜层浇筑 单元浇筑法

7. 25% 50% 70%

8. 自然养护 蒸汽养护

9. 14 天
10. 1/1 600

五、绘出就地浇筑法施工工艺流程图

答：如图 19 - 1。

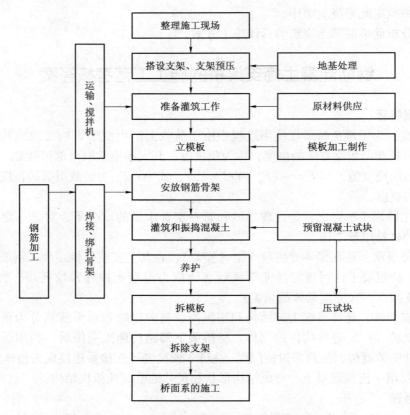

图 19 - 1　就地浇筑施工流程图

六、简答题

1. 答：梁桥的施工方法有就地浇筑法和预制安装法两大类。

（1）就地浇筑法的优缺点。

优点：它不需要大型的吊装设备和开辟专门的预制场地，梁体结构中横桥向的主筋不用中断，故其结构的整体性能好。

缺点：支架需要多次转移，使工期加长，全桥多跨一次性立架，则投入的支架费用又将大大增高。

（2）预制安装法的优缺点。

优点：桥梁的上、下部结构可以平行施工，使工期大大缩短；无需在高空进行构件制作，质量容易控制，可以集中在一处成批生产，从而降低工程成本。

缺点：需要大型的起吊运输设备，此项费用较高；由于在构件与构件之间存在拼接纵缝，显然，拼接构件的整体工作性能就不如就地浇筑法。

2. 答：满布式木支架、钢木混合支架、万能杆件拼装支架、装配式公路钢桥桁节拼装支架、轻型钢支架、墩台自承式支架、模板车式支架。

3. 答：

（1）构件的连接应尽量紧密，以减少支架变形，使沉降量符合预计数值。

（2）为保证支架稳定，应防止支架和脚手架及便桥等接触。

（3）模板的接缝必须密合，如有缝隙，须塞堵严密，以防跑浆。

（4）建筑物外露面的模板应涂石灰乳浆、肥皂水或无色润滑油等润滑剂。

（5）为减少施工现场的安装拆卸工作和便于周转使用，支架和模板应尽量制成装配式组件或块件。

（6）钢制支架宜制成装配式常备构件，制作时应特别注意外形尺寸的准确性，一般应使用样板放样制作。

（7）模板应用内撑支撑，用对拉螺栓销紧。

4. 答：

（1）卸架后上部构造本身及活荷载一半所产生的竖向挠度 δ_1。

（2）支架在荷载作用下的弹性压缩变形 δ_2。

（3）支架在荷载作用下的非弹性变形 δ_3。

（4）支架基底在荷载作用下的非弹性沉陷 δ_4。

（5）由混凝土收缩及温度变化而引起的挠度 δ_5。

5. 答：混凝土简支梁的制作工艺流程分五步：

立支架模板→钢筋骨架成型和安装→浇筑及振捣混凝土→混凝土的养护→养护及拆除模板。

6. 答：

（1）从梁跨度最大处的支架节点开始，逐步向两端进行。

（2）悬臂梁先主跨的中间，再悬臂，再主跨，再悬臂。

7. 答：使用插入式振动器时，移动间距不应超过振动器作用半径的 1.5 倍；与侧模应保持 50~100 mm 的距离；插入下层混凝土 50~100 mm；每一处振动完毕后，应边振动边徐徐提出振动棒；应避免振动棒碰撞模板、钢筋及其他预埋件。

8. 答：

（1）从高处直接倾卸时，其自由倾落高度不宜超过 2 m，以不发生离析为度。

（2）当倾落高度超过 2 m 时，应通过串筒、溜管或振动溜管等设施下落；倾落高度超过 10 m 时，应设置减速装置。

（3）在串筒出料口下面，混凝土堆积高度不宜超过 1 m。

9. 答：

（1）应针对工程特点，施工环境条件制定浇筑方案，确定浇筑起点、进展方向、厚度和浇筑顺序，以及钢筋保护层厚度的控制措施。

（2）按要求对不同基面采用相应方法清除干净，并不得有积水。检查钢筋保护层厚度和垫块的位置、数量及紧固程度，侧面、底面垫块至少为 4 个/m^2，垫块绑扎丝头不得伸入保护层内。不得使用砂浆垫块。采用细石垫块时，其抗腐蚀能力和抗压强度应高于构件本体混凝土；当采用塑料垫块时，其耐碱和抗老化性能应良好，且抗压强度不低于 50 MPa。

（3）仔细检查模板、支架、钢筋、预埋件严密性和支撑程度，数量、位置。

10. 答：因故间歇时，间歇时间应小于前层混凝土的初凝时间或能重塑的时间。不同混凝土的允许间歇时间应根据环境温度、水泥性能、水胶比和外加剂类型等通过试验确定。当允许间歇超过时，应按浇筑中断处理，同时应按要求留置施工缝，并作出记录。

七、施工方案分析

1. 答：
（1）施工预拱度的确定应考虑如下因素：
① 卸架后上部构造本身及活载一半所产生的竖向挠度。
② 支架在荷载作用下的弹性压缩挠度。
③ 支架在荷载作用下的非弹性压缩挠度。
④ 支架基底在荷载作用下的非弹性沉陷。
⑤ 由混凝土收缩及温度变化而引起的挠度。
（2）地基处理的方式根据箱梁的断面尺寸及支架的形式对地基的要求而决定，支架的跨径大，对地基的要求就高，地基的处理形式就得加强，反之就可相对减弱。
（3）支架应根据技术规范的要求进行预压，以收集支架、地基的变形数据，作为设置预拱度的依据，预拱度设置时要考虑张拉上拱的影响。预拱度一般按二次抛物线设置。

2. 答：
（1）采用分层、分段浇筑法；浇筑顺序见图 19-2。
（2）浇筑方案：分五个工作段，在墩顶设工作缝。
① 每个工作段水平分两层浇筑，每层厚度为 30 cm，工作缝宽 0.5 m。
② 由于支架为满布式支架，跨径又不大，支架下沉较均匀，所以每一工作段浇筑完成后，即可浇筑工作缝。
③ 接缝两端用模板间隔并留出加强钢筋通过的孔洞；浇筑时将两端面浮浆凿除、凿毛，用清水冲洗，绑扎接缝分布钢筋，浇筑混凝土。

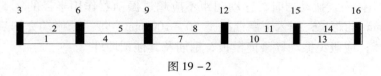

图 19-2

任务二　装配式简支梁的运输、安装和连接考核内容

一、判断题（对的划√，错的划×）

1. (　　) 装配式预制构件在移运、堆放时，混凝土的强度不应低于设计对吊装所要求的强度，并且不宜低于设计强度标准值的 50%。

2. (　　) 对于预应力混凝土构件，其孔道水泥浆的强度不应低于设计要求。如无设计规定时，应不低于 30 MPa。

3. (　　) 构件移运时的起吊点位置，应按设计的规定布置。如设计无规定时，对上下面有相同配筋的等截面直杆构件的吊点位置，一点吊可设在离端头 0.207L 处，两点吊可设在离端头 0.293L 处。

第十九章 梁式桥上部结构的施工

4. （ ）吊移板式构件时，须注意区分上、下面，不得吊错。
5. （ ）梁板的自重是 20 t，可以用一台 25 t 吊车进行架梁。
6. （ ）梁板的自重是 2 t，可以用 A 型小车移运。

二、单项选择题

1. 装配式构件在移运、堆放时，如设计无要求，吊装时混凝土强度应满足设计强度的（ ）。
   A. 50%　　　B. 75%　　　C. 95%　　　D. 100%
2. 对于预应力混凝土构件，其孔道水泥浆的强度不应低于设计要求。如无设计规定时，应不低于（ ）。
   A. 30 MPa　　B. 20 MPa　　C. 20 MPa　　D. 40 MPa
3. 需采用大型设备进行上部安装的是（ ）。
   A. 就地浇筑施工　　　　　B. 装配式梁桥施工
   C. 挂篮悬浇施工　　　　　D. 三个答案都不对
4. 构件移运时的起吊点位置，应按设计的规定布置。一点吊可设在离端头（ ）处，两点吊可设在离端头（ ）处。
   A. 0.207L　　B. 0.293L　　C. 0.145L　　D. 0.104L
5. 装配式 T 梁的横隔梁连接方式有（ ）。
   A. 钢板连接　　B. 企口铰连接　　C. 干接缝连接　　D. 铰接缝连接

三、填空题

1. 构件的吊环应顺直，如发现弯扭必须校正，使吊钩能顺利套入。吊绳交角大于（ ）度时，必须设置吊架或扁担。
2. 水平分层堆放构件时，其堆垛高度按构件强度，地基承压力，垫木强度以及堆垛的稳定而定。一般大型构件以（ ）层为宜，不宜超过（ ）层，板、桩和盖梁不宜多于（ ）层。
3. 把构件从预制的底座上吊移出来，称为（ ）。
4. 装配式梁桥的安装方法有（ ）、（ ）和（ ）三种形式。
5. 陆地架梁法架设装配式梁桥时，根据所选支架不同，可采用（ ）、（ ）、（ ）和（ ）四种架梁方式。
6. 高空架梁法架设装配式梁桥时，根据所选架设机械的不同，可采用（ ）、（ ）、（ ）和（ ）四种架梁方式。
7. 装配式板桥的横向连接常用（ ）和（ ）等形式。
8. 装配式混凝土简支梁桥中，横隔梁的横向连接主要有（ ）、（ ）和（ ）三种。
9. 装配式简支梁桥的横向连接可分成（ ）和（ ）两种情况。

四、问答题

1. 预制构件在移运前的准备工作有哪些？
2. 装配式构件吊运时的注意事项有哪些？
3. 装配式构件成垛堆放时的注意事项有哪些？
4. 桥梁安装时常用的移运工具有哪些？（说出五种以上）

5. 简要说明浮运架梁法的使用场合及优缺点。
6. 简要说明联合架桥机架梁的适用条件及施工步骤。
7. 什么是双导梁穿行式架梁法？其适用条件如何？
8. 双导梁穿行式架梁法的架梁顺序如何？

装配式简支梁的运输、安装和连接考核答案

一、判断题

1. × 2. √ 3. × 4. √ 5. × 6. ×

二、单项选择题

1. B 2. A 3. B 4. B A 5. A

三、填空题

1. 60

2. 2 3 6

3. 出坑

4. 陆地架梁法 浮运架梁法 高空架梁法

5. 移动式支架架梁法 摆动式支架架梁法 自行式吊机架梁法 跨墩或墩侧龙门架架梁法

6. 联合架桥机架梁 双导梁穿行式架梁法 自行式吊车桥上架梁法 扒杆纵向"钓鱼"架梁法

7. 企口混凝土铰接 钢板连接

8. 扣环式接头 焊接钢板接头 螺栓接头

9. 横隔梁的连接 翼缘板的连接

四、问答题

1. 答：构件移运前的准备工作：

（1）构件拆模后应检查外形实际尺寸，伸出钢筋、吊环和各种预埋件的位置及构件混凝土的质量。如构件尺寸误差超过允许限度，伸出钢筋、吊环的预埋件位置误差超过规定，或混凝土有裂缝、蜂窝、露筋、毛刺、鼓面、掉角、榫槽等缺陷时，应修补、处理，务必使构件形状正确，表面平整，确保安装时不致发生困难。

（2）尖角、凸出或细长构件在移运、堆放时，应用木板或相应的支架保护。

（3）安装时需测量高程的构件在移运前应定好标尺。

（4）分段预制的组拼构件应注上号码。

2. 答：装配式构件吊运时的注意事项：

（1）构件移运时的起吊点位置，应按设计的规定布置。如设计无规定时，对上、下面有相同配筋的等截面直杆构件的吊点位置，一点吊可设在离端头 $0.293L$ 处，两点吊可设在离端头 $0.207L$ 处（L 为构件长度）。其他配筋形式的构件应根据计算决定。

（2）构件的吊环应顺直，如发现弯扭必须校正，使吊钩能顺利套入。吊绳交角大于 60°时，必须设置吊架或扁担，使吊环垂直受力，以防吊环折断或破坏吊环周边混凝土。如用钢丝绳捆绑起吊时，需用木板、麻袋等垫衬，以保护混凝土的棱角和钢丝绳。

(3) 板、梁、柱构件移运和堆放时的支承位置应与吊点位置一致，并应支承牢固。起吊及堆放板式构件时，注意不得将上下面吊错，以免折断。

(4) 使用平板拖车或超长拖车运输大型构件时，车长应能满足支撑点间距要求。构件装车时须平衡放正，使车辆承重对称、均匀。构件支点下即相邻两构件间，须垫上麻袋或草帘，以免损坏车辆和构件相互碰撞。为适应车辆在途中转弯，支点处须设活动转盘，以免扭伤混凝土。

3. 答：装配式构件成垛堆放时的注意事项有：

(1) 堆放构件的场地应平整、压实、不能积水；构件应按吊运及安装次序顺号堆放，并注意在相邻两构件之间留出适当通道。

(2) 堆放构件时，应按构件刚度及受力情况平放或竖放，并保持稳定。小型构件堆放，应以其刚度较大的方向作为竖直方向。

(3) 构件堆垛时应设置在垫木上，吊环应向上，标志应向外。构件混凝土养护期未满的，应继续洒水养护。

(4) 水平分层堆放构件时，其堆垛高度按构件强度，地基承压力，垫木强度以及堆垛的稳定性而定。一般大型构件以 2 层为宜，不宜超过 3 层，板、桩和盖梁不宜多于 6 层。

(5) 堆放构件须在吊点处设垫木，层与层之间应以垫木隔开，多层垫木位置应在一条垂直线上。

(6) 雨季和春季冻融期间，必须注意防止地面软化下沉造成构件折裂损坏。

4. 答：A 型小车、轨道平板车、扒杆、龙门架、拖履（走板）、滚杠、聚四氟乙烯滑板、汽车、轮胎式吊机和履带式吊机。

5. 答：浮运架梁法适用场合：河流须有适当的水深，水深需根据梁重而定，一般宜大于 2 m；水位应平稳或涨落有规律如潮汐河流；流速及风力不大；河岸能修建适宜的预制梁装卸码头；具有坚固、适用的船只。

浮运架梁法的优点是桥跨中不需设临时支架，可以用一套浮运设备架设安装多跨同跨径的预制梁，较为经济，且架梁时浮运设备停留在桥孔的时间很少，不影响河流通航。

6. 答：联合架桥机架梁的适用条件：适用于架设安装 30 m 以下的多孔桥梁。

联合加桥机架梁顺序如下：

在桥头拼装钢导梁，梁顶铺设钢轨，并用绞车纵向拖拉导梁就位。

(1) 拼装蝴蝶架和门式吊机，用蝴蝶架将两个门式吊机移运至架梁孔的桥墩（台）上；

(2) 由平车轨道运送预制梁至架梁孔位，将导梁两侧可以安装的预制梁用两个门式吊机吊，横移并落梁就位；

(3) 将导梁所占位置的预制梁临时安放在已架设好的梁上；

(4) 用绞车纵向拖拉导梁至下一孔后，将临时安放的梁由门式吊机架设就位，完成一孔梁的架设工作，并用电焊将各梁连接起来；

(5) 在已架设的梁上铺接钢轨，再用蝴蝶架顺序将两个门式吊机托起并运至前一孔的桥墩上。

如此反复，直至将各孔梁全部架设好为止。

7. 答：双导梁穿行式架梁法：是在架设孔间设置两组导梁，导梁上安设配有悬吊预制梁设备的轨道平车和起重行车或移动式龙门吊机，将预制梁在双导梁内吊着运到规定位置后，再落梁、横移就位。

双导梁穿行式架梁法适用条件：适用于墩高、水深的情况下架设多孔中小跨径的装配式梁桥，但不需蝴蝶架，而配备双组导梁，故架设跨径可较大，吊装的预制梁可较重。

8. 答：双导梁穿行式架梁法架梁顺序如下：

（1）在桥头路堤上拼装导梁和行车，并将拼装好的导梁用绞车纵向拖拉就位，使可伸缩支脚支承在架梁孔的前墩上；

（2）先用纵向滚移法把预制梁运到两导梁间，当梁前端进入前行车的吊点下面时，将预制梁前端稍稍吊起，前方起重横梁吊起，继续运梁前进至安装位置后，固定起重横梁；

（3）用横梁上的起重行车将梁落在横向滚移设备上，并用斜撑撑住以防倾倒，然后在墩顶横移落梁就位；

（4）用以上步骤并直接用起重行车架设中梁。

重复上述工序，直至全桥架梁完毕。

任务三　预应力混凝土简支梁桥的施工工艺考核内容

一、名词解释

1. 预应力混凝土结构　2. 先张法施工工艺　3. 后张法施工工艺
4. 封锚　5. 单控　6. 双控

二、判断题（对的划√，错的划×）

1. （　　）预应力结构能有效改善结构使用性能，推迟裂缝出现，提高了结构的耐久性。

2. （　　）后张法施工，预应力筋既可布置成直线也可布置成曲线。

3. （　　）先张法施工，预应力筋既可布置成直线也可布置成曲线。

4. （　　）预应力结构浇筑混凝土时，对锚固处的振捣应给予特别注意，以确保浇筑质量。

5. （　　）钢绞线通常用电弧进行切断。

6. （　　）孔道压浆前，应先压水冲洗孔道。

7. （　　）对高强钢丝的锚固，应采用夹片锚具。

8. （　　）钢筋张拉的"双控"以控制应变为主，应力为校核。

9. （　　）钢筋张拉的"单控"是控制应力。

10. （　　）先张法一般只适合于制作跨径在 25 m 内的中小跨径梁（板）。

三、单项选择题

1. 下列哪项不是预应力混凝土结构的特性？（　　）

　　A. 充分利用高强材料　　　　　　B. 提高了结构的耐久性
　　C. 受拉区易开裂　　　　　　　　D. 节省钢材

2. 预应力张拉采用双控，以（　　）控制为主。

　　A. 张拉力　　B. 伸长值　　C. 起拱度　　D. 断丝、滑丝数量

3. 预应力筋超张拉的目的是（　　）

　　A. 检验张拉机具的可靠性　　　　B. 检验钢筋的抗拉强度

C. 增加张拉控制应力值　　　　　　D. 减少预应力钢筋松弛等因素引起的应力损失
4. 后张法施工预制梁板的台座，预制梁跨径大于（　　）m 时，按规定设置反拱。
　　A. 20　　　　B. 25　　　　C. 30　　　　D. 15
5. 后张法压浆在关闭出浆口后，应保持在不小于 0.5 MPa 的压力下稳压（　　）min。
　　A. 0　　　　B. 1　　　　C. 2　　　　D. 5
6. 夏期预应力混凝土施工时，抽拔制孔器时间通常为（　　）。
　　A. 5～10 h　　B. 3～5 h　　C. 1～2 h　　D. 10～20 h
7. 梁的存放期越大，后张法梁板的起拱度应（　　）。
　　A. 越大　　　　B. 越小　　　　C. 保持不变　　　　D. 其他答案
8. 抽芯管法制孔时，抽拔制孔器的时间与预制所处的环境的气温有关，必须严格掌握，否则将会出现塌孔或拔不出的情况。一般以混凝土抗压强度达到（　　）MPa 时为宜。
　　A. 0.4～0.8　　B. 1～2　　C. 3～4　　D. 0.1～0.3
9. 后张法预应力筋张拉时，初张拉时混凝土强度应达到设计强度的（　　）或设计要求。
　　A. 60%　　　　B. 70%　　　　C. 85%　　　　D. 90%
10. 钢绞线的切割应采用（　　）。
　　A. 砂轮锯　　　　　　　　　　B. "乙炔－氧气"烧割
　　C. 以上两种都可以　　　　　　D. 以上两种都不对
11. 后张法预应力筋的张拉时，对曲线预应力筋或长度≥（　　）m 的直线预应力筋，宜在构件两端同时张拉。
　　A. 15　　　　B. 25　　　　C. 30　　　　D. 40
12. 处于氯盐环境下的后张法预应力混凝土结构，预留孔道应采用（　　）。
　　A. 塑料波纹管　B. 金属波纹管　C. 铁皮管　　D. 橡胶波纹管
13. 后张法施工预应力的施工工艺流程是（　　）。
　　A. 穿束→锚固→张拉→压浆　　　B. 穿束→张拉→锚固→压浆
　　C. 穿束→压浆→张拉→锚固　　　D. 穿束→张拉→压浆→锚固
14. 预应力筋采用应力控制方法张拉时，应以伸长量进行校核，实际伸长值与理论伸长值的差值应符合设计要求，设计无规定时，实际伸长值与理论伸长值的差值应控制在（　　）以内。
　　A. 2%　　　　B. 4%　　　　C. 6%　　　　D. 8%

四、填空题

1. 目前，在桥梁工程中常用施加预应力的方法有（　　）和（　　）两种。
2. 台座按构造形式分为（　　）和（　　）两类。
3. 张拉台座承受预应力筋的（　　），因此须有足够的（　　）、（　　）和（　　）。
4. 重力式台座由（　　）、（　　）、（　　）和（　　）等组成。
5. 预应力混凝土简支梁桥中，预应力筋张拉的一般操作包括（　　）、（　　）、（　　）、（　　）和（　　）五个过程。
6. 后张法施工制孔的方法有（　　）和（　　）两种方法。
7. 后张法孔道压浆是用水泥浆填满孔道中预应力筋周围的空隙，目的是（　　）和

(　　)。

8. 后张法孔道压浆一般宜采用水泥浆，空隙大的孔道，水泥浆中可渗入适量的细砂。水泥浆的强度不应低于构件本身混凝土强度的（　　），且不低于（　　）。

9. 后张法构件封锚时，封锚混凝土强度等级不宜低于构件混凝土强度等级的（　　），亦不宜低于（　　）。浇完封锚混凝土并静置1~2 h后，应进行带模浇水养护。脱模后，在常温下一般养护时间不少于（　　）昼夜。

10. 钢筋张拉的"双控"以（　　）为主，测量（　　）为校核。当实测值与理论计算值相差大于（　　）时，应查明原因，及时处理后再继续张拉。

五、绘制施工工艺流程图

1. 简述先张法预应力混凝土简支梁桥的施工工艺流程。
2. 简述后张法预应力混凝土简支梁桥的施工工艺流程。

六、简答题

1. 预应力混凝土结构与普通钢筋混凝土结构相比有哪些特点？
2. 先张法施工的特点及适用条件如何？
3. 后张法施工的特点及适用条件如何？
4. 重力式台座受力原理及适用条件是什么？
5. 先张法预应力筋放松的方法有哪些？
6. 预应力筋张拉中，出现滑丝和断丝时应怎样处理？
7. 先张法的张拉台座由哪几部分构成？目前较常见的张拉台座有哪几种？
8. 先张法张拉钢筋的注意事项有哪些？
9. "初应力"与"超张拉"的要求及目的分别是什么？
10. 后张法预应力筋的孔道是怎样形成的？对制孔器的抽拔有哪些要求？抽拔程序是怎样的？
11. 后张法预应力筋为什么采用两端同时张拉？
12. 孔道压浆的目的是什么？怎样操作？
13. 混凝土浇筑时，因故间歇，间歇时超过允许值应按工作缝处理，其方法是怎样的？
14. 后张法预应力筋的张拉原则是什么？

七、施工方案分析

1. 某三跨变截面悬臂梁，采用在支架上就地浇筑的施工方法。支架形式如图19-3所示。

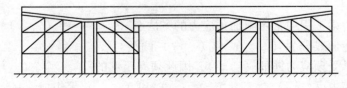

图19-3

【问题】：
（1）试画图拟定出此梁混凝土浇筑顺序。
（2）试分析此梁混凝土浇筑的具体施工方案。

2. 某桥梁主跨为 50 m 预应力钢筋混凝土简支 T 形梁，T 形梁施工采用预制吊装，预应力采用后张法施工。施工单位根据预制梁的尺寸、数量、工期确定预制台座的数量、尺寸、对张拉机具作了校验，并对预应力的张拉、灌浆等施工工艺进行了控制。

【问题】：

（1）对张拉机具的使用有哪些要求？

（2）预应力张拉"双控"指标指的是哪两项？以哪一项为主？

（3）应力筋张拉后，承包单位施工人员冲洗孔道后，立即进行压浆，使用压浆泵从孔道任意一端开始，直至梁另一端孔道溢出水泥浆即可。请指出以上操作有哪些错误，并改正。

预应力混凝土简支梁桥的施工工艺考核答案

一、名词解释

1. 预应力混凝土结构：是事先在混凝土或钢筋混凝土构件上施加预加压应力，使之形成一种人为的应力状态，该应力效果能抵消使用荷载作用下产生的拉应力，使构件在使用荷载作用下不致开裂，或推迟开裂，或减小裂缝开裂宽度，以改善混凝土的抗拉性能，同时达到充分利用高强度材料的目的。

2. 先张法施工工艺：在浇筑混凝土前张拉预应力筋，将其临时锚固在张拉台座上，然后立模浇筑混凝土，待梁体混凝土达到规定强度（不得低于设计强度的 70%）时，逐渐将预应力筋放松，这样就因预应力筋的弹性回缩通过其与混凝土之间的粘结作用，使混凝土获得预压应力。

3. 后张法施工工艺：先浇筑留有预应力筋孔道的梁体，待混凝土达到规定强度后，再在预留孔道内穿入预应力筋进行张拉锚固（有时预留孔道内已事先埋束，待梁体混凝土达到规定强度后，再进行预应力筋张拉锚固）。最后，进行孔道压浆并浇筑梁端封头混凝土。

4. 封锚：对后张法施工的预应力混凝土构件，在预应力钢筋（束）张拉锚固后，为保护锚具及预应力钢筋（束），使其不受腐蚀，而在构件端部浇筑混凝土封闭锚具。

5. 单控：只控制其张拉伸长率。

6. 双控：不仅控制其张拉伸长率，还要控制其应力。以张拉控制应力为主，以实测伸长值（即应变）做为校核。

二、判断题

1. √ 2. √ 3. × 4. √ 5. × 6. √ 7. × 8. × 9. × 10. √

三、单项选择题

1. C 2. B 3. D 4. A 5. D 6. B 7. A 8. A 9. B 10. A 11. B 12. A 13. B 14. C

四、填空题

1. 先张法　后张法

2. 墩式　槽式

3. 全部张拉力　强度　刚度　稳定性

4. 台面　承力架　横梁　定位钢板

5. 调整预应力筋长度 初始张拉 正式张拉 持荷 锚固
6. 埋设管道法 抽芯管法
7. 保护预应力筋不致锈蚀 预应力筋与梁体结成整体
8. 80% C30
9. 80% C30 7
10. 控制应力 伸长值 ±6%

五、绘制施工工艺流程图
1. 答：

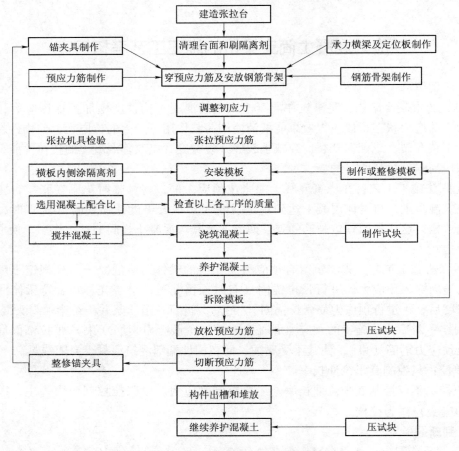

图 19-4 先张法工艺流程图

2. 答：见下页图 19-5。

六、问答题
1. 答：预应力混凝土结构与普通钢筋混凝土结构相比有下述重要特点：

（1）能最有效地利用高强钢筋、高强混凝土，减小截面，降低自重，增大跨越能力。

（2）与普通钢筋混凝土桥梁相比，一般可节省钢材 30%～40%，跨径愈大，节约越多。

（3）预应力混凝土梁在正常使用条件下不出现裂缝，截面能全部参与工作。故可显著减少建筑高度，使大跨径桥梁做得轻柔、美观，扩大了对各种桥型的适应性，提高了结构的耐久性。

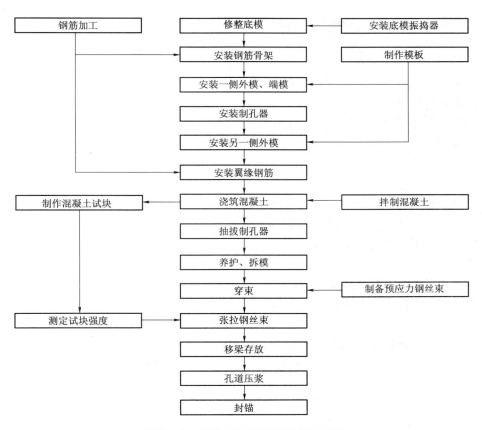

图 19-5 后张法预制 T 梁工艺流程图

(4) 预应力技术的采用，为现代装配式结构提供了最有效的装配、拼装手段。根据需要，可在纵向、横向和竖向施加预应力，使装配式结构集整成理想的整体，扩大了装配式桥梁的使用范围。

当然，预应力混凝土结构要有作为预应力筋的优质高强钢材和要可靠保证高强混凝土的制备质量，同时要有一整套专门的预应力张拉设备和材质好、精度高的锚具，并要掌握复杂的施工工艺。

2. 答：

先张法施工特点：生产工序少、效率高，适宜工厂化大批量生产。张拉钢筋时，只需夹具，无需锚具，预应力钢筋自锚于混凝土之中。但先张法需要专门的张拉台座，构件中钢筋一般只能采用直线配筋，施加的应力较小。

适用条件：一般只适合于制作跨径在 25 m 内的中小跨径梁（板）。

3. 答：

后张法施工的特点：后张法的张拉设备简单，不需要专门台座，便于在现场施工。预应力筋可布置成直线和曲线，施加的力较大。但后张法需要大量锚具且不能重复使用，施工工序多，工艺复杂。

适用条件：适合预制大型构件。

4. 答：重力式台座是靠自重和土压力来平衡张拉力所产生的倾覆力矩，并靠土的反力和摩擦力来抵抗水平位移。其适用于地质条件良好、张拉线较长的状况。

5. 答：
(1) 砂箱放松法。
(2) 千斤顶放松法。
(3) 张拉放松法。
(4) 滑楔放松法。
(5) 氧割法。
(6) 手工法。

6. 答：
(1) 加强对设备、锚具、预应力筋的检查。
(2) 严格执行张拉工艺，防止滑丝、断丝。
(3) 滑丝与断丝的处理。

7. 答：
组成：底板；承力架；横梁；定位板；固定端装置。
分类：框架式台座；墩式台座；拼装式钢管混凝土台座。

8. 答：
(1) 当多根钢筋同时张拉时，必须先调整初应力，确保应力一致。
(2) 预应力筋张拉完毕后，位置偏差不得大于 5 mm，亦不得大于构件截面最短边长的 4%。
(3) 用三横梁、四横梁整批张拉时，千斤顶应对称布置，防止活动横梁倾斜。
(4) 张拉时，张拉方向与预应力钢材在一条直线上。
(5) 顶紧锚塞时，用力不要过猛，以防钢丝折断，在拧紧螺母时，应注意压力表读数始终保持在控制张拉力上。

9. 答：
"初应力"——初始张拉一般施加 10% 的张拉应力，将预应力筋拉直，以保证成组张拉时每根钢筋应力均匀，锚固端和连接器处拉紧，在预应力筋上选定适当的位置刻画标记，作为测量延伸量的基点。

"超张拉"——张拉至 $105\sigma_{con}$，钢筋张拉以控制应力为主，测量伸长值为校核。当实测值与理论计算值相差大于 ±6% 时，应查明原因，及时处理后再继续张拉。超张拉的目的是减少预应力损失。

10. 答：后张法预应力筋的孔道形成的方法：埋设管道法、抽芯管法。
对制孔器的抽拔要求：抽拔制孔器的时间与预制所处的环境的气温有关，必须严格掌握，否则将会出现塌孔或拔不出的情况。一般以混凝土抗压强度达到 0.4～0.8 MPa 时为宜。抽拔时间通过试验确定。
抽拔程序：抽拔制孔器的顺序宜先上后下，先曲后直，分层浇筑的混凝土应根据各层凝固情况确定抽拔顺序。芯管采用橡胶管或钢管时，可用机械抽拔。抽拔时施拉方向应和管道轴线重合，胶管先抽出芯棒，再抽胶管，抽出后清洗干净，卷盘存放。

11. 答：应尽量减小力筋与孔道摩擦，以免造成过大的应力损失或使构件出现裂缝、翘曲变形。

12. 答：使梁内预应力筋（束）免于锈蚀，并使力筋（束）与混凝土梁体相粘结而形成整体。

压浆操作方法：压浆的顺序，应先压下孔道，后压上孔道；应将集中的孔道连续一次压完，以免孔道串浆，将附近孔道阻塞；对于曲线孔道应由最低点的压浆孔压入，由最高点的排气孔排气及溢出水泥浆。

压浆工艺有"一次压注法"和"二次压注法"两种，前者用于不太长的直线形孔道。对于较长的孔道或曲线形孔道，以"二次压注法"为好。二次压浆时，第一次从甲端压入直至乙端流出浓液浆时，将乙端的孔用木塞塞住，待灰浆的压力达到要求（一般为 0.5 ~ 0.7 MPa），且各部无漏水现象时，再将甲端喷嘴拔出并立即用木塞塞住。待第一次压浆完成约 30 mim 后，拔掉甲、乙端的塞子，自乙端再进行第二次压浆。重复上述步骤，待第二次压浆完成约 30 mim 后，卸除压浆管，压浆工作便告完成。

13. 答：

（1）凿除老混凝土表层的水泥浆和较弱层，将接缝面凿毛，用水冲洗干净。

（2）如为垂直缝应刷一层净水泥浆，如为水平缝应在接缝面上铺一层与混凝土相同而水灰比略小、厚度为 1 ~ 2 cm 的水泥砂浆。

（3）斜面接缝应将斜面凿毛呈台阶状。

（4）接缝处于重要部位或结构物位于地震区者，在灌注时应加锚固钢筋。

（5）振捣器工作时应离先浇混凝土 5 ~ 10 cm。

14. 答：

（1）对曲线预应力筋或长度 ≥25 m 的直线预应力筋，宜在构件两端同时张拉。如设备不足时，可先在一端张拉补足预应力值。

（2）为避免张拉时构件截面呈过大的偏心受压状态，应分批、分段对称张拉，先张拉靠近截面重心处的预应力筋，再张拉截面重心较远处的预应力筋。

七、施工方案分析

1. 答：

（1）施工顺序见图示 19 – 6。

（2）施工方案：采用纵向单元（分段）浇筑法。

① 在支架、桥墩的支点附近设置接缝，接缝宽 0.8 ~ 1.0 m；

② 先浇筑分段体混凝土 1、2、3、4、5 按由低向高处浇筑，采用水平或斜层浇，待分段体混凝土强度达到设计强度的 75% 后，再浇接缝 6、7、8、9；

③ 梁段间的接缝两端用模板间隔并留出加强钢筋通过的孔洞；浇筑时将两端面浮浆凿除、凿毛，用清水冲洗，绑扎接缝分布钢筋，浇筑混凝土。

（注：此题浇筑顺序答案并不唯一）

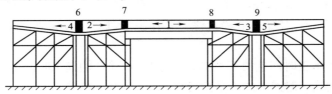

图 19 – 6

2. 答：
（1）张拉使用的张拉机及油泵、锚、夹具必须符合设计要求，并配套使用，配套定期校验，以准确标定张拉力与压力表读数间的关系曲线。
（2）预应力张拉"双控"指标指应力控制与伸长值控制，以应力控制为主，同时以伸长值作为校核。
（3）共有三处错误。分别为：
① 冲洗孔道后，立即进行压浆；改正：用压力水冲洗孔道，排除孔内杂物并吹去孔内积水、吹干孔道，然后开始压浆。
② 从孔道任意一端开始；改正：应按一定顺序压浆，应先压下孔道，后压上孔道；应将集中的孔道连续一次压完，以免孔道串浆，将附近孔道阻塞；对于曲线孔道，应由最低点的压浆孔压入，由最高点的排气孔排气及溢出水泥浆。
③ 压至另一端孔道溢出水泥浆即可；改正：后张法压浆在关闭出浆口后，应保持不小于 0.5 MPa 的压力下稳压 5 min。

任务四　悬臂施工法考核内容

一、名词解释
1. 悬臂施工法　2. 悬臂拼装　3. 悬臂浇筑　4. 合拢　5. 体系转换

二、判断题（对的划√，错的划×）
1. （　）悬臂浇筑施工时，合拢工作宜在高温时进行。
2. （　）悬臂拼装施工，其 0 号块也大多采用拼装施工。
3. （　）悬臂施工时临时支座在施工阶段临时固结墩梁，结构为 T 形刚构。
4. （　）连续梁悬臂浇筑施工不存在体系转换。
5. （　）多跨连续梁合拢的原则是由边至中，即先合拢各边跨，再各次边跨，最后为中跨。
6. （　）悬拼适用于预制场地及运吊条件较好，特别是工程量大和工期较短的桥梁工程。
7. （　）1 号梁段与 0 号梁段的接缝，一般采用胶接缝连接。
8. （　）连续梁合拢应在一天温度最低时进行。
9. （　）悬浇连续箱梁的临时锚固在中跨合拢施工前拆除。
10. （　）挂篮是一个能沿着轨道行走的活动脚手架。

三、选择题
1. 下列哪一种是简支梁桥常用的主要施工方法？（　）
　　A. 顶推法施工　B. 预制安装施工　C. 悬臂施工　D. 逐孔施工法
2. 墩顶 0 号块采用在托架上立模现浇，并在施工过程中设置临时梁墩锚固，其目的是（　）。
　　A. 承受两侧施工时产生的不平衡力矩　B. 承受两侧施工时产生的不平衡剪力
　　C. 承受两侧施工时产生的不平衡位移　D. 承受两侧施工时产生的不平衡轴力
3. 支座垫石是永久支座的基石。由于支座安装平整度和对中精度要求，因此，垫石四角及平面高差应小于（　　）mm。
　　A. 4　　　　　B. 3　　　　　C. 2　　　　　D. 1
4. 悬臂施工法一般不适用于（　　）。
　　A. 简支梁桥　　B. 连续梁桥　　C. 刚构桥　　D. 斜拉桥
5. 下列哪项不是悬臂拼装施工法的优点？（　　）
　　A. 进度快　　　　　　　　B. 制梁条件好，混凝土质量高，线形好
　　C. 收缩和徐变小　　　　　D. 整体性好
6. 块件拼装接缝一般为湿接缝与胶接缝两种，湿接缝用（　　）。
　　A. 水泥砂浆　　B. 环氧树脂　　C. 高强细石混凝土　D. 普通混凝土
7. 悬臂拼装桥梁的 1 号梁段与 0 号梁段的接缝采用（　　）。
　　A. 湿接缝　　　B. 干接缝　　　C. 胶接缝　　　D. 搭接缝

四、填空题

1. 悬臂施工法主要有（　　）和（　　）两种。其中，大部分大跨径预应力混凝土连续梁多采用（　　）施工。
2. 悬臂拼装桥梁的梁段拼装接缝分为（　　）和（　　）。
3. 墩顶 0 号块采用在托架上（　　），并在施工过程中设置临时（　　），使 0 号块能承受两侧悬臂施工时产生的（　　）。
4. 0 号块结构复杂，对于箱梁一般分 2～3 层浇筑，先（　　）再（　　）后（　　）。
5. 0 号块施工所用的施工托架可根据承台形式、墩身高度和地形情况，分别支承在（　　）和（　　）。
6. 挂篮是悬臂浇筑施工的主要机具，挂篮既是（　　）设备，又是预应力筋未张拉前梁段（　　）结构。
7. 自锚式施工挂篮结构的形式主要有（　　）和（　　）两类。
8. 桁架式挂篮按构成形状的不同，可分为（　　）、（　　）、（　　）等多种。
9. 斜拉式挂篮也叫轻型挂篮，主要有（　　）、（　　）、（　　）等多种。
10. 悬臂浇筑法所用挂篮是由（　　）、（　　）、（　　）、（　　）组成。
11. 为了检验挂篮的性能和安全，并消除结构的非弹性变形，应对挂篮试压。试压通常采用（　　）、（　　）等。
12. 浇筑混凝土时消除挂篮变形的措施有（　　）、（　　）、（　　）。
13. 梁段预制方法有（　　）和（　　）两类。
14. 梁段拼接缝有（　　）和（　　）两种形式，不同的施工阶段和不同部位常采用不同的接缝形式。

五、绘图说明悬臂浇筑程序

六、问答题

1. 悬臂施工法的特点如何？
2. 何谓悬臂浇筑施工？何谓悬臂拼装施工？比较悬臂施工两种方法有何区别。
3. 悬臂浇筑法施工应如何分段？
4. 支座垫石施工时的要求有哪些？
5. 悬臂施工时临时支座的作用及如何设置？

6. 挂篮的安装注意事项有哪些？
7. 悬臂拼装法的特点及适用条件如何？
8. 梁段预制时采用长线法和短线法各自的特点如何？
9. 悬臂拼装的方法有哪几种？
10. 悬臂拼装法施工时1号梁段与0号梁段间的接缝采用哪种接缝？为什么？
11. 预应力混凝土连续梁桥的主要施工方法及施工设备有哪些？

七、施工方案分析

1. 某连续梁桥为 48 m + 80 m + 80 m + 80 m + 48 m 的孔跨布置，主梁混凝土强度为 C50，采用挂篮悬臂浇灌施工工艺，挂篮结构形式为三角斜拉带式，合拢段长度为 2 m，合拢段劲性骨架采用型钢制作。

【问题】：
（1）悬浇施工工序有哪些？应当分成几个T构进行施工？
（2）本桥采用先合拢边跨后合拢中跨的施工措施，请问合拢段施工应满足哪些要求？
（3）如何完成体系转换？

2. 某连续梁桥主跨跨径为 80 m，主梁混凝土强度等级为 C50，采用挂篮悬臂浇筑施工工艺，挂篮结构形式为三角斜拉带式，合拢段长度为 2 m，合拢段劲性骨架采用型钢制作。

【问题】：
（1）悬浇施工工序有哪些？
（2）浇筑合拢段注意事项有哪些？

3. 某大桥为 (50 + 4 × 80 + 50) m 连续梁桥，主梁为双箱单室箱形结构，混凝土强度等级为 C50，采用悬臂拼装施工工艺。梁段采用长线法预制，缆索吊装就位。

【问题】：
（1）悬臂拼装法与悬浇施工比较，还具备哪些优点？
（2）简要叙述长线法施工工序。
（3）施工时1号梁段与0号梁段间的接缝采用哪种接缝？为什么？程序如何？

悬臂施工法答案

一、名词解释

1. 悬臂施工法：也称为分段施工法，它不需要在河中搭支架，而是以桥墩为中心向两岸对称、逐节悬臂接长，并施加预应力，使其与建成部分连接成整体。
2. 悬臂拼装：是将预制好的梁体节段，用支承在已完成梁段上的专门悬拼吊机悬吊于梁位上逐段拼装。一个节段张拉锚固后，再拼装下一节段。
3. 悬臂浇筑：以桥墩为中心，对称地向两岸利用挂篮浇筑梁节段的混凝土，待混凝土达到要求强度后，张拉预应力束，然后移动挂篮，进行下一段的施工。
4. 合拢：全梁施工过程是从各墩顶0号段开始至该T构的完成，再将各T构拼接而形成整体连续梁，这种T构的拼接就是合拢。
5. 体系转换：施工中，某一施工程序完成后桥梁结构的受力体系发生了变化，如简支体系变化为悬臂体系或连续体系。

二、判断题

1. ×　2. ×　3. √　4. ×　5. √　6. √　7. ×　8. √　9. ×　10. ×

三、选择题

1. B　2. A　3. D　4. A　5. D　6. C　7. A

四、填空题

1. 悬臂拼装　悬臂浇筑　悬臂浇筑

2. 湿接缝　胶接缝

3. 立模现浇　梁墩锚固　不平衡力矩

4. 底板　腹板　顶板

5. 承台　墩身或地面上

6. 空间的施工　承重

7. 桁架式　斜拉式

8. 平行桁架式　弓弦式　菱形

9. 三角斜拉　预应力筋斜拉　体内斜拉

10. 主纵横桁梁　行走系统　底篮　后锚系统

11. 试验台加压法　水箱加压法

12. 箱梁混凝土一次浇筑法　水箱法　抬高挂篮的后支点法

13. 长线法　短线法

14. 湿接　胶接

五、答：

悬臂浇筑程序如图 19-7 所示。

1. A 段——在墩顶托架上浇筑 0 号块，并实施墩梁临时固结系统。

2. B 段——在 0 号块上安装悬臂挂篮，向两侧依次对称地分段浇筑主梁至合拢前段。

3. C 段——在临时支架或梁端与边墩间的临时托架上支模浇筑现浇梁段，当现浇梁段较短时，可利用挂篮浇筑；当与现浇段相接的连接桥是采用顶推施工时，可将现浇梁段锚固在顶推梁前段施工，并顶推到位。此法无需现浇支撑，省料、省工。

4. D 段——主梁合拢段可在改装的简支挂篮托架上施工，多跨合拢段浇筑顺序按设计或施工要求进行。

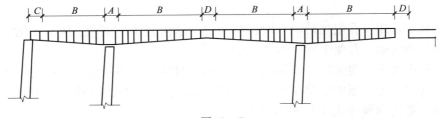

图 19-7

六、问答题

1. 答：

（1）如果将悬伸的梁体与墩柱做成刚性固结，就这样构成了能量最大限度发挥悬臂施工优越性的预应力混凝土 T 形刚构桥。因此，在预应力连续梁及悬臂梁桥的施工中，需要进行体系转换,即在悬臂施工时梁体与墩柱采取临时固结,结构为T形刚构,合拢后形成连续体系。设计时应对施工状态进行配束验算。

(2) 桥跨间不需搭设支架,施工不影响桥下通航或行车。施工机具和人员等重力均由已建梁段承受,随着施工的进展,悬臂逐渐延伸,机具设备也逐步移至梁端,需用支架作支撑。

(3) 多孔桥跨结构可同时施工,加快施工进度。

(4) 悬臂施工法充分利用预应力混凝土承受负弯矩能力强的特点,将跨中正弯矩转移为支点负弯矩,使桥梁跨越能力提高,并适合变截面桥梁施工。

(5) 悬臂施工用的悬拼吊机或挂篮设备可重复使用,施工费用较省,可降低工程造价。

2. 答:

悬臂浇筑施工:以桥墩为中心,对称地向两岸利用挂篮浇筑梁节段的混凝土,待混凝土达到要求强度后,张拉预应力束,然后移动挂篮,进行下一段的施工。

悬臂拼装施工:悬臂拼装是将预制好的梁段,用驳船运到桥墩两侧,然后通过悬臂梁上的起吊机械,对称吊装梁段,待就位后再施加预应力,如此逐渐接长。

比较:(1) 施工进度上,悬拼比悬浇快。

(2) 施工质量上,悬浇优于悬拼。

(3) 施工变形的控制上,悬浇易于逐梁段调整高差。

(4) 悬拼比悬浇应用广。

3. 答:悬臂浇筑施工时,梁体一般要分四部分浇筑。Ⅰ为为桥墩顶梁段(0号块),Ⅱ为由0号块两侧对称分段悬臂浇筑部分,Ⅲ为边孔在支架上浇筑部分,Ⅳ为主梁在跨中合拢段。主梁各部分的长度视主梁模式和跨径、挂篮的形式及施工周期而定。0号块一般为5~10 m,悬浇分段一般为3~5 m,支架现浇段一般为2~3个悬臂浇筑分段长,合拢段一般为1~3 m。

4. 答:

(1) 垫石四角及平面高差应小于1 mm。

(2) 垫石分两层浇筑。首层浇筑高程比设计高程低15 cm。第二层应利用带微调整平器的模板,控制浇筑高程比设计高程稍高,再利用整平器及精密水准仪量测,反复整平混凝土面。

(3) 在安装支座前凿毛垫石,铺2~3 cm厚与墩身等强的砂浆,砂浆浇筑高程较设计高程略高3 mm,然后安放支座就位,用锤振击,使符合设计高程,偏差不得大于1 mm;水平位置偏差不得大于2 mm。

5. 答:

临时支座的作用:在施工阶段临时固结墩梁,结构为T形刚构,能承受两侧悬臂施工时产生的不平衡力矩,并便于拆除和体系转换。

设置:临时支座一般采用C40混凝土,并用塑料包裹的锚固钢筋穿过混凝土预埋梁底和墩顶中。在混凝土支座中层设有10~20 cm厚夹有电阻丝的硫黄砂浆层,便于拆除时加热融化,或采用静态爆破等其他方法解除固结。

6. 答:

(1) 挂篮组拼后,应全面检查安装质量,并做载重试验,以测定其各部位的变形量,并设法消除其永久变形。

(2) 在起步长度内,梁段浇筑完成并获得要求的强度后,在墩顶拼装挂篮。有条件时,应在地面上先进行试拼装,以便在墩顶熟练、有序地开展挂篮拼装工作。拼装时应对称进行。

(3) 挂篮的操作平台下应设置安全网，防止物件坠落，以确保施工安全。挂篮应呈全封闭形式，四周设围护，上下应有专用扶梯，方便施工人员上下挂篮。

(4) 挂篮行走时，须在挂篮尾部压平衡重，以防倾覆。浇筑混凝土梁段时，必须在挂篮尾部将挂篮与梁进行锚固。

7. 答：

(1) 特点：

① 进度快。悬浇一节段梁在天气好时也需要 1 周时间；而采用悬拼法，梁体的预制可与桥梁下部构造施工同时进行，平行作业缩短了建桥工期。

② 制梁条件好，混凝土质量高。悬拼法将大跨度梁化整为零，预制场或工厂化的梁段预制生产，利于整体施工的质量控制。

③ 收缩和徐变小。预制梁段的混凝土龄期比悬浇成梁的长，从而减少悬拼成梁后混凝土的收缩和徐变。

④ 线形好。梁段预制采用长线法，长线法是在按梁底曲线制作的固定底模上分段浇筑混凝土的方法，能保证梁底线形。

(2) 适用条件：适用于预制场地及运吊条件较好，特别是工程量大和工期较短的桥梁工程。

8. 答：

长线法的优点是由于台座可靠，因而成桥后梁体线形较好，长线的台座使梁段存储有较大余地；缺点是占地较大，地基要求坚实，混凝土的浇筑和养护移动分散。

短线法的优点是场地相对较小，浇筑模板及设备基本不需移机，可调的底模、侧模便于平、竖曲线梁段的预制，主要缺点是精度要求高、施工要求严，另外施工周转不便，工期相对较长。

9. 答：悬拼按起重吊装的方式不同分为：浮吊悬拼、连续千斤顶或卷扬机滑轮组悬拼（吊机悬拼）、缆索起重机（缆吊）、悬拼及移动导梁悬拼等。

10. 答：

1 号梁段与 0 号梁段间接缝，一般采用湿接缝连接。

1 号梁段是紧邻 0 号梁段两侧的第一个阶段，也是悬拼 T 构的基准梁段，是全跨安装质量的关键，一般采用湿接缝连接，湿接缝是相邻梁段间浇筑一段 10～20 cm 宽的混凝土作为接头的连接缝，用以调整随后梁段（基准梁段）的位置，准确地控制其后续梁段的安装精度。

11. 答：

(1) 装配—整体施工法，主要施工设备为起吊安装设备。

(2) 悬臂施工法，主要施工设备为挂篮、吊装设备等。

七、施工方案分析

1. 答：

(1) 上挂篮、模板校正、布筋、辅预应力管道、混凝土浇筑、张拉、压浆、拆模及移动挂蓝，应当分 4 个"T"结构进行施工；

(2) 合拢前应及早调整两侧中线及标高，安装压力性骨架，张拉临时束，在合拢两侧加压，浇筑时选择一天温度最低时完成；

(3) 张拉压浆后及时解除临时固结措施，通过烧掉硫黄砂浆临时支座，将支座压力装换到永久支座上，完成连续梁体支撑体系转换。

2. 答：

(1) 浇施工工序包括：上挂篮→模板校正、就位→普通钢筋、预应力管道架设→混凝土浇筑→张拉、压浆→拆模及移动挂篮。

（2）中间合拢段混凝土采用吊架最后浇筑，合拢浇筑前应及早调整两端悬浇梁段的中线及标高。合拢混凝土浇筑前要安装合拢段的劲性骨架和张拉临时束，确保合拢段混凝土强度未达到设计强度前不变形。并在合拢段两侧加压，随着合拢段混凝土的浇筑逐步减压，保持合拢段混凝土浇筑过程中荷载平衡。

为减少温度变化对合拢段混凝土产生拉应力，混凝土浇筑时间应选择一天最低气温时浇筑。混凝土强度达到设计要求强度后，按顺序对称进行张拉、压浆。

在张拉压浆完成后及时解除临时固结措施，将各墩临时支座反力转移到永久支座上，将梁体转换成连续梁体系。

3. 答：
（1）悬臂拼装法与悬浇施工比较，还具备以下优点：
① 梁体的预制可与桥梁下部构造施工同时进行，平行作业缩短了建桥周期。
② 预制梁的混凝土龄期比悬浇法的长，从而减少了悬拼成梁后混凝土的收缩和徐变。
③ 预制场或工厂化的梁段预制生产，利于整体施工的质量控制。

（2）长线法施工工序：预制场、存梁区布置→梁段浇筑台座准备→梁段浇筑→梁段吊运存放、修整→梁段外运→梁段吊拼。

（3）湿接缝连接。1号块是紧邻0号块两侧的第一箱梁节段，也是悬拼T构的基准梁段，是全跨安装质量的关键。

湿接缝拼装梁段施工程序为：吊机就位→提升、起吊1号梁段→安设铁皮管→中线测量→丈量湿接缝的宽度→调整铁皮管→高程测量→检查中线→固定1号梁段→安装湿接缝的模板→浇筑湿接缝混凝土→湿接缝养护、拆模→张拉预应力筋→下一梁段拼装。

任务五　顶推施工法考核内容

一、名词解释
1. 顶推施工法　2. 单点顶推　3. 多点顶推

二、判断题（对的划√，错的划×）
1. （　）顶推法施工仅用于连续梁桥和钢桥。
2. （　）顶推只适用较多跨（少跨不经济），且跨径不大于50 m的桥型，以42 m跨径受力最佳。
3. （　）顶推法的制梁在工厂制成预制块件，运送桥位连接后进行顶推，在这种情况下，必须根据运输条件决定节段的长度和重量，一般不超过5 m。
4. （　）顶推法施工中采用4点顶推时，各顶推装置应按四步运行。
5. （　）顶推法施工多选用等截面。
6. （　）顶推法施工时都要设置临时墩。
7. （　）使用临时墩要增加桥梁的施工费用，但是可以节省上部结构材料用量。

三、单项选择题
1. 顶推法施工适用哪种梁桥？（　　）
　　A. 等截面预应力混凝土连续梁桥　　B. 等截面钢筋混凝土连续梁桥

C. 变截面预应力混凝土连续刚构桥　　D. 变截面预应力混凝土连

2. 顶推法只适用较多跨（少跨不经济），且跨径不大于（　　）m的桥型，以（　　）m跨径受力最佳。

A. 30　22　　　B. 50　42　　　C. 60　42　　　D. 40　32

3. 顶推法施工确定分段长度时一般每段长10～30 m。同时，根据连续梁反弯点的位置，参考国外有关设计规范，连续梁的顶推节段长度应使每跨梁不多于（　　）个接缩缝。

A. 1　　　　　B. 2　　　　　C. 3　　　　　D. 4

4. 顶推法施工中采用4点顶推时，各顶推装置应（　　）运行。

A. 同步　　　　B. 2步　　　　C. 3步　　　　D. 4步

5. 导梁和临时墩设置的作用是（　　）。

A. 增加稳定　　　　　　　B. 增加刚度
C. 为减小顶推过程中梁的受力　　D. 减小阻力

6. 顶推法施工时，当梁的设计跨径大于（　　）m时，宜考虑设置临时墩。

A. 40　　　　　B. 50　　　　　C. 60　　　　　D. 80

7. 顶推施工中采用导梁的长度一般为顶推跨径的（　　）。

A. 0.6～0.7倍　B. 0.5～0.6倍　C. 0.8～0.9倍　D. 0.9～1.0倍

四、填空题

1. 顶推法于（　　）年首次在（　　）的阿格尔桥上使用。我国于（　　）年，首先在（　　）狄家河（　　）采用顶推法施工。

2. 顶推法的制梁有两种方法：一种是在（　　）的预制场上连续预制逐段顶推；另一种是在（　　）制成预制块件，运送桥位连接后进行顶推。

3. 顶推方法的选择有（　　）顶推和（　　）顶推；还可以根据顶推方向的不同，分为（　　）顶推和（　　）顶推施工。

4. 按顶推装置分为两种，即（　　）和（　　）。

5. 为减小顶推过程中梁的受力大小，一般可采取的方法有：顶推前端使用（　　）；在架设孔跨中设置（　　）。

五、绘制顶推法施工流程图

六、问答题

1. 顶推施工的优点有哪些？
2. 顶推施工的缺点有哪些？
3. 顶推法施工场地布置应综合哪些因素？
4. 顶推法施工如何确定分段长度？
5. 多点顶推法与单点顶推法比较有哪些特点？
6. 顶推法施工适用条件是什么？

顶推施工法考核答案

一、名词解释

1. 顶推施工法：是沿桥纵轴方向的后台开辟预制场地，分节段预制混凝土梁身，并用纵向预应力筋连成整体，然后通过水平液压千斤顶施力，借助不锈钢板与聚四氟乙烯滑块特制的滑动装置，将梁逐段向对岸顶进，就位后落架，更换正式支座完成桥梁施工。

2. 单点顶推：全桥纵向只设一个或一组顶推装置，顶推装置通常集中设置在梁段预制场附近的桥台或桥墩上，而在前方各墩上设置滑移支承。

3. 多点顶推：在每个墩台上均设置一对小吨位的水平千斤顶，将集中顶推力分散到各墩上，并在各墩上及临时墩上设置滑移支承。所以，顶推千斤顶通过控制室统一控制其出力等级，同步进行。

二、判断题

1. × 2. √ 3. √ 4. × 5. √ 6. × 7. √

三、单项选择题

1. A 2. B 3. B 4. A 5. C 6. B 7. A

四、填空题

1. 1959 奥地利 1974 陕西 铁路桥
2. 梁轴线 工厂
3. 单点 多点 单向 双向
4. 水平—竖直千斤顶法 拉杆千斤顶法
5. 导梁 临时墩

五、答：

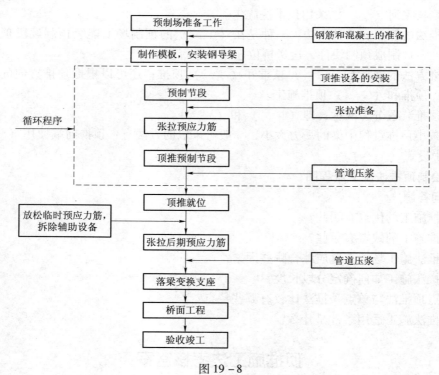

图 19-8

六、问答题

1. 答：优点：

(1) 由于聚四氟乙烯与不锈钢板间的摩擦系数为 0.02~0.05，即使梁重达 10 000 t，也只需 500 t 以下的力即可推出。因此，顶推力远比梁体自重小，所以顶推设备轻型简便，不需大型吊运机具。

(2) 不影响桥下通航或行车，对紧急施工，寒冷地区施工，架设场地受限制等特殊条件下，其优点更为明显。

(3) 仅需一套模板周转，节省材料，施工工厂化，易于质量管理。

(4) 施工安全，干扰少。

(5) 节约劳力，减轻劳动强度，改善工作条件。

2. 答：缺点：

(1) 由于顶推过程中，各截面正、负弯矩交替变化，致使施工临时预应力筋增多，且装拆与张拉繁杂，梁体截面高度比其他施工方法大。

(2) 由于顶推悬臂弯矩不能太大，且施工阶段的内力与营运阶段的内力也不能相差太大，所以，顶推只适用较多跨（少跨不经济），且跨径不大于 50 m 的桥型，以 42 m 跨径受力最佳。

(3) 对于多孔长桥，因工作面（最多两岸对顶）所限，顶推过长，施工工期相对较长。

3. 答：考虑以下因素：

(1) 梁体顶推过程的抗倾覆安全度。为此，整个预制场地内滑道支承墩宜作小间距布置，使梁段在预制场地范围内逐步顶推过渡到标准跨。

(2) 尽量将预制场地向前靠，充分利用设计的永久墩台的基础和墩身，少占引桥或引道位置，顶推工作量，避免顶推到最后时，梁的尾端出现长悬臂。

(3) 预制台座、滑道支承墩均应牢固、可靠，局部沉降不宜大于 5 mm，防止在浇筑和顶推梁体时发生沉陷现象，影响成型构件的拼装或梁体的顶推。

(4) 预制场地其他设施的平面布置，例如，拼装导梁的场地，设备材料的运输，起吊设备的安装，混凝土拌合站的位置以及普通钢筋、预应力筋的下料、制作、安装场地。

4. 答：主梁节段的长度划分主要考虑：段间的连接处不要设在连续梁受力最大的支点与跨中截面，同时要考虑制作加工容易，尽量减少分段，缩短工期，因此一般每段长 10~30 m。同时，根据连续梁反弯点的位置，参考国外有关设计规范，连续梁的顶推节段长度应使每跨梁不多于 2 个接缩缝。

5. 答：多点顶推可以免用大规模的顶推设备，并能有效地控制顶推梁的偏移，顶推时桥墩承受的水平推力小，便于结构采用柔性墩。在顶推弯桥时，由于各墩均匀施加顶力，能顺利施工。在顶推时如遇桥墩发生不均匀沉降，只要局部调整滑板高度即可正常施工。采用拉杆式顶推系统，免去了在每一循环顶推中用竖直千斤顶将梁顶起和使用水平千斤顶复位的操作，简化了工艺流程，加快了顶梁速度。但多点顶推所需要的设备较多，操作要求也比较高。

6. 答：

适用桥型：顶推法施工不仅用于连续梁桥和钢桥，也可用于其他桥型，如简支梁桥、拱桥的拱上纵梁及斜拉桥的主梁等。

适用跨径：较多跨（少跨不经济），且跨径不大于 50 m 的等截面桥型。

任务六 逐孔施工法考核内容

一、名词解释

1. 逐孔施工法　2. 移动模架法

二、判断题（对的划√，错的划×）

1. (　　) 逐孔施工的简支梁连成连续梁，施工的接头位置一般设在桥墩处。
2. (　　) 逐孔施工悬臂梁转换为连续梁接头位置一般设在梁的 $L/5$ 附近。
3. (　　) 移动模架法的施工接头的位置一般选在桥梁受力较小的地方，即离支点 $L/3$ 附近。
4. (　　) 移动模架法宜在桥梁跨径小于 50 m 的桥上使用。
5. (　　) 移动悬吊模架的承重梁通常采用钢箱梁，长度大于一倍桥梁跨径。

三、填空题

1. 逐孔施工可以为预制，也可以为（　　），预制又分为（　　）和搭设（　　）两种。
2. 逐孔施工的体系转换有：由（　　）转换为（　　）；由（　　）转换为（　　）。
3. 移动模架法的施工通常每一施工梁段的长度取用（　　）的跨长，接头的位置一般选在桥梁受力（　　）的地方，即离支点（　　）附近。
4. 逐孔施工法对于先简支后连续的施工方法，通常在简支梁架设时使用临时（　　），待连接和张拉后期钢束完成桥面连续后，拆除临时（　　），转由（　　）支承整体结构。
5. 移动模架法常用的移动模架分为（　　）模架与（　　）模架两种类型。
6. 移动悬吊模架的形式有很多，构造各异，就其基本构造包括三个部分，即（　　）、（　　）和（　　）。

四、问答题

1. 逐孔施工法分为几种？特点如何？
2. 整孔吊装或分段吊装逐孔施工过程如何？
3. 采用逐孔吊装施工应注意哪些问题？
4. 用临时支承组拼预制节段逐孔施工条件如何？过程如何？
5. 使用移动支架逐孔现浇施工的适用条件是什么？
6. 移动模架法的施工特点如何？
7. 梁式桥的主要施工方法有哪些？各施工方法的特点如何？
8. 由于施工导致钢筋混凝土产生构造裂缝的原因有哪些？

逐孔施工法考核答案

一、名词解释

1. 逐孔施工法：从桥梁的一端开始，采用一套施工设备或一、二孔施工支架逐孔施工，周期循环，直到全部完成。

2. 移动模架法：是在可移动的支架、模架上完成一孔桥梁的全部工序，即模板工程、钢筋工程、浇筑混凝土和张拉预应力筋等。待混凝土有足够强度后，张拉预应力筋，移动支架、模板，进行下一孔梁的施工。

二、判断题

1. √ 2. √ 3. × 4. √ 5. ×

三、填空题

1. 现浇 吊装 临时支承装配
2. 简支梁 连续梁 悬臂梁 连续梁
3. 一跨 较小 $L/5$
4. 支座 支座 永久支座
5. 移动悬吊 支承式活动
6. 承重梁 肋骨状横梁 移动支承

四、问答题

1. 答：

（1）整孔吊装或分段吊装逐孔施工。这种方法是早期连续梁采用逐孔施工的唯一方法。近年来由于起重能力增强，使桥梁的预制构件向大型化方向发展，从而更能体现逐孔施工速度快的特点。

（2）用临时支承组拼预制节段逐孔施工。它是将每一桥跨分成若干段，节段预制完成后，在临时支承上逐孔组拼施工。

（3）使用移动支架逐孔现浇施工。此法是在桥位上现浇施工，可免去大型运输和吊装设备，使桥梁整体性好，同时它又具有工厂化预制生产的特点，可提高机械设备的利用率和生产效率。

2. 答：整孔吊装和分段吊装的施工过程一般为：在工厂或现场预制整孔梁或分段梁；预制梁段的起吊、运输；采用吊装设备逐孔架设施工；根据需要进行结构体系转换。

3. 答：采用逐孔吊装施工应注意以下几个问题：

（1）桥的横向是否分隔，主要根据起重能力和截面形式决定。

（2）对于先简支后连续的施工方法，通常在简支梁架设时使用临时支座，待连接和张拉后期钢束完成桥面连续后拆除临时支座，转由永久支座支承整体结构。为使临时支座便于卸落，可在橡胶支座与混凝土垫块之间设置一层硫黄砂浆。

（3）在梁的反弯点附近设置接头，在有可能的情况下，可在临时支架上进行接头。

4. 答：

（1）对于多跨长桥，在缺乏较大起重设备时采用；

（2）将每跨桥分成若干段，在预制厂生产。架设时采用一套支承梁临时承担组拼节段的自重力，并在支承梁上张拉预应力筋，将安装跨的梁与施工完成的桥梁结构按照设计的要求连接，完成安装跨的架梁工作，随后，移动临时支承梁至下一桥跨。

5. 答：可使用移动模架法进行现浇施工的桥梁结构形式有简支梁、连续梁、刚构桥和悬臂梁桥等钢筋混凝土或预应力混凝土桥。所采用的截面形式可为 T 形或箱形截面等。

6. 答：

（1）移动模架法不需要设置地面支架，不影响通航或桥下交通，施工安全、可靠；

（2）有良好的施工环境，保证施工质量，一套模架可多次周转使用，具有可在类似预制场生产的优点；

（3）机械化、自动化程度高，节省劳力，降低劳动强度，缩短工期；

（4）通常每一施工梁段的长度取用一跨的跨长，接头的位置一般选在桥梁受力较小的地方，即离支点 $L/5$ 附近；

（5）移动模架设备投资大，施工准备和操作都比较复杂；

（6）此法宜在桥梁跨径小于 50 m 的桥上使用。

7. 答：

（1）固定支架上的施工，在支架上安装模板就地浇筑混凝土的方法，一般仅在小跨径桥或交通不便的边缘地区采用。

（2）悬臂施工法，在已建成的桥墩上，沿桥梁跨径方向对称逐段施工。

（3）逐孔施工，从桥梁一端开始，采用一套施工设备或一、二孔施工支架逐孔施工，周期循环，直到全部完成。

（4）顶推施工法，将预制梁体向前顶推出场地，然后继续预制下一阶段梁体直至施工完成。

（5）转体施工法，在河流两岸或适当位置，利用地形或使用简便的支架先将半桥预制完成，之后以桥梁结构本身为转体，使用机械分别将两个半桥转体到桥位轴线上。

8. 答：

（1）混凝土搅拌时间过长，运输时间过长；

（2）基础及支架的强度、刚度、稳定性不够导致不均匀下沉，脱模过早也可能产生构造裂缝；

（3）接头处理不当，导致施工缝变成裂缝；

（4）大风、干燥天气，养生方法不当或不及时；

（5）水灰比大的混凝土，由于干燥收缩产生裂缝。

第二十章

圬工和钢筋混凝土拱桥施工

本章学习重点：拱桥的有支架施工、装配式拱桥安装施工工艺。
教学目标：使学生掌握有支架施工的工艺；
使学生掌握装配式拱桥安装的工艺；
使学生知道悬臂浇筑钢筋混凝土拱圈、钢管混凝土拱桥施工及转体施工拱桥的工艺流程。
能力目标：能够独立组织拱桥上部结构的施工与管理；进行桥梁施工测量、施工方案拟订、组织施工、质量检验；对内业资料进行整理归档。

任务一 拱桥现浇施工考核内容

一、名词解释
1. 分阶段砌筑 2. 拱顶石合拢 3. 刹尖封拱 4. 预施压力封顶
5. 塔架、斜拉索及挂篮浇筑拱圈法 6. 斜吊式悬臂浇筑拱圈法

二、判断题（对的划√，错的划×）
1.（   ）当拱桥的跨径不大或孔数不多时，可以采用就地浇筑方法来进行拱圈施工。
2.（   ）工字梁活用钢拱架施工期间影响桥下通航对地质条件要求较高。
3.（   ）拱桥的有支架施工适用于跨径不大、拱圈净高较小或孔数不多的拱桥施工。
4.（   ）满布式拱架的卸落次序应首先从跨中开始卸落。
5.（   ）拱圈分段浇筑时，间隔缝与各工作段同时进行。
6.（   ）拱圈封拱合拢温度一般宜在当地的最低温度时进行。
7.（   ）跨径大于 16 m 的拱圈（或拱肋）采用连续浇筑法施工。
8.（   ）刹尖封顶应在拱圈砌缝砂浆达到设计强度的 70% 后方可进行。
9.（   ）石拱桥跨径在 13 m 以下的拱圈采用满布式拱架砌筑时，应采用连续砌筑法。
10.（   ）拱圈砌筑完成后应立即用草帘或麻袋覆盖，并于 4 h 后洒水养护，一般为 7~14 d。
11.（   ）拱桥变形缝施工时缝宽 1.5~2 cm，要求笔直，两侧对应贯通。
12.（   ）塔架、斜拉索及挂篮浇筑拱圈是国外采用最早、最多的大跨径钢筋混凝土

拱桥无支架施工的方法。

三、单项选择题

1. 下列哪项不是工字梁活用钢拱架的优点？（ ）
   A. 构造简单　　B. 拼装方便　　C. 可重复使用　　D. 造价低
2. 现浇混凝土拱桥施工的每一个阶段，都应该在前一阶段的混凝土达到设计强度的（ ）以上，才能浇筑后一阶段的混凝土。
   A. 60%　　B. 75%　　C. 90%　　D. 100%
3. 拱圈分段浇筑法适用于跨径≥（ ）m 的拱桥。
   A. 16　　B. 20　　C. 25　　D. 30
4. 对于小跨径拱桥，拱架的卸落顺序是（ ）逐步卸架。
   A. 从两拱脚向拱顶　　　　　　B. 从拱顶向两拱脚
   C. 从四分点向两拱脚　　　　　D. 随意
5. 石拱桥跨径在 13~25 m 的拱圈采用满布式拱架砌筑时，应采用（ ）砌筑方法。
   A. 连续　　B. 分段　　C. 分环分段　　D. 分阶段

四、填空题

1. 拱桥施工大体上分为两大类方法，即（ ）和（ ）。
2. 拱桥就地浇筑方法可分为两种：（ ）浇筑法和（ ）浇筑法。
3. 按拱桥跨径大小拱圈或拱肋的浇筑方法有（ ）浇筑法、（ ）浇筑法、（ ）浇筑法。
4. 跨径较大的石拱桥（或混凝土预制砌块拱桥），当拱圈厚度较大，应采用（ ）砌筑法。
5. 拱圈合拢方法有（ ）、（ ）、（ ）。
6. 拱背填充应采用透水性（ ）和安息角较（ ）的材料，一般可用天然砂砾、片石、碎石夹砂混合料及矿渣等材料。
7. 国外在拱桥就地浇筑施工中，多采用（ ）浇筑法。

五、绘图说明大跨径箱形截面拱圈（或拱肋）的浇筑方法

六、问答题

1. 拱架有哪些结构类型？
2. 拱架在制作安装时有哪些注意事项？
3. 有支架就地浇筑施工法的基本工序是哪几步？
4. 拱架的作用是什么？拱架的卸架程序有哪三点要求？
5. 采用有支架现浇混凝土拱桥施工工序如何？
6. 满堂式拱架浇筑拱圈流程是什么？
7. 拱式拱架浇筑拱圈流程是什么？
8. 拱圈或拱肋的浇筑方法有几种？其适用条件如何？
9. 石拱桥拱圈砌筑方法有几种？
10. 伸缩缝及变形缝的施工有什么不同？
11. 拱桥施工时应如何处理防水排水？

七、施工方案分析

某单跨拱桥拟采用在拱架上就地浇筑法施工主拱圈。已知主拱圈横截面为肋拱，拱轴线长度为 50 m。

【问题】：

（1）试拟定此主拱圈混凝土浇筑顺序。

（2）试分析此主拱圈混凝土浇筑具体施工方案。

拱桥现浇施工考核答案

一、名词解释

1. 分阶段砌筑：石拱桥拱圈前后拱段和上下环层分阶段交叉进行的砌筑方法，称为分阶段砌筑法。

2. 拱顶石合拢：砌筑拱圈时，常在拱顶预留一缺口，在各拱段砌筑完成后安砌拱顶石完成拱圈合拢。

3. 刹尖封拱：在砌筑拱顶石前，先在拱顶缺口中打入若干组木楔，使拱圈挤紧、拱起，然后嵌入拱顶石合拢。

4. 预施压力封顶：用千斤顶施加压力来调整拱圈应力，然后进行拱圈合拢，此法应严格按照设计规定进行。如设计文件中无此要求时，不得采用预施压力封顶来完成拱圈合拢。

5. 塔架、斜拉索及挂篮浇筑拱圈法：在拱脚墩、台处安装临时的钢塔架或钢筋混凝土塔架，用斜拉索（或斜拉粗钢筋）将拱圈（或拱肋）用挂篮浇筑一段系吊一段，从拱脚开始，逐段向拱顶悬臂浇筑，直至拱顶合拢。

6. 斜吊式悬臂浇筑拱圈法：是借助于专用挂篮，结合使用斜吊钢筋将拱圈、拱上立柱和预应力混凝土桥面板等齐头并进地、边浇筑边构成桁架的悬臂浇筑方法。

二、判断题

1. √ 2. × 3. √ 4. √ 5. × 6. × 7. × 8. √ 9. √ 10. √ 11. × 12. √

三、单项选择题

1. D 2. B 3. A 4. B 5. B

四、填空题

1. 有支架施工　无支架施工

2. 拱架　悬臂

3. 连续　分段　分段分环

4. 分环分段

5. 拱顶石合拢　刹尖封拱　预施压力封顶

6. 强　大

7. 悬臂

五、答：

1. 大跨径拱桥一般采用箱形截面的拱圈（或拱肋），为减轻拱架负担，一般采取分环、分段的浇筑方法（图20-1）。

2. 分段长度一般为 6~15 m。分段长度应以能使拱架受力对称、均匀和变形小为原则，间隔缝的宽度以便于施工操作和钢筋连接为宜,一般为 50~100 cm,以便于施工操作和钢筋连接。间隔缝混凝土应在拱圈分段混凝土强度达到 75% 设计强度后进行;为缩短拱圈合拢和拱架拆除的时间,间隔缝内的混凝土强度可采用比拱圈高一等级的半干硬性混凝土。封拱合拢温度应符合设计要求,如设计无规定时,一般宜在接近当地的年平均温度或在 5 ℃~15 ℃ 之间进行。

3. 分环的方法一般是分成二环或三环。分二环时,先分段浇筑底板(第一环),然后分段浇筑肋墙、隔墙与顶板(第二环)。分三环时,先分段浇筑底板(第一环),然后分段浇筑肋墙、隔墙(第二环),最后分段浇筑顶板(第三环)。

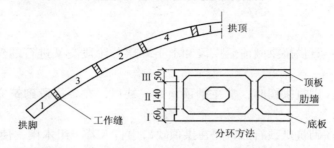

图 20-1 箱形截面拱圈分环、分段浇筑的施工程序示意图(尺寸单位:cm)

六、问答题

1. 答:

(1) 按其使用材料,可分为木拱架、钢拱架、扣件式钢管拱架、斜拉式贝雷平梁拱架、竹拱架、竹木混合拱架、钢木组合拱架以及土牛胎拱架等多种形式;

(2) 按结构形式,可分为排架式、撑架式、扇形式、桁架式、组合式、叠桁式、斜拉式等。

2. 答:拱架制作安装时,拱架尺寸和形状要符合设计要求,立柱位置准确且保持直立,各杆件连接接头要紧密,支架基础要牢固,高拱架应特别注意它的横向稳定性。拱架全部安装完成后应全面检查,确保结构牢固、可靠。

3. 答:

(1) 材料准备(包括桥梁建材和支架模板材料);

(2) 拱圈、拱架放样(应按 1∶1 放样);

(3) 拱架的制作、试拼和安装;

(4) 拱圈浇筑施工;

(5) 拱上建筑的施工;

(6) 脱架。

4. 答:

作用:(1) 在施工中起临时结构的作用;

(2) 施工期间,支承全部或部分拱圈和拱上建筑的重量;

(3) 保证建成后的拱圈形状符合设计要求。

要求:(1) 对于小跨径拱桥,应从拱顶开始向两拱脚逐步卸架;

(2) 对于大跨径拱桥,可从两个四分点开始向拱顶和拱脚逐步卸架;

（3）对于多跨拱桥应考虑连拱作用，从中间向两端对称卸架。

5. 答：

现浇混凝土拱桥施工工序一般分三阶段进行。

第一阶段：浇筑拱圈（或拱肋）及拱上立柱的底座；

第二阶段：浇筑拱上立柱、连接系及横梁等；

第三阶段：浇筑桥面系。

前一阶段的混凝土达到设计强度的75%以上，才能浇筑后一阶段的混凝土。拱架则在第二阶段或第三阶段混凝土浇筑前拆除，但必须事先对拆除拱架后拱圈的稳定性进行验算。若设计文件对拆除拱架另有规定，应按设计文件执行。

6. 答：

浇筑流程：支架设计→基础处理→拼设支架→安装模板→安装钢筋→浇筑混凝土→养护→拆模→拆除支架。满堂式拱架宜采用钢管脚手架、万能杆件拼设；模板可以采用组合钢模、木模等。

7. 答：

拱式拱架浇筑流程：钢结构拱架设计→拼设拱架→安装模板→安装钢筋→浇筑混凝土→养护→拆模→拆除拱架。拱式拱架一般采用六四式军用梁（三脚架）、贝雷架拼设。

8. 答：

（1）连续浇筑。跨径小于16 m的拱圈（或拱肋）混凝土，应按拱圈全宽度、自两端拱脚向拱顶对称地连续浇筑，并在拱脚处混凝土初凝前全部完成。

（2）分段浇筑。大跨径拱桥的拱圈（或拱肋）（跨径≥16 m），为避免拱架变形而产生裂缝以及减少混凝土的收缩应力，应采用分段浇筑的施工方法。

（3）箱形截面拱圈（或拱肋）的浇筑。大跨径拱桥一般采用箱形截面的拱圈（或拱肋），为减轻拱架负担，一般采取分环、分段的浇筑方法。

9. 答：

（1）按顺序对称连续砌筑：跨径13 m以下当用满布式拱架砌筑时的拱圈或跨径10 m以下采用拱式拱架时的拱圈；

（2）分段砌筑：跨径在13~25 m采用满布式拱架砌筑的拱圈以及跨径在10~25 m采用拱式拱架砌筑时的拱圈，分成三段，分段对称砌筑；跨径大于25 m的拱圈，应按跨径大小及拱架类型等情况，在两半跨各分成若干段，均匀、对称地砌筑；

（3）分环分段砌筑：跨径较大的石拱桥（或混凝土预制砌块拱桥），当拱圈厚度较大、由三层以上拱石组成时，可将全部拱圈厚度分成几环砌筑；

（4）分阶段砌筑：砌筑拱圈时，为争取时间和使拱架荷载均匀对称、拱架变形正常，有时在砌筑完一段或一环拱圈后的养护期间，砌筑工作不间歇，而是根据拱架荷载平衡的需要，紧接着将下一拱段或下一环层砌筑一部分。

10. 答：伸缩缝缝宽1.5~2 cm，要求笔直，两侧对应贯通。如为圬工砌体，缝壁要清凿到粗料石规格，外露照口要挂线砌筑；如为现浇混凝土侧墙，须预先安设塑料泡沫板，将侧墙与墩台分开，缝内采用锯末沥青，按1:1（重量比）配合制成填料填塞。

变形缝不留缝宽，设缝处可以干砌或用低强度等级砂浆砌筑，现浇混凝土时用油毛毡隔断，以适应主拱圈变形。

11. 答:

(1) 拱圈混凝土自防水:采用优良品质的粗、细集料和优质粉煤灰或硅灰制作高耐久性的混凝土;

(2) 拱背防水层:小跨径拱桥可采用石灰土防水层。对于具有腹拱的拱腔防水,可采用砂浆或小石子混凝土防水层。大型拱桥及冰冻地区的砖石拱桥一般设沥青毡防水层,其做法常为三油两毡或二油一毡;

(3) 拱圈排水处理:拱桥的台后要设排水设施,集中于盲沟或暗沟排出路基外。拱桥的桥面纵向、横向均设坡度,以利顺畅排水,桥面两侧与护轮带交接处隔 15~20 m 设泄水管。

七、施工方案分析

答:
1. 浇筑顺序如图 20 - 2 所示。
2. 施工方案:根据跨径大小采用在满布式拱架上进行分段浇筑法。

(1) 采用满布式拱架,预拱度根据计算值按二次抛物线比例进行分配;

(2) 每半跨分 4 段,两半跨对称浇筑。1、2、3、4 段长度为 5 m,工作缝宽 0.5 m,合拢段 5 m;

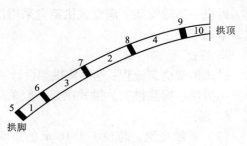

图 20 - 2

(3) 按顺序先浇筑工作段,待工作段混凝土达到设计强度 75% 以后,支架沉陷完成后再浇筑工作缝,最后浇筑合拢段。

(注:此题浇筑顺序答案不唯一,其他答案只要保证拱架受力均衡、合理均可)

任务二 拱桥的装配式施工考核内容

一、名词解释

1. 卧式叠浇 2. 拱座 3. 拱肋翻身 4. 拱肋掉头 5. 拱肋穿孔

二、判断题(对的划√,错的划×)

1. ( ) 缆索吊装施工的适用于大跨径或多跨拱桥。

2. ( ) 拱肋卧式叠浇混凝土强度达到设计强度的 80% 以后,可以浇筑下一片拱肋。

3. ( ) 拱肋分段吊装时,为了使接头选择在拱肋自重弯矩最小的位置及其附近,所以施工时每段不相等。

4. ( ) 拱肋分两段吊装时,多采用对接形式。

5. ( ) 拱肋接头处的混凝土强度等级应比拱肋混凝土强度等级高一级。

6. ( ) 插入式及钢铰拱座因其构造简单、钢材用量少、嵌固性能好,采用较为普遍。

7. ( ) 装配式拱桥构件在吊装时,混凝土的强度不应低于设计所要求的吊装强度;若无设计要求,一般不得低于设计强度的 100%。

8. ( ) 由于拱肋是曲线形构件,为了保证吊装过程中的稳定性,就需使两个吊点的连线在该拱肋弯曲重心轴以上。

9. （　　）拱肋采用二点吊时，两吊点可设在离拱肋端头 0.3L 处。
10. （　　）拱肋堆放时应尽可能立式放置。
11. （　　）拱肋堆放高度一般以 2 层为宜，不应超过 3 层。
12. （　　）拱桥采用缆索吊装法施工时，缆风索的地锚宜全部试拉。
13. （　　）拱上构件的砌筑应按规定的施工程序对称均衡地进行，以免产生过大的拱圈应力。

三、单项选择题

1. 下列哪项不是缆索吊装施工的特点？（　　）
   A. 跨越能力大　　　　　　　　　　B. 影响桥下通航
   C. 水平和垂直运输机动、灵活，适应性广　D. 施工比较稳妥、方便
2. 拱肋跨径在 30~80 m 范围时应分（　　）。
   A. 不分段　　　B. 两段　　　C. 三段　　　D. 五段
3. 分三段吊装的拱肋应采用（　　）的接头方式。
   A. 对接　　　B. 搭接　　　C. 现浇　　　D. 胶接
4. （　　）拱座用钢量较大，采用较少。
   A. 插入式　　　B. 方形　　　C. 预埋钢板式　　　D. 钢铰
5. 拱肋吊装采用二点吊时，吊点位置一般可设在离拱肋端头（　　）处。
   A. $(0.22~0.24)L$　B. $(0.32~0.34)L$　C. $(0.15~0.17)L$　D. $(0.42~0.44)L$
6. 拱肋卧放时应垫（　　）点，垫木位置应在拱肋中央及离两端（　　）L 处。
   A. 2　0.15　　B. 3　0.15　　C. 2　0.2　　D. 3　0.2
7. 拱肋掉头是将同一方向预制的边段拱肋安装时旋转（　　）度（°）方向。
   A. 90　　　B. 180　　　C. 270　　　D. 360
8. 缆索吊装施工当拱肋跨径大于等于 80 m 时，应采用的方式是（　　）。
   A. 留索单肋合拢
   B. 单基肋合拢
   C. 悬挂多段拱脚段或次拱脚段拱肋后单基肋合拢
   D. 双基肋同时合拢

四、填空题

1. 装配式混凝土拱桥采用的施工方法可以分为（　　）支架和（　　）支架施工两种。
2. 缆索吊装施工拱肋的预制方法有（　　）、（　　）、（　　）。
3. 常用的立式预制拱肋方法有：（　　）立式预制、（　　）立式预制、（　　）立式预制。
4. 卧式预制拱肋在吊装前需要"翻身"。常用（　　）翻身和（　　）翻身两种方法。
5. 拱肋缆索吊装合拢方式有（　　）、（　　）、（　　）及留索单肋合拢。

五、问答题

1. 缆索吊装施工的适用条件是哪些？
2. 缆索吊装施工有何特点？主要设备和吊装设备有哪些？

3. 拱肋应如何分段？
4. 拱肋的接头有几种形式？适用条件如何？
5. 分 5 段安装的拱肋应如何处理接头？
6. 缆索吊装施工的拱肋程序是什么？
7. 全桥拱肋的安装应遵循什么原则？
8. 拱肋缆索吊装合拢方式有几种？

拱桥的装配式施工考核答案

一、名词解释

1. 卧式叠浇：采用卧式预制的拱肋混凝土强度达到设计强度的 30% 以后，在其上安装侧模，浇筑下一片拱肋，如此连续浇筑称为卧式叠浇。
2. 拱座：拱肋与墩台的连接。
3. 拱肋翻身：卧式预制拱肋在吊装前，需要翻转成立式。
4. 拱肋掉头：为方便预制，边段拱肋有时采用同一方向预制，这部分拱肋在安装时，需要旋转 180°方向。
5. 拱肋穿孔：拱肋在桥孔中起吊时，最后几段拱肋常须在该孔已合拢的拱肋之间穿过。

二、判断题

1. √ 2. × 3. × 4. √ 5. √ 6. × 7. × 8. √ 9. × 10. × 11. √ 12. ×
13. √

三、单项选择题

1. B 2. C 3. B 4. C 5. A 6. B 7. B 8. D

四、填空题

1. 少　无
2. 立式预制　卧式预制　卧式叠浇
3. 土牛拱胎　木架　条石台座
4. 就地　空中
5. 单基肋合拢　悬挂多段拱脚段或次拱脚段拱肋后单基肋合拢　双基肋同时合拢

五、问答题

1. 答：
（1）大跨径或多跨拱桥；
（2）在峡谷或水深流急的河段上，或在通航的河流上需要满足船只的顺利通行，不便搭设支架；
（3）搭设支架不经济。
2. 答：特点：
（1）由于是工场生产制作，构件质量好，有利于确保构件的质量和尺寸精度，并尽可能多地采用机械化施工；
（2）上下部结构可以平行作业，因而可缩短现场工期；
（3）能有效地利用劳动力，并由此而降低了工程造价；

（4）跨越能力大，水平和垂直运输机动灵活，适应性广，施工比较稳妥；

（5）将构件预制后由于要存放一段时间，因此在安装时已有一定龄期，可减少混凝土收缩、徐变引起的变形。

设备有：主索、工作索、塔架和锚固装置等。

3. 答：拱肋跨径在 30 m 以内时，可不分段或仅分两段；在 30～80 m 范围时，可分三段；大于 80 m 时，一般分 5 段。拱肋分段吊装时，理论上接头宜选择在拱肋自重弯矩最小的位置及其附近，但一般为等分，这样各段重力基本相同，吊装设备较省。

4. 答：

（1）对接：拱肋分两段吊装时，多采用对接形式；

（2）搭接：分三段吊装的拱肋，因接头处在自重弯矩较小的部位，一般宜采用搭接形式；分 5 段安装的拱肋，边段与次边段拱肋的接头也可采用搭接形式；

（3）现浇接头：用简易排架施工的拱肋，可采用主筋焊接或主筋环状套接的现浇接头。

5. 答：边段与次边段拱肋的接头也可采用搭接形式。合拢段与次边段拱肋的接头可采用现浇接头形式。

6. 答：根据拱桥的吊装特点，其一般吊装程序为：边段拱肋吊装及悬挂，次边段拱肋吊装及悬挂（对五段吊装），中段拱肋吊装及拱肋合拢，拱上构件的吊装或砌筑安装等。

7. 答：

（1）单孔桥吊装拱肋顺序常由拱肋合拢的横向稳定方案决定；

（2）对于高墩，应以桥墩的墩顶位移值控制单向推力，位移值应小于 $L/400 \sim L/600$；

（3）设有制动墩的桥跨，可以制动墩为界分孔吊装，先合拢的拱肋可提前进行拱肋接头、横系梁及拱波等的安装工作；

（4）采用缆索吊装时，为减少主索的横向移动次数，可将每个主索位置下的拱肋全部吊装完毕后，再移动主索；

（5）为减少扣索往返拖拉次数，可按吊装推进方向，顺序地进行吊装。

8. 答：

（1）单基肋合拢：拱肋整根预制吊装或分两段预制吊装的中小跨径拱桥；

（2）悬挂多段拱脚段或次拱脚段拱肋后单基肋合拢：拱肋分三段或五段预制吊装的大、中跨径拱桥；

（3）双基肋同时合拢：当拱肋跨径大于等于 80 m 或虽小于 80 m，但单肋合拢横向稳定安全系数小于 4 时，应采用"双基肋"合拢的方法；

（4）留索单肋合拢：在采用两组主索设备吊装而扣索和卷扬机设备不足时，可以先用单肋合拢方式吊装一片拱肋合拢。

任务三　拱桥的转体施工考核内容

一、名词解释

转体施工法

二、判断题（对的划√，错的划×）

1.（　）转体施工法多用于拱桥的施工。

2. （　　）转体施工法一般适用于单孔或三孔拱桥的施工。
3. （　　）转体施工法受桥下场地限制。
4. （　　）位于深谷施工现场的箱形拱应采用平面转体施工更合理。
5. （　　）有平衡重转体施工的关键是锚碇。

三、单项选择题
1. 转体施工法不适用于下列哪种桥型？（　　）
　　A. 拱桥　　　　B. 桁架拱　　　　C. T形刚构　　　　D. 梁桥
2. 位于地势平坦的钢管劲性骨架拱桥，其施工时采用的转体方法是（　　）。
　　A. 平面转体　　B. 竖直向下转体　C. 平竖结合转体　D. 竖直向上转体
3. 系杆拱桥一般为（　　）。
　　A. 上承式、中承式拱桥　　　　　B. 中承式、下承式拱桥
　　C. 上承式、下承式拱桥　　　　　D. 上承式拱桥

四、填空题
1. 转体的方法可以采用（　　）、（　　）或（　　）三种方法。
2. 有平衡重转体施工的特点是转体（　　），施工的关键是（　　）。
3. 要把数百吨重的转动体系顺利、稳妥地转到设计位置，主要依靠以下两项措施实现：正确的转体（　　）；制作灵活、可靠的转体（　　），并布设牵引驱动系统。目前，国内使用的转体装置有两种，第一种是以（　　）作为滑板的环道平面承重转体；第二种是以（　　）支承辅以滚轮的轴心承重转体。
4. 无平衡重转体施工需要有一个强大牢固的（　　）。
5. 拱桥无平衡重转体施工是采用（　　）代替平衡重平转法施工，利用了（　　）、（　　）和（　　）三大体系构成平衡的转体系统。

五、问答题
1. 转体法施工拱桥的特点是什么？
2. 转体的方法有几种？适用条件如何？
3. 有平衡重平面转体拱桥的主要施工程序如何？
4. 与有平衡重转体相比，无平衡重转体的施工特点是什么？
5. 拱桥有支架施工和无支架施工的方法主要有哪些？

拱桥的转体施工考核答案

一、名词解释
转体施工法：将拱圈或整个上部结构分为两个半跨，分别在河流两岸利用地形或简单支架现浇或预制装配半拱，然后利用一些机具设备和动力装置，将其两半跨拱体转动至桥轴线位置（或设计标高）合拢成拱。

二、判断题
1. √　2. √　3. ×　4. √　5. ×

三、单项选择题
1. D　2. B　3. B

四、填空题

1. 平面转体　竖向转体　平竖结合转体
2. 重量大　转体
3. 设计　装置　四氟乙烯　球面转轴
4. 锚碇
5. 锚固体系　锚固　转动　位控

五、问答题

1. 答：转体法施工拱桥的特点是：结构合理，受力明确，节省施工用材，减少安装架设工序，变复杂、技术性强的水上高空作业为岸边陆上作业，施工速度快，不但施工安全、质量可靠，而且在通航河道或车辆频繁的跨线立交桥的施工中可不干扰交通、不间断通航、减少对环境的损害、减少施工费用和机具设备，是具有良好的技术经济效益和社会效益的桥梁施工方法之一。

2. 答：
   转体的方法有：平面转体、竖向转体或平竖结合转体。
   平面转体：适用于深谷、河岸较陡峭、预制场地狭窄或无法采用现浇或吊装的施工现场。
   竖向转体：适用于桥址地势平坦，桥孔下无水或水浅。
   平竖结合转体：适用于受到河岸地形条件的限制，拱桥采用转体施工时，可能遇到既不能按设计标高处预制半拱，也不可能在桥位竖平面内预制半拱的情况。

3. 答：有平衡重平面转体拱桥的主要施工程序如下：
   制作底盘→制作上转盘→试转上转盘到预制轴线位置→浇筑背墙→浇筑主拱圈上部结构→张拉拉杆，使上部结构脱离支架，并且和上转盘、背墙形成一个转动体系，通过配重基本把重心调到磨心处→牵引转动体系，使半拱平面转动合拢→封上下盘，夯填桥台背土，封拱顶，松拉杆，实现体系转换。

4. 答：是把有平衡重转体施工中的拱圈扣索拉力锚在两岸岩体中，从而节省了庞大的平衡重。使重量大大减轻，而且设备简单，施工工艺得到简化；虽然施工所需钢材略有增加，但全桥圬工数量大为减少。

5. 答：拱桥有支架施工：满布式拱架法，拱式拱架法，混合式拱架法，支架横移法刚性骨架法。无支架施工的方法：缆索吊装法，斜吊式悬臂法，转体施工法。

第二十一章

桥梁墩台施工

本章学习重点：明挖基础的施工步骤和要求；桩基础的施工要点和工艺要求；混凝土墩台的施工内容和工艺要求；滑动模板施工要点。

教学目标：使学生掌握明挖基础的施工步骤和要求；桩基础的施工要点和工艺要求；混凝土墩台的施工内容和工艺要求；使学生明确滑动模板施工要点；使学生知道桥梁附属工程施工。

能力目标：能够独立组织桥梁基础的施工与管理；进行桥梁施工测量、施工方案拟订、组织施工、质量检验；对内业资料进行整理归档。

任务一 明挖扩大基础施工考核内容

一、名词解释

1. 扩大基础（浅基础、明挖扩大基础） 2. 基坑 3. 围堰 4. 桩基础

二、判断题（对的划√，错的划×）

1. （   ）扩大基础按照图纸设计尺寸进行开挖。
2. （   ）硬质岩基坑可挖垂直坑壁。
3. （   ）坑顶与动载间至少应留有 1 m 宽的护道。
4. （   ）土质基坑开挖时直接挖至基底设计标高。
5. （   ）明挖扩大基础不受冻胀和冲刷产生的恶劣影响。
6. （   ）钢板桩围堰适用于砂类土、黏性土、碎石土及风化岩石等河床的深水基础。
7. （   ）钢板桩的插打顺序按施工组织设计进行，一般自上游分两头插向下游合拢。
8. （   ）套箱围堰适用于埋置很深的水中基础。
9. （   ）集水坑、集水沟适用于粉细砂土质基坑排水。
10. （   ）对于排水挖基有困难的浅水基坑，不宜采用空气吸泥机。
11. （   ）基础围岩石地基，若岩层倾斜，应将岩面凿平或凿成台阶后再施工基础。
12. （   ）基底检验平面周线位置的允许偏差是 −20 cm。
13. （   ）基底为岩层或混凝土基础，可直接砌筑浆砌块（片）石基础。
14. （   ）加石混凝土和片石混凝土埋放石块的数量不宜超过混凝土结构体积的 25%。
15. （   ）矿渣水泥、火山灰质水泥或掺用塑化剂的混凝土应为 7 昼夜以上。

16. （　　）钻孔灌注桩成孔后孔径检验的标准是不小于设计桩径。

三、单项选择题

1. 某基坑深度为 3 m，土质为砂类土，土的湿度正常，基坑顶缘有荷载，从经济合理的角度分析，此基坑开挖时坡度应选择（　　）。
 A. 1∶0.75　　B. 1∶1　　C. 1∶1.25　　D. 1∶1.5

2. 某基坑深度为 4 m，工程量不大，坑底在地下水位以上，土的湿度正常，从经济合理的角度分析此基坑开挖方式应为（　　）。
 A. 垂直开挖　　B. 放坡开挖　　C. 支撑开挖　　D. 围堰开挖

3. 基坑开挖时，有大量地下水进入且场地受到限制，应采用（　　）的开挖方式。
 A. 垂直开挖　　B. 放坡开挖　　C. 挡板支撑开挖　　D. 钢板桩围堰开挖

4. 围堰高度一般要求高出施工期间可能出现的最高水位（包括浪高）（　　）cm。
 A. 20～40　　B. 30～50　　C. 50～70　　D. 80～100

5. 某水中基坑，水深 3.0 m 以内，流速≤1.5 m/s，河床土质渗水较小，应采用的围堰是（　　）。
 A. 土石围堰　　　　　　B. 草（麻）袋围堰袋围堰
 C. 钢板桩围堰　　　　　D. 套箱围堰

6. 基坑开挖时坑顶与动载间至少应留有（　　）m 宽的护道。
 A. 0.5　　B. 1　　C. 1.5　　D. 2

7. 检验石质基底标高的允许偏差是（　　）。
 A. +5 cm　−20 cm　　　B. ±5 cm
 C. +5 cm　−10 cm　　　D. ±10 cm

8. 混凝土中填放片石时，净距不小于（　　）cm，距结构侧面和顶面净距不小于（　　）cm。
 A. 3　5　　B. 5　10　　C. 10　15　　D. 15　20

9. 混凝土应在基底无水情况下施工，对需要抽水施工的基坑，应在（　　）情况下方可停止。
 A. 混凝土浇筑完成　　　B. 混凝土初凝
 C. 混凝土终凝　　　　　D. 混凝土拆模

10. 基底检验时，不需要检验的内容是（　　）。
 A. 平面位置、尺寸大小　　B. 基底承载力
 C. 基坑边坡的安全性　　　D. 基底高程

四、填空题

1. 坑壁有支撑的基坑开挖常用的支撑方式可按具体情况采用（　　）、（　　）、（　　）等防护措施。（任选三个）

2. 基坑开挖可以采用（　　）开挖，也可以采用（　　）开挖方法。

3. 岩石地基开挖一般采用（　　）开挖，必要时可进行（　　）。

4. 桥梁水中基础最常用的施工方法是（　　）。

5. 桥梁常用围堰有（　　）、（　　）、（　　）等几种（任选三个）。

6. 基坑排水根据渗水量大小可选择（　　）、（　　）两种降水方法。

7. 井点法排水适用于粉、细砂或地下水位（　　）、挖基（　　）、坑壁（　　）和普

通排水方法难以解决的基坑。

8. 对于排水挖基有困难或具有水中挖基的设备时,可采用(　　)、(　　)、(　　)水中挖基方法。

9. 检验土质基底标高的允许偏差是(　　)cm。

10. 扩大基础的种类有(　　)、(　　)、(　　)、(　　)等几种。

11. 混凝土中填放片石时应选用无裂纹、夹层且未被锻炼过的、高度小于(　　)cm、具有抗冻性能的石块;石块的抗压强度应不小于(　　)MPa及混凝土强度;石块应清洗干净,应在捣实的混凝土中埋入(　　)以上。

五、绘图

1. 绘图说明基础的定位放样工序。
2. 绘图说明旱地基坑开挖的方式有几种?各自适用条件如何?

六、问答题

1. 与其他类型基础相比,明挖扩大基础施工有哪些特点?
2. 基坑开挖前应该做哪些准备工作?
3. 陆地基坑开挖的工序有哪些?
4. 坑壁不加支撑的基坑开挖的适用条件有哪些?
5. 基坑施工过程中的注意事项有哪些?
6. 基坑开挖时在什么条件下采用支撑?
7. 对围堰的要求有哪些?
8. 井点法排水时应注意哪些事项?
9. 基底检验的内容包括哪些?

七、施工方案分析

1. 某扩大基础已知尺寸为长×宽×深 = 20 m×4 m×1 m,原地面标高为 105.3 m,基底设计标高为 101.3 m,地下水位标高为 102.3 m;地基土为一般黏性土。

【问题】:

(1) 确定此扩大基础的具体施工工序。

(2) 画图并计算出基础放样开挖尺寸。

2. 某桥梁 3 号为桩承式结构,承台体积约为 180 m^3,承台基坑开挖深度为 4 m,原地面往下地层依次为:0~80 cm 腐殖土,80~290 cm 黏土,其下为淤泥质土,地下水位处于原地面以下 100 cm,基坑开挖后边坡失稳,且边坡有渗水,挖至设计标高后,基底土质松软,施工单位对这些不良的地质现象都作了适当的处理。在施工前对承台模板作了详细的模板设计。

【问题】:

(1) 当基坑边坡不稳,且出现渗水时,应采取哪些措施处理?

(2) 本承台底层为松软土质,应采取什么措施以保证承台立模及混凝土浇筑?

(3) 承台模板加工、制作、安装时应注意哪些问题?

明挖扩大基础施工考核答案

一、名词解释

1. 扩大基础(浅基础、明挖扩大基础):是将墩台及上部结构传来的荷载通过基础底板直接传至较浅的支撑地基的一种基础。

2. 基坑：为建筑基础而开挖的临时性坑井，属于临时性工程。

3. 围堰：是指在工程建设中，修建的临时性围护结构。其作用既可以防水、围水，又可以支撑基坑的坑壁。

4. 桩基础：由若干根桩和承台两部分组成，在平面上排列可成为一排或几排，所有的桩的顶部都由承台连成一整体。其作用是将承台以上结构物传来的外力通过承台，由桩传到较深的地基持力层中去。

二、判断题

1. × 2. √ 3. √ 4. × 5. × 6. √ 7. √ 8. × 9. × 10. √ 11. √ 12. × 13. × 14. √ 15. × 16. √

三、单项选择题

1. C 2. B 3. D 4. C 5. B 6. B 7. A 8. C 9. B 10. C

四、填空题

1. （任选三个）挡板支撑　钢木结合支撑　混凝土护壁　钢板桩围堰　锚杆支护及地下连续壁

2. 人工　机械

3. 人工　松动爆破

4. 围堰法

5. （任选三个）土围堰　土袋围堰　钢板桩围堰　钢筋混凝土桩围堰　竹（铅丝）笼围堰　套箱围堰

6. 集水坑　井点法

7. 较高　较深　不易稳定

8. 水力吸泥机　空气吸泥机　挖掘机水中挖基

9. ±5

10. 浆砌片石　浆砌块石　片石混凝土　钢筋混凝土

11. 15　25　一半

五、绘图

1. 答：（1）根据桥梁中心线与墩台的纵横轴线，推出基础边线的定位点 O；

(2) 根据定位点按照基础设计尺寸及放坡距离计算出开挖范围长度 a 和宽度 b。放线画出基坑的开挖范围，并在四角定桩挂线。基坑底部的尺寸较设计的平面尺寸每边各增加 $0.5 \sim 1.0$ m 的富余量，以便于支撑、排水、立模板。（见图 21-1）

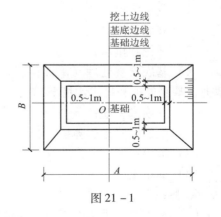

图 21-1

2. 答：如图 21-2 所示。

(1) 垂直坑壁：黏性土在半干硬或塑性状态，基坑顶部无活荷载。

(2) 斜坑壁或挖成阶梯形坑壁：基坑在 5 m 以内，土的湿度正常时按规定放坡或台阶开挖，可采用每梯高度 $0.5 \sim 1.0$ m。若开挖深度超过 5 m，坡度可放缓或加做平台。

(3) 坡度不同坑壁：土质不均匀时，上下层开挖的形式不同。

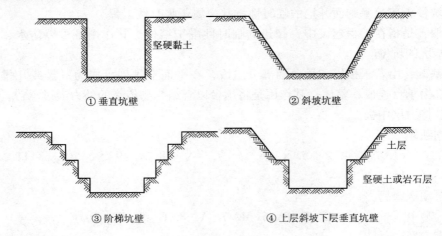

图 21-2

六、问答题

1. 答：
(1) 由于能在现场用眼睛确认支撑地基的情况下进行施工，施工质量可靠；
(2) 施工的噪声、振动和对地下污染等建设公害较小；
(3) 与其他类型的基础相比，施工所需的操作空间较小；
(4) 在多数情况下，比其他类型的基础造价省、工期短；
(5) 易受冻胀和冲刷产生的恶劣影响。

2. 答：
(1) 测定基坑中心线、方向和高程；
(2) 按地质、水文资料，结合现场情况，确定开挖坡度、支护方案、开挖范围和防水、排水措施。

3. 答：
(1) 测量定位；
(2) 基础放样；
(3) 开挖和排水；
(4) 基底检查处理（平面位置、尺寸大小、基底标高、土质均匀性、地基稳定性、承载力、基底处理和排水沟情况）；
(5) 立模绑钢筋；
(6) 浇筑混凝土、养护；
(7) 拆模；
(8) 回填土。

4. 答：
(1) 在干涸、无水的河滩、河沟中，或有水经改河或筑堤能排除地表水的河沟中；
(2) 在地下水位低于基底或渗透量小，不影响坑壁的质量；
(3) 基础埋置不深，施工期较短，挖基坑时不影响邻近建筑物安全的施工场所。

5. 答：

（1）在基坑顶缘四周适当位置设置截水沟，并防止水沟渗水，以避免地表水冲刷坑壁，影响稳定性；

（2）坑壁边缘应留有护道，静荷载距坑边缘不小于0.5 m，动荷载距坑边缘不小于1.0 m，垂直坑壁应适当加宽，水文条件差应设加固措施；

（3）应经常注意坑边缘顶面土有无裂缝，坑壁有无松散塌落现象，以确保安全施工；

（4）基坑开挖时间不宜延续过长；

（5）机械开挖，应保留10~20 cm厚底层，在浇筑前用人工挖至设计标高；

（6）基坑应尽量在少雨季节施工；

（7）应用原土及时回填，对桥台及有河床铺砌的桥墩基坑应分层夯实。

6. 答：

（1）基坑坑壁不易稳定并有地下水渗入；

（2）放坡开挖场地受到限制；

（3）基坑较深、放坡开挖工程数量较大，不符合技术经济要求时。

7. 答：

对围堰的要求有：

（1）围堰顶高宜高出施工期间最高水位70 cm，最低不宜小于50 cm，用于防御地下水的围堰宜高出水位20~40 cm；

（2）围堰外形应适应水流排泄，内形应适应基础施工的要求，并留有适当的工作面；堰身应有足够的强度和稳定性；

（3）围堰要求防水严密，应采取措施防止或减少渗漏，以减轻排水工作；

（4）围堰施工一般应安排在枯水期。

8. 答：

（1）降低成层土中地下水位时，应尽可能将滤水管埋设在透水性较好的土层中；

（2）在水位降低的范围内设置水位观测孔，其数量视工程情况而定；

（3）应对整个井点孔位加强维护和检查，保证不间断的进行抽水；

（4）应考虑孔水位降低区域构筑物受其影响而可能产生的沉降，并应做好沉降观测，必要时采取防护措施。

9. 答：

（1）检查基底平面位置、尺寸大小、基底标高；

（2）检查基底地质情况和承载力是否与设计资料相符；

（3）检查基底处理和排水情况是否与规范相符；

（4）检查施工日志及有关试验资料等。

七、施工方案分析

1. 答：

（1）施工工序：

① 测量定位；

② 基础放样；

③ 开挖和排水；

④ 基底检查处理(平面位置、尺寸大小、基底标高、土质均匀性、地基稳定性、承载力、基底处理和排水沟情况);

⑤ 立模绑钢筋;

⑥ 浇筑混凝土、养护;

⑦ 拆模;

⑧ 回填土。

(2) 基础放样开挖尺寸:如图21-3、图21-4。

① 根据桥梁中心线与墩台的纵横轴线,推出基础边线的定位点 O;

② 根据题意土质为一般黏性土,基坑开挖土方量不大,地下水高于坑底 $1\,m$ 深,可以考虑用人工放坡开挖,采用集水坑降水法排水,考虑经济性和稳定性查表确定坑壁坡度比 $1:n=1:0.5$。基坑底部的尺寸较设计的平面尺寸每边各增加 $1.0\,m$ 的富余量以便于排水、立模板。按照基础设计尺寸及放坡距离计算出开挖范围长度 A 和宽度 B。

$$A = 20 + 1 \times 2 + 0.5 \times (105.3 - 101.3) \times 2 = 26 \text{ (m)}$$
$$B = 4 + 1 \times 2 + 0.5 \times (105.3 - 101.3) \times 2 = 10 \text{ (m)}$$

根据计算,从 O 点用仪器丈量边线,画出基坑的开挖范围并在四角定桩挂线开始开挖。

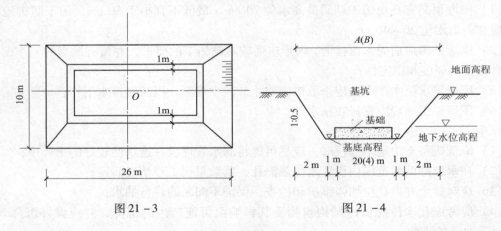

图21-3　　　　　　　图21-4

2. 答:

(1) 基坑边坡不稳时,可采取加固坑壁措施,如挡板支撑、混凝土护壁、钢板桩、锚杆支护、地下连续墙等。如有渗水时,基坑底部应设排水沟和集水井,及时排除基坑积水。

(2) 挖除承台底层松软土,在基坑底部设排水沟和集水井,换填砂砾土垫层,使其符合基底的设计标高并整平,即立模灌筑承台混凝土。

(3) 模板一般采用组合钢模,纵、横楞木采用型钢,在施工前必须进行详细的模板设计,以保证使模板有足够的强度、刚度和稳定性,能可靠的承受施工过程中可能产生的各项荷载,保证结构各部形状、尺寸的准确。模板要求平整,接缝严密,拆装容易,操作方便。一般先拼成若干大块,再由吊车或浮吊(水中)安装就位,支撑牢固。

任务二 桩基础施工考核内容

一、名词解释
1. 桩基础 2. 钻孔灌注桩 3. 正循环钻进施工 4. 反循环钻进施工 5. 扩孔（缩孔）

二、判断题（对的划√，错的划×）
1. （   ）护筒内径应比桩径小20~30 cm。
2. （   ）采用正循环钻时应高出地下水位1.0~1.5 m。
3. （   ）正循环钻孔比反循环钻孔塌孔的几率高。
4. （   ）不同钻孔方法采用不同泥浆性能指标。
5. （   ）冲抓锥钻进适用于砂砾石和砂土地层。
6. （   ）冲抓锥法施工不需要泥浆。
7. （   ）梅花孔或十字槽孔多见于冲击钻孔。
8. （   ）换浆清孔比抽浆清孔法清孔底效果好。
9. （   ）水下混凝土的灌注是导管下口应插入至孔底。
10. （   ）桩的灌注长度按设计要求施工。
11. （   ）挖孔灌注桩适用于无水或极少水的较密实的各类土层。

三、单项选择题
1. 护筒顶标高采用反循环钻时，其顶部应高出地下水位（   ）m。
   A. 1.0   B. 1.5   C. 2.0   D. 3.0
2. 安装钻机前，底架应垫平，保持稳定，不得产生位移和沉陷，钻头和钻杆中心与护筒中心偏差不得大于（   ）。
   A. 2 cm   B. 3 cm   C. 5 cm   D. 10 cm
3. 钻孔桩主筋不允许使用绑扎搭接接头。注意主筋在50 cm范围内接头数量，不能超过截面主筋根数总数的（   ）。
   A. 15%   B. 25%   C. 50%   D. 75%
4. 反循环钻机施工时，泥浆的主要作用是（   ）。
   A. 悬浮钻渣   B. 护壁   C. 护壁和悬浮钻渣   D. 不需泥浆
5. 对于碎砾石含量较大的土质孔深50 m的钻孔桩地基，应采用（   ）钻孔方法更合理。
   A. 正循环   B. 反循环   C. 冲抓锥   D. 冲击锥
6. 卡钻最容易发生在（   ）的钻孔方法。
   A. 正循环   B. 反循环   C. 冲击锥   D. 冲抓锥
7. 下列哪一项不是钻孔漏浆的原因？（   ）
   A. 遇到透水性强的地层，或有地下水流动
   B. 泥浆相对密度不够及其他泥浆性能指标不符合要求，使孔壁未形成坚实的泥皮
   C. 深水钻孔的护筒接缝不严密，护筒埋设太浅
   D. 钻头磨损
8. 哪项措施不能处理钻孔漏浆？（   ）

A. 将护筒周围填土筑实　　　　B. 增加护筒沉埋深度
　　C. 适当减小水头高度　　　　　D. 减小泥浆稠度
9. 正循环钻孔的摩擦桩应选择（　　）的方法。
　　A. 换浆清孔　B. 掏渣清孔　C. 抽浆清孔　D. 喷射清孔
10. 钻孔桩终孔检查合格后，应迅速清孔。清孔的方法有很多种，其中（　　）较为彻底。
　　A. 抽浆法　　B. 换浆法　　C. 淘渣法　　D. 喷射清孔
11. 下列哪项不能导致灌注桩钢筋笼上浮？（　　）
　　A. 混凝土浇筑太快 B. 钢筋笼未固定 C. 泥浆相对密度过小 D. 顶部采用反压措施
12. 灌注水下混凝土，导管埋入混凝土的深度不合适的为（　　）。
　　A. 0.5 m　　B. 3 m　　C. 4 m　　D. 6 m
13. 下列哪项适用于挖孔灌注桩？（　　）
　　A. 孔径0.8 m，孔深10 m　　B. 孔径1.3 m，孔深10 m
　　C. 孔径1.3 m，孔深20 m　　D. 孔径0.8 m，孔深20 m
14. 钻孔桩施工中如出现下列现象：（1）孔内水位突然下降，孔口冒细密的水泡；（2）出渣量显著增加而不见进尺，钻机负荷显著增加。可判定为（　　）。
　　A. 扩孔　　B. 钻孔漏浆　　C. 塌孔　　D. 缩孔
15. 钻孔桩桩身混凝土应匀质、完整。对钻孔桩桩身混凝土应全部进行（　　）检测。
　　A. 小应变　B. 大应变　C. 无损　D. 超声波
16. 地下水位较高，土质较差，容易塌孔，宜采用（　　）。
　　A. 泥浆护壁成孔灌注桩　　　　B. 人工挖孔灌注桩
　　C. 冲抓锥成孔桩　　　　　　　D. 冲击锥成孔桩
17. 当地基浅层地质较差，持力土层埋藏较深，需要采用深基础才能满足结构物对地基强度、变形和稳定性要求时，可用（　　）。
　　A. 箱式基础　B. 沉井基础　C. 扩大基础　D. 桩基础

四、填空题

1. 桩基础按施工方法不同，又可分为（　　）、（　　）、（　　）等。
2. 钻孔泥浆由（　　）、（　　）和（　　）组成。
3. 在钻孔时泥浆的主要作用是（　　）、（　　）和（　　）。
4. 冲抓锥是一种最简单的钻孔机械，由（　　）、（　　）、（　　）三部分组成。
5. 钻孔桩清孔方法有（　　）、（　　）、（　　）、（　　）等几种。
6. 清孔目的是将孔内（　　）清除干净，保证孔底沉淀土层（　　）满足要求。
7. 钻孔桩钢筋骨架由（　　）、加强筋、（　　）和定位筋四部分组成。
8. 导管是灌注水下混凝土的重要工具，一般选用（　　）导管。
9. 钻孔灌注桩采用导管灌注水下混凝土，灌注时要求导管下口至孔底的距离一般为（　　）cm；导管埋入混凝土中的深度，以不小于（　　）m为宜。
10. 桩基础按承受荷载的工作原理不同，分为（　　）、（　　）、（　　）。

五、画图说明钻孔灌注桩的工艺流程

六、问答题

1. 泥浆在钻孔中的作用是什么？

2. 钻孔灌注桩施工前的准备工作有哪些？
3. 采用钻孔灌注桩施工时要遵循哪些要求？
4. 正循环钻孔与反循环钻孔各自的适用条件及特点如何？
5. 钻孔常出现哪些事故？
6. 钻孔时出现塌孔应如何处理？
7. 水下混凝土灌注时对导管有哪些要求？
8. 灌注水下混凝土时有哪些注意事项？
9. 钻（挖）孔在终孔和清孔后应检验哪些内容？
10. 钻孔桩水下混凝土的质量应符合哪些要求？
11. 钻孔灌注桩中夹泥层或断桩事故的原因主要有哪些？
12. 导致断桩的预防措施有哪些？
13. 断桩如何处理？
14. 钻孔灌注桩发生偏斜的原因及预防处理措施有哪些？
15. 在灌注水下混凝土时，钢筋笼上浮的防治措施有哪些？

七、施工方案分析

1. 某桥梁建筑工地的桩基直径为 1.5 m，桩长 30 m。地质条件如下：原地面往下依次为黏土、砂砾石、泥岩，承包人配置的桩基成孔设备有冲抓钻和冲击钻。施工单位作了详细的钻孔桩的施工准备方案。同时，根据实际情况选择了适宜的清孔方法，并采用导管灌注水下混凝土。

【问题】：

（1）选择合适的钻机类型，并说明理由。
（2）简述钻孔桩施工准备要点。
（3）钻孔桩清孔方法有哪些？
（4）采用导管法浇筑水下混凝土时，导管的安放应注意哪些事项？

2. 已知某钻孔灌注桩直径 1.2 m，导管直径 0.3 m，钻孔深度为孔内水面以下 40 m，泥浆相对密度 1.1，混凝土拌合物表现密度 24 kN/m³，孔底有沉淀 0.1 m。

【问题】：

（1）灌注水下混凝土时有哪些注意事项？
（2）计算首批灌注混凝土所需的最小量。

桩基础施工考核答案

一、名词解释

1. 桩基础：是一种常用的深基础形式，它由桩和桩顶的承台组成。
2. 钻孔灌注桩：现场采用钻孔机械（人工）将地层钻挖成预定孔径和深度的孔后，将预制成一定形状的钢筋骨架放入孔内，然后在孔内灌入流动的混凝土而形成桩基。
3. 正循环钻进施工：用钻头旋转切削土体钻进，泥浆通过钻杆中心从钻头喷入钻孔内，泥浆携带钻渣沿钻孔上升，从护筒顶部排浆孔排出至沉淀池。
4. 反循环钻进施工：泥浆输入钻孔内，然后从钻头的钻杆下口吸进，通过钻杆中心排出至沉淀池内。

5. 扩孔（缩孔）：孔径较大或者过小。

二、判断题

1. × 2. √ 3. × 4. √ 5. √ 6. × 7. √ 8. × 9. × 10. × 11. √

三、单项选择题

1. C 2. A 3. C 4. B 5. D 6. C 7. D 8. D 9. A 10. A 11. C 12. A 13. B 14. C 15. C 16. A 17. D

四、填空题

1. 钻孔灌注桩　挖孔灌注桩　沉入桩
2. 水　黏土（或膨润土）　添加剂
3. 冷却钻具　护壁　排渣
4. 三脚立架　锥头　卷扬机
5. 掏渣清孔法　换浆清孔法　抽浆清孔法　喷射清孔法
6. 钻渣　厚度
7. 主筋　螺旋箍筋
8. 刚性
9. 25～40　1
10. 摩擦桩　柱桩　嵌岩桩

五、画图说明钻孔灌注桩工艺流程，见图21-5

六、问答题

1. 答：
（1）在孔内产生较大的悬浮液压力，可防止塌孔；
（2）泥浆向孔外土层渗漏，在钻进过程中，由于钻头的活动，孔壁表面形成一层胶泥，具有护壁作用，同时将孔内外水流切断，能稳定孔内水位；
（3）冷却钻具。

2. 答：
（1）认真进行施工放样：用全站仪准确放出各桩位中心，用骑马桩固定位置，用水准仪测量地面标高，确定钻孔深度；
（2）根据地质资料，确定科学、合理的钻孔方法和钻孔设备，架设好电力线路，配备适合的变压器；
（3）埋设护筒：保护孔口，防止塌孔；
（4）制备泥浆：用泥浆悬浮钻渣和护壁；
（5）钢筋笼制作：钢筋笼应按图纸尺寸要求制作并满足构造要求。

3. 答：钻孔灌注桩施工时要遵循以下一般要求：
（1）钻孔就位前，应对钻孔的各项准备工作进行检查，包括场地与钻机座落处的平整和加固，主要机具的检查与安装；
（2）必须及时填写施工记录表，交接班时应交代钻进情况及下一班应注意事项；
（3）钻机底座和顶端要平稳，在钻进和运行中不应产生位移和沉陷。回转钻机顶部的起吊滑轮缘、转盘中心和桩位中心三者应在同一铅垂线上，偏差不超过2 cm；

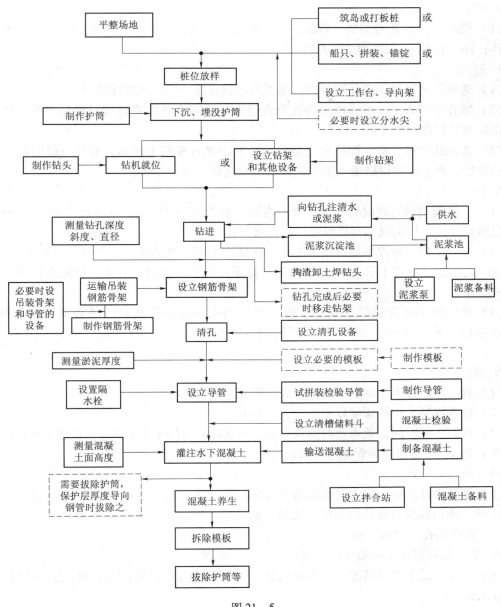

图 21-5

(4) 钻孔作业应分班连续进行,经常对钻孔泥浆性能指标进行检验,不符合要求时要及时改正。

4. 答:

正循环钻孔:适用于淤泥、黏性土、砂土以及砾、卵石粒径小于 10 cm,含量少于 20% 的碎石土。其优点是钻进与排渣同时连续进行,在适用的土层中钻进速度较快,但需设置泥浆槽、沉淀池等,施工占地较多且机具设备较复杂。

反循环钻孔:适用于黏性土、砂土以及砾卵石粒径小于钻杆内径 2/3,含量少于 20% 的碎石土、软岩。其钻进与排渣效率较高,但接长钻杆时装卸麻烦,钻渣容易堵塞管路。

5. 答：

（1）塌孔；（2）孔身偏斜、弯曲；（3）扩孔、缩孔；（4）钻孔漏浆；（5）梅花孔或十字槽孔；（6）糊钻、埋钻；（7）卡钻。

6. 答：

（1）遇钻孔坍塌时，应仔细分析，查明原因和位置，然后再进行处理；

（2）塌孔不严重时，可回填至塌孔位置以上，采取改善泥浆性能、加高水头、埋深护筒等措施继续钻进；

（3）若塌孔严重，应立即将钻孔全部用砂或小砾石夹黏土回填，暂停一段时间，使其性能稳定后，再采取相应措施（加大泥浆浓度快速钻进等）重钻。

7. 答：

（1）一般选用钢管制成的刚性导管。内径一般为 25～35 cm，每节长 4～5 m，用端头法兰盘螺栓连接，接头间夹有橡胶垫，防止泌水；

（2）导管上口一般设置储料槽和漏斗。在灌注末期，当钻孔桩桩顶低于井孔中水面时，漏斗底口高出水面不宜小于 4～6 m，当桩顶高于井孔中水面时，漏斗底口高出桩顶不宜小于 4～6 m；

（3）导管使用前应进行必要的水密、承压和接头抗拉等试验。吊袋前应进行试拼，接口连接应严密、牢固。吊装时，导管应位于井孔中央，并在混凝土灌注前进行升降试验。

8. 答：

（1）首次灌注混凝土导管下口至孔底的距离一般为 30 cm；

（2）埋入混凝土中的深度以不小于 1 m 为宜；

（3）每灌一段时间，就要及时抽拔导管，导管埋入混凝土中的深度不能大于 6 m，但也不能小于 2 m，严格控制导管提升时间；

（4）灌注必须连续进行；

（5）灌注的桩顶标高应比设计标高高出 0.5～1.0 m，待开挖基坑浇承台时凿除。

9. 答：使用仪具对成孔的孔位、孔深、孔形、孔径、竖直度、泥浆相对密度、孔底沉淀厚度、有否缩孔、坍塌等检验。

10. 答：钻孔桩水下混凝土的质量应符合以下要求：

（1）强度不低于设计强度。除用预留试块做抗压强度外，还应凿平桩头，并取桩头试块做抗压试验；

（2）桩身混凝土不能有断层或夹层。应仔细检查分析混凝土记录，并用无破损方法检验桩身，对质量可疑的桩要钻芯取样进行试验；

（3）桩头凿除预留部分不能有残余松散层和薄弱混凝土层。嵌入承台或盖梁内的桩头及锚固钢筋长度，要符合规范要求。

11. 答：

（1）卡管。由于混凝土坍落度过小，或由于石料粒径过大、导管直径较小，在灌注过程中堵塞导管，且在混凝土初凝前无法疏通好，不得不提起导管，形成断桩；

（2）坍塌。因工程地质情况较差，在灌注过程中，井壁坍塌严重或出现流砂、软塑状质等，造成类泥沙性断桩；

(3）首批灌注的混凝土量不够。由于检测和计算错误，导管长度不够使底口与孔底距离过大，首批灌注的混凝土不能埋住导管底部，从而形成断桩；

（4）盲目提拔导管。将导管提拔过量，使导管底口拔出混凝土面，或使导管口处于泥浆层，形成断桩。导管埋置深度过深，无法提起导管或将导管拔断，造成断桩；

（5）导管接口渗漏，使泥浆进入导管，在混凝土内形成夹层，造成断桩；

（6）由于其他意外原因（如机械故障、停电、材料供应不足等）造成混凝土不能连续灌注，中断时间超过混凝土初凝时间，致使导管无法提起，形成断桩。

12. 答：

（1）设备要求备用，材料准备充足，便道、通信畅通，确保混凝土连续供应；

（2）混凝土要和易性好，坍落度控制在 18～22 cm；

（3）尽量采用大直径导管，使用前要检漏和进行抗拉力试验，以防导管渗漏；

（4）混凝土每浇筑一车均应测量导管在混凝土中的埋深，严格控制在 2～6 m 范围内。

13. 答：

（1）原位复桩。对在施工过程中及时发现和超声波检测出的断桩，采用彻底清理后，在原位重新浇筑一根新桩，做到较为彻底的处理；

（2）接桩。拔出导管确定接桩方案，首先，对桩进行声测确定好混凝土的部位；其次，根据设计提供的地质资料确定井点降水－开挖－C20 素混凝土进行护壁，护壁内用钢筋箍圈进行加固；第三，挖至合格数处利用人工凿毛，按挖孔法的混凝土施工方法进行混凝土的浇筑；

（3）桩芯凿井法。边降水边采用风镐在缺陷桩中心凿一直径为 80 cm 的井，深度至少超过缺陷部位，然后封闭清洗泥沙，放置钢筋笼，用挖孔混凝土施工方法浇筑膨胀混凝土；

（4）补桩。如果用以上方法都无法处理，或因塌孔、导管无法拔出等造成断桩时，可由设计单位结合质量事故报告提出补桩方案，在原桩两侧进行补桩。

14. 答：

（1）原因分析：

① 钻机未处于水平位置，或施工场地未整平及压实，在钻进过程中发生不均匀沉降；

② 水上钻孔平台基底座不稳固、未处于水平状态，在钻孔过程中，钻机架发生不均匀变形；

③ 钻杆弯曲、接头松动，致使钻头晃动范围较大；

④ 在旧建筑物附近钻孔过程中遇到障碍物，把钻头挤向一侧；

⑤ 土层软硬不均，致使钻头受力不均，或遇到孤石、探头石等。

（2）预防措施：

① 钻机就位前，应对施工现场进行整平和压实，并把钻机调整到水平状态。在钻进过程中，应经常检查使钻机始终处于水平状态工作。水上钻机平台在钻机就位前，必须进行安装验收，其平台要牢固、水平，钻机架要稳定；

② 应使钻机顶部的起重滑轮槽、钻杆的卡盘和护筒桩位的中心在同一垂直线上，并在钻进过程中防止钻机移位或出现过大的摆动；

③ 在旧建筑物附近施工时，应提前做好探测，如探测过程中发现障碍物，应采用冲击钻进行施工；

④ 要经常对钻杆进行检查，对弯曲的钻杆要及时调整或废弃。

（3）处理措施：

① 当遇到孤石等障碍物时，可采用冲击钻冲击成孔；

② 当钻孔偏斜超限时，应回填黏土，待沉积密实后再重新钻孔。

15. 答：当混凝土上升到接近钢筋笼下端时，应放慢浇筑速度，减少混凝土面上升的动能作用，以免钢筋笼上浮。当钢筋笼被埋入混凝土中一定深度时，再提升导管，减少导管埋入深度，使导管下端高出钢筋笼下端有相当距离时再按正常速度浇筑。在通常情况下，可防止钢筋笼上浮。此外浇筑混凝土前，应将钢筋笼固定在孔壁护筒上，可防止钢筋笼上浮。

七、施工方案分析

1. 答：

（1）根据地质情况及承包人配置的桩基成孔设备，应使用冲击钻。因为泥岩为较软岩石，冲抓钻不适用，但冲击钻适用。又因为桩长大于 20 m，也应该采用冲击钻。

（2）钻孔桩施工准备工作包括：进行场地平整，清除杂物，钻机位置处平整夯实，准备场地，同时必须对施工用水、泥浆池位置、动力供应、砂石料场、拌合机位置、钢筋加工场地、施工便道做统一的安排。

（3）清孔方法有抽浆法、换浆法、淘渣法、喷射法。（该工程应该采用淘渣法及换浆法结合）

（4）采用导管法进行水下混凝土灌注。

① 导管使用前要进行闭水试验，合格的导管才能使用；

② 导管应居中稳步沉放，不能接触到钢筋笼，以免导管在提升中将钢筋笼提起；

③ 导管底部距桩底的距离应符合规范要求。

2. 答：

（1）水下混凝土的灌注注意事项：

① 首次灌注混凝土导管下口至孔底的距离一般为 30 cm；

② 埋入混凝土中的深度以不小于 1 m 为宜；

③ 每灌一段时间，就要及时抽拔导管，导管埋入混凝土中的深度不能大于 6 m，但也不能小于 2 m，严格控制导管提升时间；

④ 灌注必须连续进行；

⑤ 灌注的桩顶标高应比设计标高高出 0.5~1.0 m，待开挖基坑浇承台时凿除。

（2）解：泥浆密度

$$\gamma_w = 1.1 \times 10 = 11 \text{ (kN/m}^3\text{)}$$

$$h_3 = 0.3 + 0.1 = 0.4 \text{ (m)}$$

$$H_c = h_2 + h_3 = 1 + 0.4 = 1.4 \text{ (m)}$$

$$h_1 = \frac{H_w \gamma_w}{\gamma_c} = \frac{11 \times (40 - 1.4)}{24} = 17.692 \text{ (m)}$$

$$\begin{aligned} V &= h_1 \pi d^2/4 + H_c \pi D^2/4 \\ &= 17.692 \times 3.14 \times 0.3^2/4 + 1.4 \times 3.14 \times 1.2^2/4 \\ &= 1.25 + 1.583 \\ &= 2.84 \text{ (m}^3\text{)} \end{aligned}$$

任务三　混凝土和石砌墩台的施工考核内容

一、名词解释

1. 拼装式模板　2. 整体吊装模板

二、判断题（对的划√，错的划×）

1.（　　）浇筑混凝土前，木模板可以使用废机油做脱模剂。
2.（　　）整体吊装模板高空作业量大，不安全。
3.（　　）斜拉桥的索塔多采用滑动钢模板。
4.（　　）桥梁墩台如果浇筑的平面面积过大，宜分块浇筑。各分块每块高度不宜超过 2 m。
5.（　　）桥梁墩台分块浇筑时，块与块间的竖向接缝面应与墩台身或基础平截面长边平行，与平截面短边垂直。
6.（　　）墩台身混凝土未达到终凝前，不得泡水。
7.（　　）较高的墩台施工时多用悬吊式脚手架。
8.（　　）圆端形桥墩的砌石顺序，应自中间开始，按丁顺排列接砌镶面石。
9.（　　）砌石灰缝互相垂直，石块间错缝距离应大于等于 10 cm。
10.（　　）墩台身混凝土浇筑完成后，进行墩台帽混凝土浇筑。

三、填空题

1. 就地浇筑的混凝土墩台施工有两个主要工序，一是（　　）；二是（　　）。
2. 在计算荷载作用下，对模板结构按受力程序分别验算其（　　）、（　　）及（　　）。
3. 桥梁墩台施工常用的模板类型有（　　）模板、（　　）模板、（　　）模板和（　　）模板。
4. 结构表面外露的模板，挠度不得超过模板构件跨度的（　　）；结构表面隐蔽的模板，挠度不得超过模板构件跨度的（　　）。
5. 墩台是大体积圬工，水化热过高，易导致混凝土内外温差引起（　　）。
6. 脚手架一般常用（　　）、（　　）以及（　　）。

四、单项选择题

1. 墩台模板的荷载主要有（　　）对侧面模板的压力和（　　）时产生的水平荷载。
　　A. 新浇混凝土　倾倒混凝土　　　　B. 新浇混凝土　振捣混凝土
　　C. 倾倒混凝土　振捣混凝土　　　　D. 施工设备　新浇混凝土
2. 重力式墩台施工更适合采用的模板类型是（　　）。
　　A. 整体吊装模板　　　　　　　　　B. 拼装式模板
　　C. 组合型钢模板　　　　　　　　　D. 滑动钢模板
3. 柱式桥墩施工更适合采用的模板类型是（　　）。
　　A. 拼装式模板　　　　　　　　　　B. 整体吊装模板
　　C. 组合型钢模板　　　　　　　　　D. 滑动钢模板
4. 桥梁墩台浇筑的平面面积过大，不能在前层混凝土初凝或能重塑前浇筑完成次层混凝土时，为保证结构的整体性，宜分块浇筑。分块时应注意：各分块面积不得小于（　　）。

A. 30 m² B. 40 m² C. 60 m² D. 50 m²

5. 台身强度达到设计强度的（　　）以上时，方可进行填土。
A. 50%　　　　B. 60%　　　　C. 75%　　　　D. 90%

6. 浆砌片石一般适用于高度小于（　　）m 的墩台身施工。
A. 6　　　　B. 8　　　　C. 10　　　　D. 12

7. 为避免桥梁墩台施工中出现冷缝，应保证在上层混凝土振捣时，下层混凝土（　　）。
A. 已初凝　　B. 未初凝　　C. 无任何要求　　D. 以上答案都不对

8. 混凝土运输、浇筑及间歇的全部时间不应超过混凝土的（　　）。当下层混凝土初凝后浇筑上一层混凝土时，应按施工缝进行处理。
A. 终凝时间　　B. 水化时间　　C. 初凝时间　　D. 搅拌时间

9. 桥梁设计和施工中要进行强度、刚度和稳定性验算，这里的刚度是指（　　）。
A. 应力　　　B. 应变　　　C. 挠度　　　D. 弯矩

10. 墩台施工程序为（　　）。
（1）墩台底面放线　　（2）绑扎钢筋　　（3）安装模板
（4）养护、拆模　　（5）基底处理　　（6）浇筑混凝土
A. 1→2→3→6→5→4　　　B. 1→5→2→3→6→4
C. 1→5→3→2→6→4　　　D. 1→3→5→2→6→4

五、问答题

1. 墩台模板的设计原则是什么？
2. 墩台身混凝土施工有哪些要求？
3. 墩台作为大体积圬工应如何避免水化热过高？
4. 混凝土浇筑前，对墩台基底应如何处理？
5. 桥梁墩台砌筑施工时有哪些注意要点？
6. 砌体质量应符合哪些规定？
7. 混凝土墩台施工应该注意的事项有哪些？

六、施工方案分析

某桥梁其桥墩为双柱式桥墩，各墩柱均为矩形，截面尺寸为 150 cm×150 cm，墩柱高从 9～19 m 不等，共 6 个，墩柱采用 C30 混凝土，混凝土量为 420 m³。试拟定桥墩墩身的具体施工方案。

混凝土和石砌墩台的施工考核答案

一、名词解释

1. 拼装式模板：用各种尺寸的标准模板利用销钉连接，并与拉杆、加劲构件等组成墩台所需形状的模板。
2. 整体吊装模板：将墩台模板水平分成若干段，每段模板组成一个整体，在地面拼装后吊装就位。

二、判断题

1. ×　2. ×　3. √　4. √　5. ×　6. √　7. √　8. ×　9. √　10. ×

三、填空题

1. 制作与安装墩台模板　混凝土浇筑
2. 强度　刚度　稳定性
3. 拼装式　整体吊装　组合型钢　滑动钢
4. 1/400　1/250
5. 裂缝
6. 固定式轻型脚手架　简易活动脚手架　悬吊式脚手架

四、单项选择题

1. A　2. B　3. B　4. D　5. C　6. A　7. B　8. C　9. C　10. B

五、问答题

1. 答：
（1）宜优先使用胶合板和钢模板。
（2）计算荷载作用下，对模板结构按受力程序分别验算其强度、刚度及稳定性。
（3）模板板面之间应平整，接缝严密，不漏浆，保证结构物外露面美观，线条流畅，可设倒角。
（4）结构简单，制作、拆装方便。

2. 答：墩台身混凝土施工前，应将基础顶面冲洗干净，凿除表面浮浆，整修连接钢筋。灌筑混凝土时，应经常检查模板、钢筋及预埋件的位置和保护层的尺寸，确保位置正确，不发生变形。混凝土施工中，应切实保证混凝土的配合比、水灰比和坍落度等技术性能指标满足规范要求。

3. 答：墩台是大体积圬工，为避免水化热过高，导致混凝土因内外温差引起裂缝，可采取如下措施：
（1）用改善骨料级配、降低水灰比、掺加混合材料与外加剂、掺入片石等方法，减少水泥用量；
（2）采用水化热低的水泥，如大坝水泥、矿渣水泥、粉煤灰水泥、低强度等级水泥等；
（3）减小浇筑层厚度，加快混凝土散热速度；
（4）混凝土用料应避免日光暴晒，以降低初始温度；
（5）在混凝土内埋设冷却管通水冷却。

4. 答：
为防止墩台基础第一层混凝土中的水分被基底吸收或基底水分渗入混凝土，对墩台基底处理除应符合天然地基的有关规定外，尚应满足以下要求：
（1）基底为非黏性土或干土时，应将其湿润；
（2）如为过湿土时，应在基底设计标高下夯填一层10~15 cm厚片石或碎（卵）石层；
（3）基底面为岩石时，应加以润湿，铺一层厚2~3 cm水泥砂浆，然后于水泥砂浆凝结前浇筑第一层混凝土。

5. 答：
（1）在砌筑前应按设计图放出实样，挂线砌筑。

（2）砌筑基础的第一层砌块时，如基底为土质，只在已砌石块的侧面铺上砂浆即可，不需坐浆；如基底为石质，应将其表面清洗、润湿后，先坐浆再砌石。

（3）砌筑斜面墩台时，斜面应逐层放坡，以保证规定的坡度。

（4）砌块间用砂浆粘结并保持一定的缝厚，所有砌缝要求砂浆饱满。

（5）形状比较复杂的工程，应先作出配料设计图，注明块石尺寸；形状比较简单的，也要根据砌体高度、尺寸、错缝等，先行放样，配好料石再砌。

6. 答：

（1）砌体所有各项材料类别、规格及质量符合要求；

（2）砌缝砂浆或小石子混凝土铺填饱满、强度符合要求；

（3）砌缝宽度、错缝距离符合规定，勾缝坚固、整齐，深度和形式符合要求；

（4）砌筑方法正确；

（5）砌体位置、尺寸不超过允许偏差。

7. 答：

（1）墩台施工前应将基础顶面冲洗干净，凿除表面浮浆，整修连接钢筋。

（2）墩台模板、支架应满足强度、刚度和稳定性的要求。模板接缝应严密、不得漏浆。

（3）模板应分段整体吊装时，应连接牢固，保证整体性，可视吊装能力确定分节高度。

（4）浇筑墩台混凝土时，脚手架、工作平台等不得与模板、支架连接。支撑应支于可靠的地基上。

（5）浇筑混凝土时，应经常检查模板、钢筋及预埋件、预留孔的位置和保护层的厚度。

六、施工方案分析

答：

1. 施工组织

墩柱施工由两个工班来完成，分别为钢筋工班、模板与混凝土工班，每个工班设置施工人员 20 人，共计有施工人员 40 人。所使用的施工机械有混凝土自动计量设备一套、1 000 L 搅拌机一台、ZL30 装载机一台、手推车 8 辆、自卸车 3 辆、电焊机 3 台、120 kW 发电机一台、16 吨吊车一台、混凝土漏斗 3 个。

2. 施工工艺流程

墩柱钢筋预埋→测量放样→安装模板→绑扎钢筋→灌注墩柱混凝土→养生

3. 施工方法及工艺要点

（1）施工准备。制定施工方案的同时，对现场的道路进行平整、修建蓄水池和施工用电的安装。精确测放出墩柱各角点位置，设置控制点。

（2）墩柱钢筋预埋。在浇筑基础上层混凝土前，就把墩柱钢筋按照设计要求进行预埋，且在端头按规范要求打弯 $10d$。在快浇筑完基础上层混凝土时，在墩柱位置插入钢筋头，以方便和以后浇筑的墩柱混凝土进行搭接。

（3）钢筋加工及安装。在基础上层混凝土浇筑完成、检验合格后，进行钢筋绑扎。钢筋在场地按照图纸尺寸下料完成后，运至基础处进行绑扎。钢筋绑扎前要将表面油渍、漆皮、鳞锈等清除干净，并将钢筋调直。钢筋采用搭接电弧焊，两钢筋搭接端部预先折向一侧，使两接合钢筋轴线一致。接头双面焊缝的长度不小于钢筋直径的 5 倍，单面焊缝的长度不小于钢筋直径的 10 倍。焊接接头在 35 倍长度范围内（不小于 50 cm）内，同一根钢筋不得有两个接头,并在受拉区接头的截面面积占总截面面积的不得超过50%。

(4)模板安装和拆除。墩柱模板采用大块钢模,每块尺寸为1.5 m×1.5 m,现场组拼,整节吊装,模板底口中心与墩柱中心重合,误差小于10 mm。用螺栓将块与块连接起来。然后,用钢管或槽钢作为背带对模板进行加固,在模板外设立支撑固定。模板安装完毕后,对其平面位置、顶部标高、节点联系及纵横向稳定性进行检查合格并涂机油作为脱模剂后,方准进行混凝土的浇筑。模板安装要在允许偏差内。

(5)混凝土浇筑及养生。模板钢筋检查合格后,进行混凝土浇筑。根据桥墩柱高度不同,墩柱采用二次或三次灌注。混凝土采用1 000 L搅拌机搅拌,混凝土采用农用车运输,如果运输过程中发生离析现象,必须进行二次搅拌,在浇筑混凝土过程中,安排技术熟练的混凝土工负责振捣。浇筑混凝土用插入式振动器2台,并备用2台。使用插入式振动器振捣,振动棒的移动距离不超过其作用半径的1.5倍,与模板保持5~10 cm的距离,插入下层混凝土5~10 cm,混凝土每层分层厚度不大于30 cm。每一处振捣完毕后,边振动边徐徐提出振动棒,将气泡引出至表面,振动过程中避免振动棒碰撞模板、钢筋等。对每一振动部位,振动到该部位混凝土密实为止。密实的标志是混凝土停止下沉、不再冒气泡,表面呈现平坦、泛浆。如果出现意外情况而不得不中止施工,则在混凝土初凝前对施工部位作接槎处理,可以埋入钢筋、型钢、片石等作为接槎,待强度达到2.5 MPa后方准继续进行施工。在施工中严格操作程序,确保混凝土的内在质量和外观质量。浇筑完成并在收浆后尽快予以覆盖和洒水养护,洒水养护时间不得少于7天。

任务四 滑动模板施工及桥梁附属工程施工考核内容

一、判断题(对的划√,错的划×)

1. (   ) 高桥墩的施工危险性大。
2. (   ) 目前,较高的桥墩多采用空心墩。
3. (   ) 滑动模板只用于直坡墩身施工。
4. (   ) 混凝土平台供堆放及灌注混凝土的施工操作用。
5. (   ) 液压千斤顶进油归位,排油提升。
6. (   ) 平台上堆放的材料属于滑动模板的静荷载。
7. (   ) 采用滑动模板施工时,模板高度宜为1.0~1.2 m。
8. (   ) 滑模混凝土施工振动器不得插入下一层混凝土。
9. (   ) 滑模混凝土脱模后即开始养生。
10. (   ) 台后泄水盲沟应建在下游方向。

二、单项选择题

1. 滑模宜灌注(   )混凝土。
    A. 半干硬性   B. 轻质、流动性
    C. 大流动度   D. 大坍落度
2. 下列哪项不是工作平台的组成部分。(   )
    A. 内、外钢环   B. 辐射梁   C. 顶杆   D. 步板
3. (   ) 是整个滑模结构的骨架。

A. 工作平台　　　B. 内外模板　　　C. 混凝土平台　　　D. 提升设备

4. 滑模提升时，滑模与平台上临时荷载全由（　　）承受。

A. 工作平台　　　B. 辐射梁　　　C. 支撑顶杆　　　D. 千斤顶

5. 作用在滑动模板整个结构上的活荷载是（　　）。

A. 工作平台　　　B. 混凝土平台　　　C. 提升设备　　　D. 操作人员

6. 采用滑动模板浇筑的混凝土，坍落度宜为（　　）mm。

A. 1~3　　　B. 8~10　　　C. 12~15　　　D. 18~20

7. 采用滑动模板浇筑混凝土时，当底层混凝土强度达到（　　）MPa 时，可继续提升。

A. 0.2~0.4　　　B. 0.5~1　　　C. 1~1.5　　　D. 1.5~2

8. 滑模到达预定高度停止浇筑后，每隔 1 h 左右，应将模板提升（　　）cm，提升 3~4 次，防止混凝土与模板粘结。

A. 5~10　　　B. 10~20　　　C. 20~30　　　D. 30~40

三、填空题

1. 高桥墩的施工设备与一般桥墩所用设备大体相同，但其（　　）却另有特色。

2. 高桥墩的施工采用的模板一般有（　　）、（　　）、（　　）等几种，这些模板都是依附于灌筑的混凝土（　　）上，随着墩身的逐步加高而向上升高。

3. 滑动模板一般主要由（　　）、（　　）、（　　）、（　　）和提升设备等组成。

4. 工作平台除提供施工（　　）外，还用它把滑模的其他部分与顶杆互相连接起来，使整个滑模结构支承在顶杆上。可以说，工作平台是整个滑模结构的（　　），因此，应具有足够的（　　）和（　　）。

5. 作用在滑动模板整个结构上的荷载有（　　）与（　　）。

6. 高桥墩可分为（　　）、（　　）与钢架墩。

7. 滑模宜灌注低流动度或（　　），灌注时应（　　）对称地进行，分层厚度（　　）cm 为宜，灌筑后混凝土表面距模板上缘宜有不小于（　　）cm 的距离。

8. 滑动模板浇筑混凝土时，整个桥墩灌筑过程可分为（　　）滑升、（　　）滑升和（　　）滑升三个阶段。

9. 滑模提升时应做到垂直、均衡一致，顶架间高差不大于（　　）mm，顶架横梁水平高差不大于（　　）mm。并要求三班连续作业，不得随意停工。

10. 设置（　　）是解决台后错台跳车的重要工程措施。

四、问答题

1. 高桥墩适用条件及优点有哪些？
2. 滑动模板施工的主要优点有哪些？
3. 滑动模板构造包括哪些？各部分作用如何？
4. 简述液压千斤顶提升步骤。
5. 滑动模板的设计要点有哪些内容？
6. 滑模组装步骤有哪些？
7. 高桥墩滑动模板施工时，整个桥墩灌筑过程模板提升分几个阶段？如何处理？
8. 在施工过程中，混凝土的灌注工作停止较长时间应如何处理？
9. 桥头锥坡砌体施工有哪些要求？

10. 桥涵背填土工程的技术要求是什么？

11. 简述桥头产生跳车的原因及处理措施。

滑动模板施工及桥梁附属工程施工考核答案

一、判断题

1. × 2. √ 3. × 4. √ 5. × 6. × 7. √ 8. × 9. × 10. √

二、单项选择题

1. A 2. C 3. A 4. C 5. D 6. A 7. A 8. A

三、填空题

1. 模板

2. 滑动模板 爬升模板 翻升模板 墩壁

3. 工作平台 内外模板 混凝土平台 工作吊篮

4. 操作的场地 骨架 强度 刚度

5. 静荷载 活荷载

6. 实体墩 空心墩

7. 半干硬性混凝土 分层、分段 20～30 10～15

8. 初次 正常 最后

9. 20 5

10. 桥头搭板

四、问答题

1. 答：公路通过深沟宽谷或大型水库，采用高桥墩，能使桥梁更为经济、合理，不仅可以缩短线路，节省造价，而且可以提高运营效益，减少日常维护工作。

2. 答：滑动模板施工的主要优点有：施工进度快，在一般气温下，每昼夜平均进度可达 5～6 m；混凝土质量好，采用干硬性混凝土，机械振捣，连续作业，可提高墩台质量；节约木材和劳力，有资料统计表明，可节省劳动力 30%，节约木材 70%；滑动模板可用于直坡墩身，也可用于斜坡墩身，模板本身附带有内外吊篮、平台与拉杆等，以墩身为支架，墩身混凝土的浇筑随模板缓慢滑升连续不断地进行，故而安全、可靠。

3. 答：滑动模板一般主要由工作平台、内外模板、混凝土平台、工作吊篮和提升设备等组成。

工作平台——除提供施工操作的场地外，还用它把滑模的其他部分与顶杆相互连接起来，使整个滑模结构支承在顶杆上。可以说，工作平台是整个滑模结构的骨架。

内外模板——保证混凝土的形状、尺寸的正确。

混凝土平台——供堆放及灌注混凝土的施工操作用。

工作吊篮——供施工人员对刚脱模的混凝土进行表面修饰和养生等施工操作之用。

提升设备——通过顶升工作平台的辐射梁使整个滑模提升。

4. 答：

（1）进油提升：利用油泵将油压入缸盖与活塞间，在油压作用时，上卡头立即卡紧顶杆使活塞固定于顶杆上。随着缸盖与活塞间进油量的增加，使缸盖连同缸筒、底座及整个滑模结构一起上升,直至上、下卡头顶紧时,提升暂停。此时,缸筒内排油弹簧完全处于压缩状态。

(2)排油归位:开通回油管路,解除油压,利用排油弹簧推动下卡头使其与顶杆卡紧,同时推动上卡头将油排出缸筒,在千斤顶及整个滑模位置不变的情况下,使活塞回到进油前位置。至此,完成一个提升循环。

5. 答:

(1)荷载取值:作用在滑动模板整个结构上的荷载有静荷载与活荷载。

(2)确定支撑顶杆和千斤顶的数量:支撑顶杆的数量 $n = KP/N$;千斤顶的数量:液压千斤顶起重力约为 30 kN,施工时考虑其他因素后,按 15 kN 取值,大体上与支承顶杆的承载能力相同。即一根支承顶杆上安装一台千斤顶,所需千斤顶数量与支承杆数量相同。

(3)确定支承顶杆、千斤顶、顶升架和工作平台的布置方案。

(4)模板的设计。

(5)顶升架与工作平台的设计。

6. 滑模组装步骤有:在墩位上就地进行组装时,安装步骤为:

(1)在基础顶面搭枕木垛,定出桥墩中心线;

(2)在枕木垛上先安装内钢环,并准确定位,再依次安装辐射梁、外钢环、立柱、千斤顶、模板等;

(3)提升整个装置,撤去枕木垛,再将模板落下就位,随后安装余下的设施;内外吊架待模板滑升至一定高度,及时安装;模板在安装前,表面需涂润滑剂,以减少滑升时的摩阻力;组装完毕后,必须按设计要求及组装质量标准进行全面检查,并及时纠正偏差。

7. 答:桥墩灌筑过程可分为初次滑升、正常滑升和最后滑升三个阶段。

从开始灌筑混凝土到模板首次试升为初次滑升阶段;初灌混凝土的高度一般为 60～70 cm,分三次灌筑,在底层混凝土强度达到 0.2～0.4 MPa 时即可试升。将所有千斤顶同时缓慢起升 5 cm,以观察底层混凝土的凝固情况。现场鉴定混凝土具有 0.2～0.4 MPa 的强度,可以开始再缓慢提升 20 cm 左右。

初升后,经全面检查设备,即可进入正常滑升阶段。即每灌筑一层混凝土,滑模提升一次,使每次灌筑的厚度与每次提升的高度基本一致。在正常气温条件下,提升时间不宜超过 1 h。

最后滑升阶段是混凝土已经灌筑到需要高度,不再继续灌筑,但模板尚需继续滑升的阶段。灌完最后一层混凝土后,每隔 1～2 h 将模板提升 5～10 cm,滑动 2～3 次后即可避免混凝土模板胶合。

8. 答:

在整个施工过程中,由于工序改变或发生意外事故,使混凝土的灌注工作停止较长时间,即需要进行停工处理。例如,每隔半小时左右稍为提升模板一次,以免粘结;停工时在混凝土表面要插入短钢筋等,以加强新老混凝土的粘结;复工时还需将混凝土表面凿毛,并用水冲走残渣,湿润混凝土表面,灌筑一层厚度为 2～3 cm 的 1∶1 水泥砂浆;然后,再灌筑原配合比的混凝土,继续滑模施工。

9. 答:桥头锥坡砌体施工要求:

(1)石砌锥坡、护坡和河床铺砌层的工程,必须在坡面或基面夯实、整平后,方可开始铺砌。

（2）片石护坡的外露面和坡顶、边口，应选用较大、较平整并加修凿的石块。

（3）浆砌片石护坡和河床铺砌，石块应相互咬接，砌缝砂浆饱满，砌缝宽度为 40~70 mm。

（4）干砌片石护坡及河床铺砌时，铺砌应紧密、稳定、表面平顺，但不得用小石块塞垫或找平。

（5）铺砌层的砂砾垫层材料，粒径一般不宜大于 50 mm，含泥量不宜超过 5%，含砂量不宜超过 40%。垫层应与铺砌层配合铺筑，随铺随砌。

10. 答：

（1）桥涵台背、锥坡、护坡及拱上各种填料，宜采用透水性材料，不得采用含有泥草、腐殖物或冻土块的土。

（2）台背填土顺路线方向长度，应自台身起，顶面不小于桥台高度加 2 m，底面不小于 2 m，台背填土顺路线方向长度，应自台身起，底面不小于 2 m，按照 1:1 坡度沿路基开挖台阶，分层填筑，每层压实度不小于 95%。拱桥台背填土长度不应小于台高的 3~4 倍，锥坡填土应与台背填土同时进行，并应按设计宽度一次填足。

（3）做好清表工作，改善地基性能，搞好填前压实工作，提高地体承载力。对于软弱地基，应采用新工艺进行加固处理，一般采用桩体加固法、强夯法等进行加固处理。

（4）台背填土的顺序应符合设计要求。拱桥台背填土宜在主拱圈安装或砌筑以前完成；梁式桥的轻型桥台台背填土，宜在梁体安装完成以后，在两侧平衡地进行；柱式桥台背填土，宜在柱侧对称、平衡地进行分层厚度和密实度。

（5）台背填土应严格控制，采用压路机进行碾压；压路机无法碾压的部位，应采用小型机具进行压实。

（6）做好桥头路堤的排水、防水工作。

（7）做好桥头搭板的施工控制。

11. 答：

（1）桥头跳车原因：

① 路桥刚柔过渡变形不一致，台后压实度达不到标准；

② 施工方法不合理，路面水渗入路基，使路基土软化，回填不及时，压实度不够；

③ 路桥纵坡设计不合理；

④ 材料选择不当或填土含水量过大。

（2）处理措施：① 设计上，设桥头搭板，保证搭板的纵坡度，使路桥刚柔更好过渡；② 施工上，搭板下选择压缩量小、透水性好的石料填筑，薄层碾压保证压实度；桥头路堤及锥坡范围内地基填筑前彻底处理。

第二十二章

涵洞的施工考核内容

本章学习重点： 各类涵洞施工工艺及方法。
教学目标： 使学生掌握各类涵洞施工工艺及方法；
　　　　　　使学生明确涵洞施工准备工作和施工放样的内容；
　　　　　　使学生掌握涵洞附属工程施工的主要内容。
能力目标： 能够独立组织各种类型涵洞的施工与管理；进行桥梁施工测量、施工方案拟订、组织施工、质量检验；对内业资料进行整理归档。

一、名词解释
1. 涵洞　2. 斜度 φ　3. 严寒地区　4. 倒虹吸管　5. 涵洞进（出）口

二、判断题（对的划√，错的划×）
1. （　　）当涵洞填土高度在 2 m 以上时，应预留拱度。
2. （　　）悬辊法制管工效高、速度快、质量好，但制管设备简单、造价低。
3. （　　）振动制管法内模为一圆筒，上口直径较下口小 5 mm，以便内模易于取出模板。
4. （　　）从车上卸下管节时，应采用起重设备。严禁由汽车上将管节滚下，造成管节破裂。
5. （　　）涵管安装应从下游开始。
6. （　　）双孔涵管应先安装左侧的涵管。
7. （　　）管涵的地基土为普通黏性土时，管节下应采用圬工基础。
8. （　　）管涵的地基土为岩石时，管节下通常应采用圬工基础。
9. （　　）管涵地基土为碎石但涵顶填土高度超过 5 m，应采用有圬工基础的管涵。
10. （　　）拱圈、盖板、箱涵节等构件预制长度，一般不小于 lm，但亦不宜太长。
11. （　　）拱涵支架的拆卸应从跨径两边开始，逐步向跨径中点拆除。
12. （　　）倒虹吸管底坡一般均做成水平。
13. （　　）涵洞洞身沉降缝一般每隔 4~6 m 设置 1 处。
14. （　　）山丘区涵洞进出水口应对沟床进行干砌或浆砌片石防护。
15. （　　）冬期施工时，涵洞缺口路堤、涵身两侧及涵顶 0.5 m 内，应用末冻结土填筑。

三、单项选择题
1. 由于涵洞制管设备复杂、投资大。施工单位的涵管多是购买成品，但如涵管预制数量不多时，可采用（　　）制管。
   A. 振动制管法　　B. 悬辊法　　　　C. 离心法　　　　D. 立式挤压法
2. 在涵洞中对地基承载力要求最高的是（　　）。
   A. 管涵　　　　　B. 盖板涵　　　　C. 拱涵　　　　　D. 箱涵
3. 地基土为（　　）时，管节下一般采用圬工基础。
   A. 岩石　　　　　B. 碎石、砾石土　C. 匀质黏性土　　D. 一般黏土
4. 当涵洞基坑较深时，圆管涵管节安装采用下列（　　）的办法比较合理。
   A. 滚动安装法　　B. 滚木安装法　　C. 压绳下管法　　D. 龙门架安装法
5. 属于有压力的涵洞的是（　　）。
   A. 盖板涵　　　　B. 箱涵　　　　　C. 拱涵　　　　　D. 倒虹吸管
6. 沥青的熬制时，溶化后的沥青应继续加温至（　　）。熬好的沥青盛在小铁桶中送至工地使用。使用时的热沥青温度不宜低于（　　）。
   A. 150 ℃　　　　B. 160 ℃　　　　C. 175 ℃　　　　D. 190 ℃
7. 涵洞处路堤缺口填筑，必须从涵身两侧同时、对称、水平、分层施工。并应逐层压实，非特设加强涵身涵洞应在当涵顶填筑厚度超过（　　）m后，方可通行大型机械。
   A. 0.5　　　　　 B. 1　　　　　　 C. 2　　　　　　 D. 3
8. 涵洞两侧紧靠边、翼墙和涵顶（　　）m以内，宜采用人工配合小型机械的方法夯实。并应防止小型机械碰撞、推压结构物。
   A. 0.5　　　　　 B. 1　　　　　　 C. 1.5　　　　　 D. 2

四、填空题

1. 涵洞（　　）是施工放样的依据，根据设计中心里程，在地面上标定位置并设置涵洞纵向轴线。
2. 公路管涵的施工一般先预制成管节，每节长度多为（　　）m，然后运往现场安装。
3. 预制混凝土圆管可采用（　　）、（　　）、（　　）和（　　）四种方法。
4. 振动制管法可分两种模式：（　　）和（　　）。
5. 圆管涵管节安装采用下列各种办法：（　　）、（　　）、（　　）、（　　）。
6. 为了节约木材、钢材，预制构件时，可采土模。土模分为（　　）、（　　）和（　　）三类。
7. 倒虹吸管水流落入竖井前设沉淀池一般沉淀池深度为（　　）cm。
8. 公路涵洞使用的主要防水材料是（　　），有些部位可使用（　　），以图节省工料费用。
9. 填土路堤在涵洞每侧不小于（　　）倍孔径的宽度及高出洞顶（　　）m范围内，应采用非膨胀的土由两侧对称分层仔细夯实，每层厚度（　　）。
10. 填石路堤的涵洞，则在管顶以上（　　）m的范围内应分三层填筑：下层为（　　）cm厚的黏土；中层为（　　）cm厚的砂卵石；上层为（　　）cm厚的小片石或碎石。

五、绘图

1. 绘图说明正交（斜交）涵洞施工放样步骤。
2. 绘图说明管涵施工程序。（单孔、双孔的有圬工基础和无圬工基础管涵任选其一）

六、问答题

1. 涵洞测量放样时,应注意哪些问题?
2. 预制涵管注意事项有哪些?
3. 圆管涵管节运输与装卸的注意事项有哪些?
4. 管涵施工注意事项有哪些?
5. 拱圈、盖板、箱涵节的安装技术要求有哪些?
6. 倒虹吸管的适用范围如何?
7. 倒虹吸管埋置深度应如何确定?
8. 涵洞设置防水层的作用是什么?钢筋混凝土圆管涵如何配置防水层?
9. 从市场上采购的油毡和防水纸,其外观质量应符合哪些要求?
10. 涵洞为何要配置沉降缝?涵身部分沉降缝如何施工?

七、施工方案设计

1. 详细编制钢筋混凝土盖板涵施工方案设计。
2. 某单孔涵洞孔径1.5 m,涵长31 m,处于常年有水沟渠中,设计流量1.5 m³/s,洞顶填土为2.5 m,地基土为匀质黏土。

【问题】:

(1) 确定涵洞类型。
(2) 制定详细施工方案。

涵洞的施工考核答案

一、名词解释

1. 涵洞:凡单孔跨径小于5 m 或多孔跨径之和小于8 m 的泄水构造物。
2. 斜度 φ:斜交涵洞的轴线与路线中线前进方向的右侧成斜交角 θ,θ 角与90°之差。
3. 严寒地区:常年最冷月份平均气温低于 $-15\ ℃$ 的地区。
4. 倒虹吸管:用以输送渠道水流穿过河渠、溪谷、洼地、道路的压力管道。
5. 涵洞进(出)口:涵洞上(下)游洞口。

二、判断题

1. √ 2. × 3. × 4. √ 5. √ 6. × 7. √ 8. × 9. √ 10. √ 11. × 12. √
13. √ 14. √ 15. ×

三、单项选择题

1. A 2. C 3. D 4. C 5. D 6. C、A 7. B 8. B

四、填空题

1. 施工设计图
2. 1
3. 振动制管法 离心法 悬辊法 立式挤压法
4. 外模固定,提升内模法 内模固定,提升外模法
5. 滚动安装法 滚木安装法 压绳下管法 龙门架安装法
6. 地下式 半地下式 地上式

7. 30
8. 沥青　黏土
9. 两　1　10~20 cm
10. 10　20　50　30

五、绘图

1. 答：

正交涵洞：根据设计图纸中心里程，在地面上标定出涵洞中心点。

（1）在中心点位置立仪器，后视路线中心线，拨90°角。即为涵洞纵向轴线。

（2）涵洞轴线确定后量出上、下游涵长，考虑进出口是否顺畅。当无需改善时，用小木桩标定涵端，用大木桩控制涵洞轴线，并以轴线为基准测定基坑和基础在平面上的所有尺寸，用木桩标出。

斜交涵洞：在中心点位置立仪器后视路线中心线，拨（$\theta-90°$）角。即为涵洞纵向轴线。

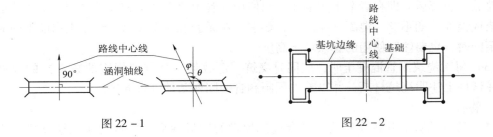

图 22-1　　　　　　图 22-2

2. 答：

（单孔、双孔的有坞工基础和无坞工基础管涵任选其一）

以双孔无坞工基础管涵为例：

（1）挖基与备料。

（2）在捣固夯实的天然土表层或矿砂垫层上，修筑截面为圆弧状的管座。

（3）在圆弧管座上铺设垫层的防水层，先安装右边管节，再安左边管节，在砂垫层上先铺设垫底的防水层，然后按同样的方法安装管节。

（4）在管节的下侧再用天然土或砂砾垫层材料作培填料，并捣实至设计高程。

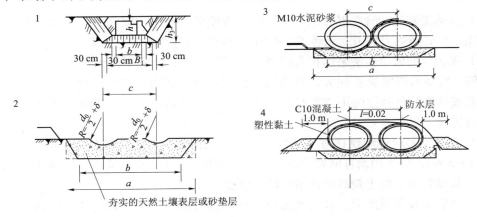

图 22-3

六、问答题

1. 答：涵洞测量放样时，应注意：

（1）涵洞长度、涵底标高的正确性。对位于曲线和陡坡上的涵洞应考虑加宽、超高和纵坡的影响。涵洞各个细部的高程，均用水准仪测定。

（2）对基础面的纵坡，当涵洞填土高度在 2 m 以上时，应预留拱度，以便路堤下沉后仍能保持涵洞应有的坡度，此种拱度最好做成弧形，但应使进水口标高高于涵洞中心标高，以防积水。

2. 答：预制涵管注意事项有：

（1）用振动制管法在工地预制涵管时，必须注意防止内模或外模单独发生水平移动，造成管壁厚度不匀的情况。若超过容许偏差，该管节应报废，并查找原因，采取措施，防止类似事件继续发生。

（2）同直径涵管，但因管顶填土高度不同，而钢筋配筋数量不同的管节应分别浇筑，分开摊放，脱模后立即在管节上用油漆注明使用的管顶填土高度和浇筑日期，防止装运管节时弄错或因养护期不够，混凝土强度不合要求。对无筋混凝土涵管，随填土高度不同而管壁厚度不同时，也要注明使用的管顶填土高度。

（3）每次浇筑涵管混凝土时，应同时浇筑一定数量（按规范规定的数量）的混凝土试件，在试件上注明浇筑日期，并以养护预制涵管的同样条件进行养护。

3. 答：

（1）待运的管节其各项质量应符合规范规定的质量标准，应特别注意检查待运管节的管顶填土高度是否符合设计要求，防止错装、错运。

（2）运输管节的工具，可根据道路情况和设备条件采用汽车、拖拉机拖车，不通公路地段可采用马车。

（3）管节的装卸可根据工地条件，使用各种起重设备：龙门吊机、汽车吊和小型起重工具滑车、链滑车等。

（4）在装卸和运输过程中，应小心谨慎。运输途中每个管节底面宜铺以稻草，用木块圆木楔紧，并用绳索捆绑固定，防止管节滚动、相互碰撞破坏。

（5）从车上卸下管节时，应采用起重设备。严禁由汽车上将管节滚下，造成管节破裂。

4. 答：

（1）有圬工基础的管座混凝土浇筑时应与管座紧密相贴，浆砌块石基础应加做一层混凝土管座，使管涵受力均匀，无圬工基础的圆管基底应夯填密实，并做好弧形管座。

（2）无企口的管节接头采用顶头接缝，应尽量顶紧，缝宽不得大于 1 cm，严禁因涵身长度不够，将所有接缝宽度加大来凑合涵身长度。管身周围无防水层设计的接缝，须用沥青、麻絮或其他具有弹性的不透水材料从内、外侧仔细填塞。设计规定管身外围做防水层的，按前述施工程序施工。

（3）长度较大的管涵设计有沉降缝的，管身沉降缝应与圬工基础的沉降缝位置一致。缝宽为 2~3 cm，应采用沥青麻絮或其他具有弹性的不透水材料，从内、外侧仔细填塞。

（4）长度较大、填土较高的管涵应设预拱度。

（5）各管节设预拱度后，管内底面应成平顺圆滑曲线，不得有逆坡。相邻管节如因管壁厚不一致（在允许偏差内）产生台阶时，应凿平后用水泥环氧砂浆抹补。

5. 答：拱圈、盖板、箱涵节的安装技术要求如下：

（1）安装前应再检查构件尺寸、涵台尺寸和涵台间距离，并核对其高程，调整构件大小位置使与沉降缝重合；

（2）拱座接触面及拱圈两边均应凿毛（沉降缝处除外）并浇水湿润，用灰浆砌筑。灰浆坍落度宜小一些，以免流失；

（3）构件砌缝宽度一般为 1 cm，拼装每段的砌缝应与设计沉降缝重合；

（4）构件可用扒杆、链滑车或汽车吊进行吊装。

6. 答：当路线穿过沟渠，路堤高度很低或在浅挖方地段通过，填、挖高度不足，难以修建明涵时或因灌溉需要，必须提高渠底高程，建筑架空渡槽又不能满足路上净空要求时，常修建倒虹吸管。

7. 答：埋置深度应适当，过浅则车轮荷载传布影响较大，受力状况不利，管节有可能被压破裂；在严寒地区还受到冻害影响，埋置过深则工程量增加，造成浪费。

一般埋置深度要求为：

（1）管顶面距路基边缘深度不少于 50 cm；

（2）管顶距边沟底覆土不少于 25 cm；

（3）管节顶部必须埋置在当地最深冰冻线以下。

8. 答：涵洞的钢筋混凝土结构设置防水层的作用是防止水分侵入混凝土内，使钢筋锈蚀，缩短结构寿命。北方严寒地区的无筋混凝土结构也需要设置防水层，防止水分侵入混凝土内，因冻胀造成结构破坏。

钢筋混凝土圆管涵：管节接头采用平头对接，接缝中用麻絮浸以热沥青塞满，管节上半部从外往内填塞；下半部从管内向外填塞。管外靠接缝裹以热沥青浸透的防水纸 8 层，宽度 15~20 cm。包裹方法：在现场用热沥青逐层粘合在管外壁上接缝处。外面在全长管外裹以塑性黏土。

9. 答：从市场上采购油毡和防水纸其外观质量应符合如下要求：

（1）油毡和防水纸外表不应有孔眼、断裂、叠皱及边缘撕裂等现象，油毡的表面防黏层应均匀地撒布在油毡表面上。

（2）毡胎或原纸内应吸足油量，表面油质均匀，撕开的断面应是黑色的，无未浸透的空白纸层或杂质，浸水后不起泡、不翘曲。

（3）气温在 25 ℃以下时，把油毡卷在 2 cm 直径的圆棍上弯曲，不应发生裂缝和防粘层剥落等现象。

（4）将油毡加热至 80 ℃时，不应有防粘层剥落、膨胀及表面层损坏等现象。夏季在高温下不应粘在一起。

10. 答：设置沉降缝的目的：避免结构物因荷载或地基承载力不均匀而发生不均沉陷，产生不规则的多处裂缝，而使结构物破坏。设置沉降缝后，可限定结构物发生整齐、位置固定的裂缝，并可事先在沉降缝处予以处理；如有不均匀沉降，则将其限制在沉降缝处，有利于结构物的安全、稳定和防渗。

涵身部分沉降缝施工：缝外侧以热沥青浸制的麻筋填塞，深度约 5 cm，内侧以 1∶3 水泥砂浆填塞，深度约 15 cm，视沉降缝处圬工的厚薄而定。可以用沥青麻絮与水泥砂浆填满；如太厚，亦可将中间部分先填以黏土。

七、施工方案设计

1. 答：

1）施工组织：盖板涵基础开挖采用反铲式挖掘机施工，两侧设 1∶1 边坡，预留施工空间，人工配合清理基底。盖板采用集中预制、吊车吊装、汽车运至工地的方式。混凝土采用拌合机现场拌合，吊机吊运铺设导管浇筑，采用插入式振动棒振捣密实。盖板涵施工顺序为从起点方向的涵洞向终点方向的涵洞依次施工。

2）施工方法及工艺：

(1) 基坑开挖。采用反铲式挖掘机分层开挖，宜于做路基填筑材料的开挖土可用于附近路基的填筑。对于不适宜做路基填料的开挖土，按监理工程师的指示弃除。

基坑按坡度开挖，并清除坡壁松土、浮土。若基坑过深，则根据实际情况适当加大坡度，确保边壁土坡稳定。

基底应预留 50 cm 的施工空间，基坑过深时，可适当加宽，以利于基础施工。

(2) 涵墩台施工。采用片石混凝土或浆砌片石施工。涵洞基础、涵台身、八字墙身、洞内铺底及洞口铺底均采用 M7.5 水泥砂浆砌片石。

精确进行测量放线布点后，进行涵墩台施工。

砂浆采用拌合机按实验室确定的配合比、经监理工程师确认后拌制。采用挤浆法砌筑，砌筑时分层、分段砌筑。先选择表面较平且尺寸较大的定位石进行砌筑，再砌筑腹石。满足规范规定的尺寸要求，并且大面向下，砂浆要饱满，不得留有孔隙；面层相互错开，不得出现通缝、瞎缝。

基础每 4~6 m 设沉降缝一道，并与涵身沉降缝位置相同。

沉降缝用沥青麻絮塞填密实。

(3) 涵盖板预制。盖板集中预制。模板架设应平顺，不出现错开、扭曲现象。模板用木支撑和拉筋固定，不松动、不跑模。模板间用海绵条塞填，以防漏浆。

混凝土严格按设计配合比拌制，保证有良好的和易性及坍落度。

混凝土采用翻斗车运输，插入式振捣棒振捣密实。混凝土施工完毕后，及时进行洒水养护。

盖板预制按设计要求进行施工、养护。达到设计强度后，用吊车吊装，汽车运输至工地。

(4) 盖板安装及铺装。台帽强度达设计强度的 70% 以后进行安装盖板。安装后，吊装位置用砂浆或监理工程师批准的材料填满，相邻板块之间用 1∶2 水泥砂浆塞填密实。

(5) 防水层。混凝土盖板或顶板、侧板外表面涂刷沥青胶结材料作防水层。沥青胶结材料应涂 2 层，每层 1.5~2.0 mm；或按监理工程师指示施工。

2. 答：

(1) 采用有坞工基础圆管涵。因为设计流量不超过 10 m^3/s，应选圆管涵；地基土虽为匀质黏土但沟内常年有水，应选择有坞工基础。

(2) 施工方案。

施工组织：基础开挖土质地质采用挖掘机挖装，15 t 自卸车运输；基坑开挖坑底预留 20~30 cm 厚保护层人工开挖。采购经监理和业主指定或认可的厂家的圆管涵。

圆管涵施工工艺流程：测量放样→地基处理→管座基础浇筑→管节安装→剩余的管座基

础浇筑→接缝处理→洞口砌筑→涵背回填等。

施工方法：

① 涵洞开工前，向工程师提交本工程施工组织设计和开工报告，经工程师批准后开始施工。

② 测量放样：按图纸设计的平面位置、标高及几何尺寸，进行施工放样。

放出轴线，端线及开挖边线，轴线桩放到开挖线以外后用护桩保护好，经监理工程师核实无误后，方可进行施工。

③ 基坑开挖：基坑由挖掘机开挖至高于设计标高 20 cm 左右，自检合格后，及时报监理工程师做地基承载力试验。经监理工程师检验合格后，由人工挖至设计标高，人工清理整平。涵洞填土高度为 2.5 m，应预留拱度 $H/5 = 2.5/50 = 0.05$（m），基坑顶面应设置排水沟，防止地面水流入基坑，坑顶边与动载间应留有不小于 2 m 宽的护道。

④ 基础混凝土施工：基坑检验合格后，应先进行装模，待模板安装完成并经监理工程师验收合格后，方可进行混凝土浇筑。混凝土采用现场集中拌合，30 cm 一层摊铺、振捣、抹平。

⑤ 管节安装：管节的装卸及安装用吊具进行，不允许用滚板或斜板卸管。待基础混凝土强度达到 75% 以上时，开始安装管节，管节安装从下游开始，使接头面向上游，每节涵管应紧贴于基座上，所有管节应按正确的轴线和坡度敷设。如管壁厚度稍有不同，应使内壁齐平，在敷设过程中，应保持管内清洁、无脏物。

⑥ 浇筑管壁处外侧混凝土，以固定涵管。

⑦ 接缝：涵管接缝宽度不大于 5 mm，用沥青麻絮填塞接缝内外侧形成柔性封闭层，再用两层 15 cm 宽的浸透沥青的油毡包缠接缝。

⑧ 洞口砌筑：砌体应分层坐浆砌筑，砌筑前应做好砂浆封面，然后才进行砌筑。砌筑完成后，应进行勾缝。

⑨ 回填土：当涵洞砌体砂浆或混凝土强度达到设计强度的 70% 时，方可进行回填土。涵洞处路堤缺口填土从涵身两侧不小于 2 倍孔径范围内，同时水平分层、对称地填筑、夯（压）实。用机械填土时，除按照上述规定办理外，涵洞顶上填土厚度必须大于 1 m 时，才允许机械通过，且在使用振动压路机碾压时，禁止开动振动源。

能力拓展 1　简支梁桥重力式桥墩计算

一、能力训练资料和依据

设计荷载：公路—Ⅰ级汽车荷载；人群荷载 3 kN/m²。

桥面净宽：净 $-7+(2\times0.25+2\times1.00)$ (m) 人行道。

上部构造：多孔等跨装配式钢筋混凝土 T 形梁，标准跨径 $L_b=20.00$ m，计算跨径 $L=19.50$ m 梁高 1.5 m，人行道高 0.25 m，一孔上部结构恒载作用在支座上的反力为 1 950 kN。

桥墩高度：10 m（墩帽顶至基础顶面）。

支座布置：采用橡胶支座，平面尺寸 18 cm×20 cm，高度均为 2.8 cm。

建筑材料：墩帽为 C20 混凝土，表观密度 $r_1=25$ kN/m³，墩身及基础为 M7.5 水泥砂浆砌 MU40 块石，表观密度 $r_2=24$ kN/m³，初步拟定采用上下两层扩大基础，厚度各为 0.75 m $f_{cd}=3.09$ MPa（《圬工规范》表 3.3.3 -2）。

地质资料：土质为一般黏性土，地基土的容许承载力 $[\sigma]=420$ kPa，表观密度 $r_\pm=19.5$ kN/m³；基础顶面的填土表观密度 $r_\pm=19.5$ kN/m³。

水文资料：低水位在基础顶面以上 150 cm 处，不通航，无严重漂浮物，无冰冻现象；设计洪水位在墩帽底面以下 100 cm 处，河底（铺砌）在基础顶面以上 0.50 m。

气象资料：本桥修建在吉林省四平市位于长平高速公路上；其地理地形条件属一般地区，地表状况为 B 类；设计风速 $V_{10}=31.6$ m/s。

二、能力训练要求

根据已知资料和设计规范规定进行尺寸拟定；

进行墩身底截面、基础底截面几何量计算；

进行外力计算（结构自重、汽车、人群、风荷载、制动力）；

进行桥墩纵横向截面承载力计算和偏心距验算；

进行桥墩基础底面应力、偏心及稳定性验算；

在图纸上按比例绘出桥墩标准三视图。

三、能力训练方法和内容

1. 设计与计算（计算书）

1）桥墩尺寸拟定。

根据《圬工桥涵设计规范》（JTG D61—2005）、《公路设计手册（墩台与基础）》、《公路桥涵设计通用规范》（JTG D60—2004）及《桥梁工程》等技术资料，参考同类桥墩尺寸，初步拟定本设计的桥墩各部位尺寸如下：

（1）墩身顶面尺寸。顺桥方向相邻两孔支座中心距离为 50 cm，支座宽度为 20 cm，支座边缘至墩身边缘距离为 20 cm，所以墩顶宽度为 110 cm；横桥方向两根边主梁的中心距为 640 cm，墩的两头为半圆墩，所以墩顶长度为 800 cm（见图 1）。

（2）墩帽尺寸。厚度为 50 cm，挑檐宽度为 5 cm，所以墩帽宽度为 120 cm，长度为 810 cm（见图 1）。

能力拓展1　简支梁桥重力式桥墩计算

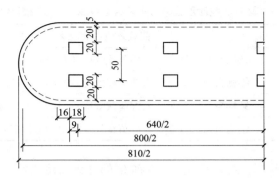

图1　墩顶和墩帽平面尺寸（尺寸单位：cm）

（3）墩身底面。墩身侧面按30∶1向下放坡，墩身底面宽度为110 + 2(1 000 - 30)/30 = 174（cm），长度为800 + 2(1 000 - 30) = 864（cm）。

（4）基础尺寸。顺水方向襟边为30 cm，横桥方向为20 cm，每层厚度为75 cm，上层基础的平面尺寸为234 cm × 904 cm，下层基础的平面尺寸为294 cm × 904 cm（见图2）。

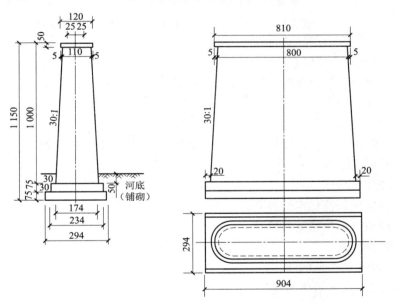

图2　桥墩总体尺寸（尺寸单位：cm）

2）作用在桥墩上的计算荷载及荷载效应组合。

（1）荷载效应标准值计算。本设计须进行结构自重效应标准值计算；汽车荷载效应标准值计算；人群荷载效应标准值计算；汽车荷载产生的制动力效应标准值计算；顺桥向、横桥向风荷载效应标准值计算。

（2）荷载效应组合。承载能力极限状态验算考虑顺桥向和横桥向两种荷载效应组合。

墩身底截面承载能力极限状态验算，按《公路桥涵设计通用规范》（JTG D60—2004）4.1.5规定，计算制动力时不考虑水压力；纵横向风力不同时考虑。荷载效应组合见表1。

表1 墩身底截面承载能力极限状态验算荷载效应组合表

永久作用效应	荷载效应内容（基本组合）
对结构承载能力不利时	结构自重、汽车、人群荷载效应及制动力、纵向风荷载效应组合
	结构自重、汽车、人群荷载效应及制动力、横向风荷载效应组合
对结构承载能力有利时	结构自重、汽车、人群荷载效应及制动力、纵向风荷载效应组合
	结构自重、汽车、人群荷载效应及制动力、横向风荷载效应组合

在桥墩基础底截面验算，进行荷载效应标准值的计算和荷载效应组合见表2。

表2 基础底截面承载能力极限状态验算荷载效应组合表

荷载组合	荷载效应内容
荷载组合 I	横桥向结构自重、汽车、人群荷载效应组合
	顺桥向结构自重、汽车、人群荷载效应组合
荷载组合 II	横桥向结构自重、汽车、人群荷载效应及横向风荷载效应组合
	顺桥向结构自重、汽车、人群荷载效应及制动力、纵向风荷载效应组合

3）墩身截面承载力及偏心距验算。

根据墩身底截面承载能力极限状态验算荷载效应组合结果，进行验算；但对明显不控制设计的结果可不进行计算。

4）基底应力和偏心距验算。

根据基础底截面承载能力极限状态验算荷载效应组合结果，进行验算；但对明显不控制设计的结果可不进行计算。

5）桥墩稳定性验算。

（1）进行桥墩抗倾覆稳定性验算；

（2）进行桥墩抗滑动稳定性验算。

四、能力训练示例

Ⅰ．设计资料（见本示例前述）

Ⅱ．桥墩尺寸（见本示例前述）

Ⅲ．墩身底截面和基础底截面几何量计算（见表3）。

表3 墩身底截面和基础底截面几何量计算（见图3、图4）

墩身底截面	面积	$A = 1.74 \times 6.9 + \dfrac{\pi}{4} \times 1.74^2 = 14.38$（m²）
	惯性矩	$I_Y = \dfrac{1.74 \times 6.9^3}{12} + 2 \times 0.006\ 86 \times 1.74^4 + \dfrac{\pi \times 1.74^2}{4} \times (0.212 \times 1.74 + 3.45)^2$ $= 82.44$（m⁴）
		$I_X = \dfrac{\pi \times 1.74^4}{64} + \dfrac{6.9 \times 1.74^3}{12} = 3.48$（m⁴）

续表

基础底截面	面积	$A = 2.94 \times 9.04 = 26.58$ （m²）	
	截面模量	$W_Y = \dfrac{2.94}{6} \times 9.04^2 = 40.04$ （m³）	$W_X = \dfrac{9.04}{6} \times 2.94^2 = 13.02$ （m²）
	核心半径	$\rho_y = \dfrac{9.04}{6} = 1.507$ （m）	$\rho_x = \dfrac{2.94}{6} = 0.49$ （m）

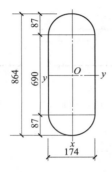

图3 墩身底截面
（尺寸单位：cm）

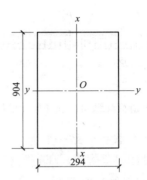

图4 基础底面
（尺寸单位：cm）

Ⅳ. 外力计算

（一）结构重力

结构重力计算见表4。

表4 结构重力计算（略去支座重力）

上部结构支座反力	$N_1 = 1\ 950$ kN （一孔桥跨总重力）
墩帽重力	$N_2 = \left(1.2 \times 6.9 + \dfrac{\pi}{4} \times 1.2^2\right) \times 0.5 \times 25 = 117.639$ （kN）
墩身重力	$N_3 = \left[6.9 \times 9.5 \times (0.55 + 0.87) + \dfrac{\pi}{3} \times 9.5 \times (0.55^2 + 0.55 \times 0.87 + 0.87^2)\right] \times 24$ $= 2\ 601.192$ （kN）
上层基础重力	$N_4 = 9.04 \times 2.34 \times 0.75 \times 24 = 380.76$ （kN）
下层基础重力	$N_5 = 9.04 \times 2.94 \times 0.75 \times 24 = 478.4$ （kN）
基础台阶上土的重力	$N_6 = \begin{bmatrix} 9.04 \times 2.94 \times (0.75 + 0.5) - 9.04 \times 2.34 \times 0.75 \\ -\left(6.9 \times 1.74 + \dfrac{\pi}{4} \times 1.74^2\right) \times 0.5 \end{bmatrix} \times 19.5$ $= 198.32$ （kN）

基础顶面上总重力	$N_1 + N_2 + N_3 = 1\,950 + 117.639 + 2\,601.192 = 4\,668.831$ （kN）
基础底面上总重力	$N_1 + N_2 + N_3 + N_4 + N_5 + N_6 = 4\,668.831 + 380.76 + 478.4 + 198.32 = 5\,726.311$ （kN）

（二）公路—Ⅰ级汽车荷载及人群荷载计算（见图5、图6）

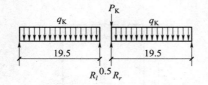 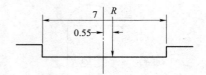

图5　车道荷载纵向布置（尺寸单位：m）　　图6　车道荷载横向布置（尺寸单位：m）

1. 汽车荷载：公路—Ⅰ级

两跨均有均布荷载，在右跨左支点布设集中荷载 P_K

1）均布荷载：$q_K = 10.5$ kN/m

2）集中荷载：

根据《通用规范》：当 $l = 5$ m 时，$P_K = 180$ kN；当 $l \geqslant 50$ m 时，$P_K = 360$ kN；

$l = 19.5$ m 时，$p_k = 180 + \dfrac{360 - 180}{50 - 5} \times (19.5 - 5) = 238$ （kN）。

人群荷载：两跨均设有荷载，每侧 $q_p = 3.0$ kN/m²。

汽车和人群荷载支座反力计算（见表5）。

表5　汽车、人群荷载产生的支点反力计算表

汽车荷载	左反力	$2 \times \dfrac{1}{2} \times 10.5 \times 19.5 = 204.75$ （kN）
	右反力	$2 \times \dfrac{1}{2} \times 10.5 \times 19.5 + 2 \times 1.2 \times 238 = 775.95$ （kN） （计算剪力时，P_K 乘以 1.2 系数）
	反力合力	$R_L + R_R = 204.75 + 775.95 = 980.7$ （kN）
	顺桥向偏心弯矩	$M = (775.95 - 204.75) \times \dfrac{0.5}{2} = 142.8$ （kN·m）
	横桥向偏心弯矩	$M = 980.7 \times 0.55 = 539.385$ （kN·m）
人群	反力	$R_L = R_r = 2 \times \dfrac{1}{2} \times 3.0 \times 19.5 = 58.5$ （kN）

（三）风荷载计算

风荷载按《通用桥规》（见4.3.7）计算；

计算公式如下:

$$F_{wh} = k_0 k_1 k_3 W_d A_{Wh}$$

$$W_d = \frac{\gamma V_d^2}{2g}$$

$$V_d = k_2 k_5 V_{10}$$

$$\gamma = 0.012\,017 e^{-0.000\,1z}$$

1. 横桥向上部结构风荷载

  $K_0 = 0.9$(中桥)

  $B = 9$ m;$H = 1.5$ m

  $1 < B/H = 9/1.5 = 6 < 8$

  $K_1 = 2.1 - 0.1(B/H) = 2.1 - 0.1 \times 6 = 1.5$

  $K_2 = 1.0$(B 类地区;梁高中点离地面 10.25 m 大于 1 0 m)

  $K_5 = 1.38$(B 类地区)

  $V_{10} = 31.6$ m/s

  $Z = 10.25$ m

  $V_d = k_2 k_5 V_{10} = 1.0 \times 1.38 \times 31.6 = 43.608$(m/s)

  $\gamma = 0.012\,07 e^{0.000\,1Z} = 0.012\,07 e^{-0.000\,1 \times 10.25} = 0.012$(kN/m³)

  $W_d = \frac{\gamma V_d^2}{2g} = \frac{0.012 \times 43.608^2}{2 \times 9.81} = 1.163\,1$(kN/m²)

  $K_3 = 1.0$(地理地形条件为一般地区)

将上述结果列于表中计算(见表6)。

表6 横桥向上部结构风荷载标准值计算表

上部结构高度	$H = 1.5$ m
每跨迎风面积	$A_{Wh} = 1.5 \times 20 = 30$(m²)
风荷载标准值	$F_{Wh} = k_0 k_1 k_3 W_d A_{wh} = 0.9 \times 1.5 \times 1.0 \times 1.163\,1 \times 30 = 47.106$(kN)
对墩身底弯矩	$M_{wh} = 47.106 \times \left(\frac{1}{2} \times 1.5 + 10\right) = 506.390$(kN·m)

2. 横桥向墩帽及墩身风荷载计算

计算公式同上式

$$K_0 = 0.9(中桥)$$

K_1 按《通用规范》表 4.3.7 - 6;

$$t/b = 8.37/1.47 = 6$$

t——墩身平均长度,$t = 8.37$ m;

b——墩身平均宽度,$b = 1.47$ m;

查取 $K_1 = 1.1$

并根据标注 1、注 2;

$$K_1\left(1-1.5\times\frac{r}{b}\right)=1.1\times\left(1-1.5\times\frac{0.735}{1.42}\right)=0.246$$

$0.5K_1=0.55$

K_1 取较大者；即 $K_1=0.55$

$K_2=1.0$（B类地区）

$K_3=1.0$（地理地形条件为一般地区）

$K_5=1.38$（B类地区）

$V_{10}=31.6$ m/s

$Z=4.75$ m（离地面高度平均为4.75 m）

$V_d=k_2k_5V_{10}=1.0\times1.38\times31.6=43.608$（m/s）

$\gamma=0.01207e^{0.0001z}=0.01207e^{-0.0001\times4.75}=0.012$（kN/m³）

$$W_d=\frac{\gamma V_d^2}{2g}=\frac{0.012\times43.608^2}{2\times9.81}=1.1631\text{（kN/m}^2\text{）}$$

将墩帽、墩身横桥向风荷载标准值汇总于下表中（见表7）。

表7　墩帽、墩身横桥向风荷载标准值汇总表

墩帽迎风面积	$A_{Wh}=1.2\times0.5=0.6$（m²）
墩帽风荷载	$F_{Wh}=k_0k_1k_3W_dA_{wh}=0.9\times0.55\times1.0\times1.1631\times0.6=0.3454$（kN）
墩帽风荷载对墩底弯矩	$M_{wh}=0.3454\times\left(10-\dfrac{0.5}{2}\right)=3.3638$（kN·m）
墩身迎风面积	$A_{Wh}=9\times0.5(1.1+1.7)=12.6$（m²）
墩身风荷载	$F_{Wh}=k_0k_1k_3W_dA_{wh}=0.9\times0.55\times1.0\times1.1631\times12.6=7.254$（kN）
墩身风荷载对墩身底弯矩	$M_{wh}=7.254\times9.5\times\dfrac{1}{3}\left(\dfrac{2\times1.1+1.74}{1.1+1.74}\right)=31.868$（kN·m）

3. 顺桥向墩帽及墩身风荷载计算

$K_0=0.9$（中桥）

K_1 按《通用规范》表4.3.7-6；

$t/b=1.47/8.37=0.176<1/4$

t——墩身平均长度，$t=1.47$ m；

b——墩身平均宽度，$b=8.37$ m；

$K_1=2.1$

$K_2=1.0$（B类地区；梁高中点离地面4.75 m 小于10 m）

$K_5=1.38$（B类地区）

$V_{10}=31.6$ m/s。

$Z=4.75$ m（离地面高度平均为4.75 m）

$K_3=1.0$（地理地形条件为一般地区）

$V_d=k_2k_5V_{10}=1.0\times1.38\times31.6=43.608$（m/s）

$\gamma=0.01207e^{0.0001z}=0.01207e^{-0.0001\times4.75}=0.012$（kN/m³）

$$W_d = \frac{\gamma V_d^2}{2g} = \frac{0.012 \times 43.608^2}{2 \times 9.81} = 1.1631 \ (\text{kN/m}^2)$$

将墩帽、墩身顺桥向风荷载标准值汇总于下表中（见表8）。

表8　墩帽、墩身顺桥向风荷载标准值汇总表

墩帽迎风面积	$A_{Wh} = 8.1 \times 0.5 = 4.05 \ (\text{m}^2)$
墩帽风荷载	$F_{Wh} = 0.7 k_0 k_1 k_3 W_d A_{wh} = 0.7 \times 0.9 \times 2.1 \times 1.0 \times 1.1631 \times 4.05 = 6.232 \ (\text{kN})$
墩帽风荷载对墩身底弯矩	$M_{wh} = 6.232 \times \left(10 - \frac{0.5}{2}\right) = 60.762 \ (\text{kN·m})$
墩身迎风面积	$A_{Wh} = 9 \times 0.5 \ (8 + 8.6) = 74.7 \ (\text{m}^2)$
墩身风荷载	$F_{Wh} = 0.7 k_0 k_1 k_3 W_d A_{wh} = 0.7 \times 0.9 \times 2.1 \times 1.0 \times 1.1631 \times 74.7 = 114.947 \ (\text{kN})$
墩身风荷载对墩身底弯矩	$M_{wh} = 114.947 \times 9.5 \times \frac{1}{3}\left(\frac{2 \times 8 + 8.64}{8 + 8.64}\right) = 538.998 \ (\text{kN·m})$

风荷载效应汇总表（见表9）。

表9　风荷载效应汇总表

荷载效应	横桥向			顺桥向	
	上部	墩帽	墩身	墩帽	墩身
风压/kN	47.106	0.345	7.254	6.232	114.947
墩身底面弯矩/（kN·m）	506.39	3.364	31.868	60.762	538.998

（四）纵向力

1. 温度

混凝土收缩及徐变作用：等跨简支梁（非连续桥面）的桥墩，两排支座相互抵消（每个墩顶设两排橡胶支座和一个伸缩装置）。

2. 制动力计算

制动力按《通用桥规》规定，为加载长度总重力的10%，但公路—Ⅰ级汽车荷载的制动力的标准值不小于165 kN。

加载长度：$2 \times 19.5 = 39$（m）上制动力之半。本桥为双向两车道，采用一个车道的汽车重力。

1) $F_b = \frac{0.1}{2} \times (q_K \times 39 + P_K) = \frac{0.1}{2}(10.5 \times 39 + 238) = 32.375 (\text{kN}) < 165 \ \text{kN}$

所以 $F_b = 165 \ \text{kN}$。

2) 制动力对墩身底弯矩：$M = 165 \times 10 = 1650 \ (\text{kN·m})$

Ⅴ. 墩身截面承载力和偏心距验算

（一）按《通用桥规》规定承载能力极限状态基本效应组合表达式为：

$$S_{ud} = \gamma_0 \left(\sum_{i=1}^{m} \gamma_{Gi} S_{Gik} + \gamma_{Q1} S_{Q1k} + \psi_c \sum_{j=2}^{n} \gamma_{Qj} S_{Qik} \right)$$

《通用桥规》（4.1.6-1）

式中：S_{ud}——承载能力极限状态下作用基本组合的效应组合设计值；

γ_0——结构重要性系数 $\gamma_0 = 1.0$;

γ_{Gi}——第 i 个永久作用效应的分项系数;$\gamma_{Gi} = 1.2$ 或 1.0;

S_{Gik}——第 i 个永久作用效应的标准值;

γ_{Q1}——汽车荷载效应(含冲击力、离心力)的分项系数;$\gamma_{Q1} = 1.4$;

S_{Q1k}——汽车荷载效应(含冲击力、离心力)的标准值;

γ_{Qi}——除汽车荷载效应外的其他可变作用效应的组合系数;

γ_{Q2}——人群荷载效应的分项系数;$\gamma_{Q2} = 1.4$;

γ_{Q3}——风荷载效应的分项系数;$\gamma_{Q3} = 1.1$;

ψ_c——作用效应中除汽车作用效应以外的其他可变荷载作用效应的组合系数,一种可变作用 $\psi_c = 0.8$,两种 $\psi_c = 0.7$,三种 $\psi_c = 0.6$,四种及以上 $\psi_c = 0.5$。

按《通用桥规》表 4.1.5,计算制动力时,不考虑流水压力,纵、横向风力不同时考虑。并参照表 2-3-1 荷载效应组合计算。

1. 考虑结构自重竖向力

汽车、人群荷载竖向力及纵横向弯矩,纵向风荷载弯矩,制动力弯矩作用效应组合(不计横向风荷载弯矩)。

1)竖向力
$$\gamma_0 N_d = 1.0 \times (1.2 \times 4\,668.831 + 1.4 \times 980.7 + 0.8 \times 1.4 \times 2 \times 58.5)$$
$$= 7\,106.617 \text{ (kN)}$$

2)纵向弯矩(绕 X 轴)
$$\gamma_0 M_{d.l} = 1.0 \times \{0 + 1.4 \times 142.8 + 0.7 \times [1.1 \times (60.762 + 53.998) + 1.4 \times 1\,650]\}$$
$$= 2\,278.735 \text{ (kN·m)}$$

3)横向弯矩(绕 Y 轴)
$$\gamma_0 M_{d.t} = 1.0 \times (0 + 1.4 \times 539.385 + 0) = 755.139 \text{ (kN·m)}$$

4)偏心距验算:按《圬工规范》表 4.0.9 验算;要求 $e \leqslant 0.6s$(见图 7 所示)
$$e_y = M_{d.l}/N_d = 2\,278.735/7\,106.617 = 0.321 \text{ (m)}$$
$$e_x = M_{d.t}/N_d = 755.139/7\,106.617 = 0.106 \text{ (m)}$$
$$e = \sqrt{e_x^2 + e_y^2} = \sqrt{0.321^2 + 0.106^2} = 0.338 \text{ (m)}$$

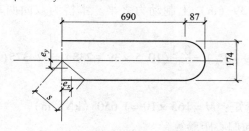

图 7 墩身截面偏心距计算(尺寸单位 cm)

$$\theta = \arctan\frac{e_x}{e_y} = \arctan\frac{0.106}{0.321} = 18.274°$$

截面重心至偏心方向边缘距离:
$$S = 0.87/\cos\theta = 0.87/\cos 18.274° = 0.916 \text{ m}$$

$$e/s = 0.338/0.916 = 0.396 < 0.6$$

则偏心距符合要求。

5) 墩身底截面承载力极限状态验算：按《圬工规范》第4.0.5条验算。

$$\gamma_0 N_d \leq \varphi A f_{cd}$$

$$\gamma_0 N_d = 1.0 \times 7\,106.617 = 7\,106.617 \text{（kN）}$$

$$\varphi = \cfrac{1}{\cfrac{1}{\varphi_X} + \cfrac{1}{\varphi_Y} - 1} \qquad \text{（《圬工规范》4.06-1）}$$

$$\varphi_x = \cfrac{1 - \left(\cfrac{e_x}{x}\right)^m}{1 + \left(\cfrac{e_x}{i_y}\right)^2} \cdot \cfrac{1}{1 + \alpha \beta_x (\beta_x - 3)\left[1 + 1.33\left(\cfrac{e_x}{i_y}\right)^2\right]}$$

（《圬工规范》4.06-2）

$$\varphi_y = \cfrac{1 - \left(\cfrac{e_y}{y}\right)^m}{1 + \left(\cfrac{e_y}{i_x}\right)^2} \cdot \cfrac{1}{1 + \alpha \beta_y (\beta_y - 3)\left[1 + 1.33\left(\cfrac{e_y}{i_x}\right)^2\right]}$$

（《圬工规范》4.06-3）

在以上各式中：$x = 7.77$ m；$y = 0.87$ m；
$e_x = 0.166$ m；$e_y = 0.321$ m；$m = 8$
查前表2-3-3可得：$I_y = 82.44$ m^4 $\qquad I_x = 3.48$ m^4 $\qquad A = 14.38$ m^2

$$i_y = \sqrt{I_y/A} = \sqrt{82.44/14.38} = 2.394 \text{（m）}$$

$$i_x = \sqrt{I_x/A} = \sqrt{3.48/14.38} = 0.492 \text{（m）}$$

β_x、β_y为构件x、y方向的长细比，在β_x、β_y计算式内，对变截面柱（墩身），其回转半径近似取平均截面的回转半径。在长细比的回转半径计算中，为便于区别，下角码加注β者指平均截面。

表10 墩身平均截面几何特性计算表

墩身平均截面	面积	$A_\beta = 1.47 \times 6.9 + \dfrac{\pi}{4} \times 1.47^2 = 10.219\,7$ （m^2）
	惯性矩	$I_{y\beta} = \dfrac{1.47 \times 6.9^3}{12} + 2 \times 0.006\,86 \times 1.47^4 + \dfrac{\pi \times 1.47^2}{4} \times (0.212 \times 1.47 + 3.45)^2$ $= 64.324$ （m^4）
		$I_{x\beta} = \dfrac{\pi \times 1.47^4}{64} + \dfrac{6.9 \times 1.47^3}{12} = 2.056$ （m^4）
		$i_{y\beta} = \sqrt{\dfrac{I_{y\beta}}{A_\beta}} = \sqrt{\dfrac{64.324}{10.219\,7}} = 2.510$ （m）
		$i_{x\beta} = \sqrt{\dfrac{I_{x\beta}}{A_\beta}} = \sqrt{\dfrac{2.056}{10.219\,7}} = 0.449$ （m）
		$\rho_y = \dfrac{9.04}{6} = 1.507$ （m）　　　$\rho_x = \dfrac{2.94}{6} = 0.49$ （m）

$l_0 = 2 \times 10 = 20$ (m)（上端自由、下端固结的柱，换算为两端铰接的柱，查《圬工规范》表4.0.7-2近似采用）

$\gamma_\beta = 1.3$ （《圬工规范》表4.0.7-1）

$$\alpha = 0.0002$$

$$f_{cd} = 3.09 \text{ MPa}$$

$$\beta_x = \frac{\gamma_{\beta x} l_0}{3.5 i_{y\beta}} = \frac{1.3 \times 20}{3.5 \times 2.510} = 2.960 < 3 \quad \text{（《圬工规范》表4.0.7-1）}$$

所以 $\beta_x = 3$

$$\beta_y = \frac{\gamma_{\beta y} l_0}{3.5 i_{x\beta}} = \frac{1.3 \times 20}{3.5 \times 0.449} = 19.302 \quad \text{（《圬工规范》表4.0.7-2）}$$

$$\varphi_x = \frac{1 - \left(\dfrac{e_x}{x}\right)^m}{1 + \left(\dfrac{e_x}{i_y}\right)^2} \cdot \frac{1}{1 + \alpha\beta_x(\beta_x - 3)\left[1 + 1.33\left(\dfrac{e_x}{i_y}\right)^2\right]}$$

$$= \frac{1 - \left(\dfrac{0.106}{7.77}\right)^8}{1 + \left(\dfrac{0.106}{2.394}\right)^2} \cdot \frac{1}{1 + 0.0002 \times 3(3 - 3)\left[1 + 1.33\left(\dfrac{0.106}{2.394}\right)^2\right]} = 0.998$$

$$\varphi_y = \frac{1 - \left(\dfrac{e_y}{y}\right)^m}{1 + \left(\dfrac{e_y}{i_x}\right)^2} \cdot \frac{1}{1 + \alpha\beta_y(\beta_y - 3)\left[1 + 1.33\left(\dfrac{e_y}{i_x}\right)^2\right]}$$

$$= \frac{1 - \left(\dfrac{0.321}{0.87}\right)^8}{1 + \left(\dfrac{0.321}{0.492}\right)^2} \cdot \frac{1}{1 + 0.0002 \times 19.302 \times (19.302 - 3)\left[1 + 1.33\left(\dfrac{0.321}{0.492}\right)^2\right]} = 0.638$$

$$\varphi = \frac{1}{\dfrac{1}{\varphi_X} + \dfrac{1}{\varphi_Y} - 1} = \frac{1}{\dfrac{1}{0.998} + \dfrac{1}{0.638} - 1} = 0.637$$

根据结构自重竖向力，汽车、人群荷载竖向力及纵横向弯矩，纵向风荷载弯矩，制动力弯矩作用效应组合（不计横向风荷载弯矩）计算的结果，进行墩身承载力和偏心距验算。见表11。

表11　墩身承载力和偏心距验算汇总表

荷载效应组合	结构自重、汽车、人群、纵向风荷载、制动力荷载效应组合（不计横向风荷载效应）
竖向力	$\gamma_0 N_d = 7106.617$ kN
纵向弯矩	$\gamma_0 M_{d,l} = 2278.735$ kN·m
横向弯矩	$\gamma_0 M_{dt} = 755.139$ kN·m

续表

偏心矩验算	$e/s = 0.338/0.916 = 0.396 < 0.6$ 符合规定
承载力验算	$\varphi A f_{cd} = 0.637 \times 14.38 \times 3.09 \times 10^6 = 28\,304.585$ （kN） $> 7\,106.617$ kN 符合要求

2. 考虑结构自重竖向力

汽车、人群荷载竖向力及纵横向弯矩，横向风荷载弯矩，制动力弯矩作用效应组合（不计纵向风荷载弯矩）。

1) 竖向力

$\gamma_0 N_d = 1.0 \times (1.2 \times 4\,668.831 + 1.4 \times 980.7 + 0.8 \times 1.4 \times 2 \times 58.5) = 7\,106.617$ （kN）

2) 纵向弯矩：汽车 + 制动力（绕 X 轴）

$\gamma_0 M_{d,l} = 1.0 \times [0 + 1.4 \times 142.8 + 0.8 \times 1.4 \times 1\,650] = 2\,047.92$ （kN·m）

3) 横向弯矩：汽车 + 风荷载（绕 Y 轴）

$\gamma_0 M_{d,t} = 1.0 \times [0 + 1.4 \times 539.385 + 0.8 \times 1.1 \times (506.39 + 3.364 + 31.868)]$
$= 1\,231.766$ （kN·m）

4) 偏心距验算：按《圬工规范》表 4.0.9 验算；要求 $e \leq 0.6s$

$e_y = M_{d,l}/N_d = 2\,047.92/7\,106.617 = 0.288$ （m）

$e_x = M_{d,t}/N_d = 1\,231.766/7\,106.617 = 0.173$ （m）

$e = \sqrt{e_x^2 + e_y^2} = \sqrt{0.173^2 + 0.288^2} = 0.336$ （m）

$\theta = \arctan \dfrac{e_x}{e_y} = \arctan \dfrac{0.173}{0.288} = 30.993$ （°）

截面中心之偏心方向边缘距离：

$s = 0.87/\cos\theta = 0.87/\cos 30.993° = 1.015$ （m）

$e/s = 0.336/1.105 = 0.33 < 0.6$；则偏心距符合要求。

5) 墩身底截面承载力极限状态验算：按《圬工规范》第 4.0.5 条验算。

$$\gamma_0 N_d \leq \varphi A f_{cd}$$

$\gamma_0 N_d = 1.0 \times 7\,106.617 = 7\,106.617$ （kN）

$$\varphi = \dfrac{1}{\dfrac{1}{\varphi_x} + \dfrac{1}{\varphi_y} - 1}$$ 　　　　（《圬工规范》表 4.0.6-1）

$$\varphi_x = \dfrac{1 - \left(\dfrac{e_x}{x}\right)^m}{1 + \left(\dfrac{e_x}{i_y}\right)^2} \cdot \dfrac{1}{1 + \alpha\beta_x(\beta_x - 3)\left[1 + 1.33\left(\dfrac{e_x}{i_y}\right)^2\right]}$$

（《圬工规范》表 4.0.6-2）

$$\varphi_y = \frac{1-\left(\dfrac{e_y}{y}\right)^m}{1+\left(\dfrac{e_y}{i_x}\right)^2} \cdot \frac{1}{1+\alpha\beta_y(\beta_y-3)\left[1+1.33\left(\dfrac{e_y}{i_x}\right)^2\right]}$$

（《圬工规范》表 4.0.6-3）

在以上各式中：$x = 7.77$ m；$y = 0.87$ m；
$e_x = 0.173$ m；$e_y = 0.288$ m；$m = 8$

查前表 2-3-3 可得：$I_y = 82.44$ m^4；$I_x = 3.48$ m^4；$A = 14.38$ m^2

$$i_y = \sqrt{I_y/A} = \sqrt{82.44/14.38} = 2.394 \text{(m)}$$

$$i_x = \sqrt{I_x/A} = \sqrt{3.48/14.38} = 0.492 \text{(m)}$$

$l_0 = 2 \times 10 = 20$(m)（上端自由、下端固结的柱，换算为两端铰接的柱，查《圬工规范》表 4.0.7-2 近似采用）

$\gamma_\beta = 1.3$（《圬工规范》表 4.0.7-1）

$$\alpha = 0.0002$$

$$\beta_x = \frac{\gamma_{\beta x} l_0}{3.5 i_{y\beta}} = \frac{1.3 \times 20}{3.5 \times 2.510} = 2.960 < 3 \text{ （《圬工规范》表 4.0.7-1）}$$

所以，$\beta_x = 3$

$$\beta_y = \frac{\gamma_{\beta y} l_0}{3.5 i_{x\beta}} = \frac{1.3 \times 20}{3.5 \times 0.449} = 19.302 \text{ （《圬工规范》表 4.0.7-2）}$$

$$\varphi_x = \frac{1-\left(\dfrac{e_x}{x}\right)^m}{1+\left(\dfrac{e_x}{i_y}\right)^2} \cdot \frac{1}{1+\alpha\beta_x(\beta_x-3)\left[1+1.33\left(\dfrac{e_x}{i_y}\right)^2\right]}$$

$$= \frac{1-\left(\dfrac{0.173}{7.77}\right)^8}{1+\left(\dfrac{0.173}{2.394}\right)^2} \cdot \frac{1}{1+0.0002 \times 3(3-3)\left[1+1.33\left(\dfrac{0.173}{2.394}\right)^2\right]} = 0.995$$

$$\varphi_y = \frac{1-\left(\dfrac{e_y}{y}\right)^m}{1+\left(\dfrac{e_y}{i_x}\right)^2} \cdot \frac{1}{1+\alpha\beta_y(\beta_y-3)\left[1+1.33\left(\dfrac{e_y}{i_x}\right)^2\right]}$$

$$= \frac{1-\left(\dfrac{0.288}{0.87}\right)^8}{1+\left(\dfrac{0.288}{0.492}\right)^2} \cdot \frac{1}{1+0.0002 \times 19.302(19.302-3)\left[1+1.33\left(\dfrac{0.288}{0.492}\right)^2\right]} = 0.682$$

$$\varphi = \frac{1}{\dfrac{1}{\varphi_x}+\dfrac{1}{\varphi_y}-1} = \frac{1}{\dfrac{1}{0.995}+\dfrac{1}{0.682}-1} = 0.680$$

$$f_{cd} = 3.09 \text{ MPa}$$

根据结构自重竖向力，汽车、人群荷载竖向力及纵横向弯矩，横向风荷载弯矩，制动力弯矩作用效应组合（不计纵向风荷载弯矩）计算的结果，进行墩身承载力和偏心距验算，见表12。

表12 墩身强度和偏心距验算汇总表

荷载效应组合	结构自重、汽车、人群、横向风荷载、制动力荷载效应组合（不计纵向风荷载效应）
竖向力	$\gamma_0 N_d = 7\,106.617$ kN
纵向弯矩	$\gamma_0 M_{d.l} = 2\,047.92$ kN·m
横向弯矩	$\gamma_0 M_{d.t} = 1\,231.766$ kN·m
偏心矩验算	$e/s = 0.336/1.015 = 0.33 < 0.6$ 符合规定
承载力验算	$\varphi A f_{cd} = 0.68 \times 14.38 \times 3.09 \times 10^6 = 30\,215.256$（kN）$> 7\,106.617$ kN 符合要求

3. 上述两种组合中，结构自重分项系数取1.0时，竖向力将达到较小值，此时偏心距可达较大值；进行荷载效应组合。

荷载效应组合：考虑结构自重竖向力，汽车、人群荷载竖向力及纵横向弯矩，纵向风荷载弯矩，制动力弯矩作用效应组合（不计横向风荷载弯矩）。

1）竖向力

$$\gamma_0 N_d = 1.0 \times (1.0 \times 4\,668.831 + 1.4 \times 980.7 + 0.8 \times 1.4 \times 2 \times 58.5)$$
$$= 6\,172.851 \text{（kN）}$$

2）纵向弯矩（绕X轴）

$$\gamma_0 M_{d.l} = 1.0 \times \{0 + 1.4 \times 142.8 + 0.7 \times [1.1 \times (60.762 + 53.998) + 1.4 \times 165\,0]\}$$
$$= 2\,278.735 \text{（kN·m）}$$

3）横向弯矩（绕Y轴）

$$\gamma_0 M_{d.t} = 1.0 \times (0 + 1.4 \times 539.385 + 0) = 755.139 \text{（kN·m）}$$

4）偏心距验算：按《圬工规范》表4.0.9验算；要求 $e \leq 0.6s$（见图7所示）。

$$e_y = M_{d.l}/N_d = 2\,278.735/6\,172.851 = 0.369 \text{（m）}$$

$$e_x = M_{d.t}/N_d = 755.139/6\,172.851 = 0.122 \text{（m）}$$

$$e = \sqrt{e_x^2 + e_y^2} = \sqrt{0.369^2 + 0.122^2} = 0.389 \text{（m）}$$

$$\theta = \arctan \frac{e_x}{e_y} = \arctan \frac{0.122}{0.369} = 18.295 \text{（°）}$$

截面重心至偏心方向边缘距离：

$s = 0.87/\cos\theta = 0.87/\cos 18.295° = 0.916$（m）

$e/s = 0.389/0.916 = 0.425 < 0.6$；则偏心距符合要求。

5）墩身底截面承载力极限状态验算：按《圬工规范》第4.0.5条验算。

$$\gamma_0 N_d \leq \varphi A f_{cd}$$
$$\gamma_0 N_d = 1.0 \times 7\,106.617 = 7\,106.617 \text{（kN）}$$

$x = 7.77$ m　　$y = 0.87$ m；　　$e_x = 0.122$ m；

$e_y = 0.369$ m；　　$m = 8$　　$A = 14.38$ m^2

$i_y = \sqrt{I_y/A} = \sqrt{82.44/14.38} = 2.394$ (m)

$i_x = \sqrt{I_x/A} = \sqrt{3.48/14.38} = 0.492$ (m)

$l_0 = 2 \times 10 = 20$ m（上端自由、下端固结的柱，换算为两端铰接的柱，查《圬工规范》表4.0.7-2 近似采用）

$\gamma_\beta = 1.3$（《圬工规范》表4.0.7-1）

$\alpha = 0.0002$，$\beta_x = 3$，$\beta_y = 19.302$，$f_{cd} = 3.09$ MPa

$$\varphi_x = \frac{1-\left(\frac{e_x}{x}\right)^m}{1+\left(\frac{e_x}{i_y}\right)^2} \cdot \frac{1}{1+\alpha\beta_x(\beta_x-3)\left[1+1.33\left(\frac{e_x}{i_y}\right)^2\right]}$$

$$= \frac{1-\left(\frac{0.122}{7.77}\right)^8}{1+\left(\frac{0.122}{2.394}\right)^2} \cdot \frac{1}{1+0.0002 \times 3(3-3)\left[1+1.33\left(\frac{0.122}{2.394}\right)^2\right]} = 0.997$$

$$\varphi_y = \frac{1-\left(\frac{e_y}{y}\right)^m}{1+\left(\frac{e_y}{i_x}\right)^2} \cdot \frac{1}{1+\alpha\beta_y(\beta_y-3)\left[1+1.33\left(\frac{e_y}{i_x}\right)^2\right]}$$

$$= \frac{1-\left(\frac{0.369}{0.87}\right)^8}{1+\left(\frac{0.369}{0.492}\right)^2} \cdot \frac{1}{1+0.0002 \times 19.302(19.302-3)\left[1+1.33\left(\frac{0.369}{0.492}\right)^2\right]} = 0.577$$

$$\varphi = \frac{1}{\frac{1}{\varphi_x}+\frac{1}{\varphi_y}-1} = \frac{1}{\frac{1}{0.997}+\frac{1}{0.577}-1} = 0.576$$

根据结构自重竖向力（结构自重分项系数取1.0）、汽车、人群荷载竖向力及纵横向弯矩，纵向风荷载弯矩，制动力弯矩作用效应组合（不计横向风荷载弯矩）计算的结果，进行墩身承载力和偏心距验算。见表13。

表13 墩身强度和偏心矩验算汇总表

荷载效应组合	结构自重、汽车、人群、纵向风荷载、制动力荷载效应组合（不计横向风荷载效应）
竖向力	$\gamma_0 N_d = 6172.851$ kN
纵向弯矩	$\gamma_0 M_{d,l} = 2278.735$ kN·m
横向弯矩	$\gamma_0 M_{dt} = 755.139$ kN·m
偏心矩验算	$e/S = 0.425/0.916 = 0.425 < 0.6$ 符合规定
承载力验算	$\varphi A f_{cd} = 0.576 \times 14.38 \times 3.09 \times 10^6 = 25594.1$ (kN) > 7106.617 kN 符合要求

4. 结构自重分项系数取 1.0 时，竖向力将达到较小值，此时偏心距可达较大值；进行荷载效应组合。

荷载效应组合：考虑结构自重竖向力，汽车、人群荷载竖向力及纵横向弯矩，横向风荷载弯矩，制动力弯矩作用效应组合（不计纵向风荷载弯矩）。

1）竖向力
$$\gamma_0 N_d = 1.0 \times (1.0 \times 4\,668.831 + 1.4 \times 980.7 + 0.8 \times 1.4 \times 2 \times 58.5)$$
$$= 6\,172.851 \text{ (kN)}$$

2）纵向弯矩：汽车 + 制动力（绕 X 轴）
$$\gamma_0 M_{d,l} = 1.0 \times [0 + 1.4 \times 142.8 + 0.8 \times 1.4 \times 1\,650] = 2\,047.92 \text{ (kN·m)}$$

3）横向弯矩：汽车 + 风荷载（绕 Y 轴）
$$\gamma_0 M_{d,t} = 1.0 \times [0 + 1.4 \times 539.385 + 0.8 \times 1.1 \times (506.39 + 3.364 + 31.868)]$$
$$= 1\,231.766 \text{ (kN·m)}$$

4）偏心距验算：按《圬工规范》表 4.0.9 验算；要求 $e \leq 0.6s$。

$e_y = M_{d,l}/N_d = 2\,047.92/6\,172.851 = 0.332$ （m）

$e_x = M_{d,t}/N_d = 1\,231.766/6\,172.851 = 0.199\,5$ （m）

$e = \sqrt{e_x^2 + e_y^2} = \sqrt{0.199\,5^2 + 0.332^2} = 0.387$ （m）

$\theta = \arctan \dfrac{e_x}{e_y} = \arctan \dfrac{0.199\,5}{0.332} = 31.00$ （°）

截面中心之偏心方向边缘距离：

$s = 0.87/\cos\theta = 0.87/\cos 31° = 1.015$ （m）

$e/s = 0.387/1.015 = 0.381 < 0.6$；则偏心距符合要求。

5）墩身底截面承载力极限状态验算

按《圬工规范》第 4.0.5 条验算

$\gamma_0 N_d \leq \varphi A f_{cd}$

$\gamma_0 N_d = 1.0 \times 6\,172.851 = 6\,172.851$ （kN）

$x = 7.77$ m，$y = 0.87$ m，$e_x = 0.199\,5$ m，$e_y = 0.332$ m；

$m = 8$，$A = 14.38$ m²

$i_y = \sqrt{I_y/A} = \sqrt{82.44/14.38} = 2.394$ （m）

$i_x = \sqrt{I_x/A} = \sqrt{3.48/14.38} = 0.492$ （m）

$l_0 = 2 \times 10 = 20$ （m）（上端自由、下端固结的柱，换算为两端铰接的柱，查《圬工规范》表 4.0.7 - 2 近似采用）

$\gamma_\beta = 1.3$（《圬工规范》表 4.0.7 - 1）

$\alpha = 0.000\,2 \quad \beta_x = 3 \quad \beta_y = 19.302 \quad f_{cd} = 3.09$ MPa

$$\varphi_x = \frac{1 - \left(\dfrac{e_x}{x}\right)^m}{1 + \left(\dfrac{e_x}{i_y}\right)^2} \cdot \frac{1}{1 + \alpha\beta_x(\beta_x - 3)\left[1 + 1.33\left(\dfrac{e_x}{i_y}\right)^2\right]}$$

$$= \frac{1-\left(\dfrac{0.1995}{7.77}\right)^8}{1+\left(\dfrac{0.1995}{2.394}\right)^2} \cdot \frac{1}{1+0.0002\times 3(3-3)\left[1+1.33\left(\dfrac{0.1995}{2.394}\right)^2\right]} = 0.993$$

$$\varphi_y = \frac{1-\left(\dfrac{e_y}{y}\right)^m}{1+\left(\dfrac{e_y}{i_x}\right)^2} \cdot \frac{1}{1+\alpha\beta_y(\beta_y-3)\left[1+1.33\left(\dfrac{e_y}{i_x}\right)^2\right]}$$

$$= \frac{1-\left(\dfrac{0.332}{0.87}\right)^8}{1+\left(\dfrac{0.332}{0.492}\right)^2} \cdot \frac{1}{1+0.0002\times 19.302(19.302-3)\left[1+1.33\left(\dfrac{0.332}{0.492}\right)^2\right]} = 0.624$$

$$\varphi = \frac{1}{\dfrac{1}{\varphi_x}+\dfrac{1}{\varphi_y}-1} = \frac{1}{\dfrac{1}{0.993}+\dfrac{1}{0.624}-1} = 0.621$$

根据结构自重竖向力（结构自重分项系数取 1.0）、汽车、人群荷载竖向力及纵横向弯矩，横向风荷载弯矩，制动力弯矩作用效应组合（不计纵向风荷载弯矩）。计算的结果，进行墩身承载力和偏心距验算，见表 14。

表 14 墩身强度和偏心距验算汇总表

荷载效应组合	结构自重、汽车、人群、横向风荷载、制动力荷载效应组合（不计纵向风荷载效应）
竖向力	$\gamma_0 N_d = 6\,172.851$ kN
纵向弯矩	$\gamma_0 M_{d.l} = 2\,047.92$ kN·m
横向弯矩	$\gamma_0 M_{d.t} = 1\,231.766$ kN·m
偏心距验算	$e/s = 0.387/1.015 = 0.381 < 0.6$ 符合规定
承载力验算	$\varphi A f_{cd} = 0.621\times 14.38\times 3.09\times 10^6 = 27\,605.51$ （kN）$>6\,172.851$ kN 符合要求

Ⅵ. 地基承载力验算和偏心距验算

地基承载力按荷载效应组合Ⅰ和组合Ⅱ计算；

组合Ⅰ：永久荷载、汽车荷载、人群荷载。

组合Ⅱ：永久荷载、汽车荷载、人群荷载、风荷载、制动力。

1. 竖向力

$N = 5\,726.311$ kN（见表 4）

2. 横桥向弯矩

1）上部结构风荷载对基底弯矩：

$$M_{wh} = 47.106\times\left(\frac{1}{2}\times 1.5+10+1.5\right) = 577.049\ (\text{kN·m})$$

2）墩帽风荷载对基底弯矩：

$$M_{wh} = 0.345 \times \left(10 - \frac{0.5}{2} + 1.5\right) = 3.881 \ (\text{kN} \cdot \text{m})$$

3）墩身风荷载对基底弯矩：

$$M_{wh} = 7.254 \times \left[9.5 \times \frac{1}{3}\left(\frac{2 \times 1.1 + 1.74}{1.1 + 1.74}\right)\right] = 42.749 \ (\text{kN} \cdot \text{m})$$

3. 顺桥向弯矩

《通用桥规》第4.3.7第二款，顺桥向不计桥面系及上承式梁所受风荷载。

1）墩帽风荷载对基底弯矩

$$M_{wh} = 6.232 \times \left(10 - \frac{0.5}{2} + 1.5\right) = 70.11 \ (\text{kN} \cdot \text{m})$$

2）墩身风荷载对基底弯矩：

$$M_{wh} = 114.947 \times \left[9.5 \times \frac{1}{3}\left(\frac{2 \times 8 + 8.64}{8 + 8.64}\right) + 1.5\right] = 711.419 \ (\text{kN} \cdot \text{m})$$

3）制动力对基底弯矩

$$M = 165 \times 11.5 = 1\ 897.5 \ (\text{kN} \cdot \text{m})$$

基底荷载效应汇总表见表15、表16。

表15 基底竖向荷载效应标准值

效应\部位	结构自重	汽车	人群	合计
竖向力/kN	5 726.311	980.7	117	6 824.011
横向弯矩/(kN·m)	0	539.385	0	539.385
纵向弯矩/(kN·m)	0	142.8	0	142.8

表16 基底风荷制动力效应标准值

效应\作用	风荷载			制动力	合计
	上部	墩帽	墩身		
横向力/kN	47.106	0.345	7.254	0	54.705
横向弯矩/(kN·m)	577.049	3.881	42.749	0	623.679
纵向力/kN	0	6.232	114.947	165	286.179
纵向弯矩/(kN·m)	0	70.11	711.419	1 897.5	2 679.029

4. 荷载组合Ⅰ：永久荷载、汽车荷载、人群荷载。

1）横桥向：地基承载力和偏心距计算见表17。

表17 横桥向地基承载力和偏心距计算表

竖向力	$N = 6\ 824.011$ kN
弯矩	$M = 539.385$ kN·m

基底面积	$A = 26.58 \text{ m}^2$
基底抵抗拒	$W = \dfrac{1}{6} \times 2.94 \times 9.04^2 = 40.04 \text{ (m}^3)$
基底应力	$\sigma = \dfrac{N}{A} \pm \dfrac{M}{W} = \dfrac{6\,824.011}{26.58} \pm \dfrac{539.385}{40.04} = \begin{cases} 270.206 \\ 243.264 \end{cases} \text{kPa} < 420 \text{ kPa}$ 符合要求
偏心距	$e_0 = \dfrac{M}{N} = \dfrac{539.385}{6\,824.011} = 0.079 \text{ (m)} < [e_0] = \rho_y = 1.507 \text{ (m)}$ 符合要求

2) 纵桥向：地基承载力和偏心距计算见表18。

表18 纵桥向地基承载力和偏心距计算表

竖向力	$N = 6\,824.011$ kN
弯矩	$M = 142.8$ kN·m
基底面积	$A = 26.58 \text{ m}^2$
基底抵抗拒	$W = \dfrac{1}{6} \times 9.04 \times 2.94^2 = 13.02 \text{ (m}^3)$
基底应力	$\sigma = \dfrac{N}{A} \pm \dfrac{M}{W} = \dfrac{6\,824.011}{26.58} \pm \dfrac{142.8}{13.02} = \begin{cases} 267.703 \\ 245.767 \end{cases} \text{kPa} < 420 \text{ kPa}$ 符合要求
偏心距	$e_0 = \dfrac{M}{N} = \dfrac{142.8}{6\,824.011} = 0.020\,9 \text{ (m)} < [e_0] = \rho_x = 0.49 \text{ (m)}$ 符合要求

5. 荷载组合 II：永久荷载、汽车荷载、人群荷载、风荷载、制动力。

1) 横桥向：地基承载力和偏心距计算见表19。

表19 横桥向地基承载力和偏心距计算表

竖向力	$N = 6\,824.011$ kN
弯矩	$M = 539.385 + 623.679 = 1\,163.064 \text{ (kN·m)}$
基底面积	$A = 26.58 \text{ m}^2$
基底抵抗拒	$W = \dfrac{1}{6} \times 2.94 \times 9.04^2 = 40.04 \text{ (m}^3)$
基底应力	$\sigma = \dfrac{N}{A} \pm \dfrac{M}{W} = \dfrac{6\,824.011}{26.58} \pm \dfrac{1\,163.064}{40.04} = \begin{cases} 285.783 \\ 227.687 \end{cases} \text{kPa} < 1.25 \times 420 = 525 \text{ (kPa)}$ 符合要求

续表

偏心距	$e_0 = \dfrac{M}{N} = \dfrac{1\,163.064}{6\,824.011} = 0.17$ （m） $< [e_0] = \rho_y = 1.507$ （m） 符合要求

2）纵桥向：地基承载力和偏心距计算见表20。

表20　纵桥向地基承载力和偏心距计算表

竖向力	$N = 6\,824.011$ kN
弯矩	$M = 142.8 = 2\,679.029 = 2\,821.829$ （kN·m）
基底面积	$A = 26.58$ m^2
基底抵抗拒	$W = \dfrac{1}{6} \times 9.04 \times 2.94^2 = 13.02$ （m^3）
基底应力	$\sigma = \dfrac{N}{A} \pm \dfrac{M}{W} = \dfrac{6\,824.011}{26.58} \pm \dfrac{12\,821.829}{13.02} = \begin{cases} 473.465 \\ 40.005 \end{cases}$ kPa $< 1.25 \times 420 = 525$ （kPa） 地基承载力符合要求
偏心距	$e_0 = \dfrac{M}{N} = \dfrac{2\,821.829}{6\,824.011} = 0.414$ （m）　$< [e_0] = \rho_x = 0.49$ （m） 纵向偏心距符合要求

Ⅶ．桥墩稳定性验算

抗倾覆和抗滑动稳定性验算见表21，表中数据取自表15、表16、表21。

表21　纵桥向倾覆和滑动稳定性验算表

荷载组合	组合Ⅱ
竖向力	$N = 6\,824.011$ kN
弯矩	$M = 142.8 + 2\,679.029 = 2\,821.829$ （kN·m）
水平力	$H = 165 + 114.947 + 6.232 = 286.179$ （kN）
偏心距	$e_0 = \dfrac{M}{N} = \dfrac{2\,821.829}{6\,824.011} = 0.414$ （m）
抵抗倾覆稳定系数	$k_0 = \dfrac{y}{e_0} = \dfrac{1.47}{0.414} = 3.55 > [k_0] = 1.3$　符合要求
基底摩擦系数	$f = 0.4$
抵抗滑动稳定系数	$k_c = \dfrac{fN}{H} = \dfrac{0.4 \times 6\,824.011}{286.179} = 9.538 > [k_c] = 1.3$　符合要求

能力拓展 2　重力式 U 形桥台设计

一、能力训练资料和依据

墩台与基础的设计方案、计算中有关参数的选用，都需要根据当地的地质条件、水文条件、上部结构形式、荷载特性、材料情况等因素全面考虑。因此，桥梁的墩台与基础在设计及施工前，除了应掌握有关全桥的资料，包括上部结构型式、跨径、荷载、墩台结构等及国家颁布的桥梁设计的规范外，还应注意地质、水文、地形等，其中各资料内容范围可根据桥梁工程规模、重要性及建桥地点工程地质、水文条件的具体情况和设计阶段取舍。资料的取得方法和具体规定可参阅工程地质、土质学与土力学及桥涵水文等有关教材和手册。

二、能力训练方法和内容

1. 桥台及基础的构造及尺寸拟订
2. 荷载作用

（1）永久作用（恒载）：包括结构重力、土的重力及土侧压力、水的浮力、基础变位作用。

（2）可变作用：包括汽车荷载、汽车引起的土侧压力、人群荷载、汽车制动力、支座摩阻力等。

（3）作用效应组合：上述各种作用并不是全部作用在结构物上，设计中应根据结构特点及验算项目的某种要求选取导致结构物出现最不利情况的各种作用（即作用的最不利组合）进行验算。

3. 桥台底截面强度验算

桥台底截面强度验算应考虑不同的作用组合分别进行计算，根据新《公路桥涵设计通用规范》（JTG D60—2004）采用承载力极限状态设计方法进行计算。

4. 地基承载力验算

地基承载力的验算包括持力层强度验算和地基容许承载力的确定。地基承载力验算要求荷载在基底产生的地基应力不超过持力层的容许承载力。基地压应力计算时要考虑填土对基底的附加应力。

5. 基底偏心距验算

验算偏心距的目的是为了控制基底合力偏心距，尽可能使基底应力分布比较均匀，以免基底两侧应力相差过大，使基础产生过大的不均匀沉降，墩、台发生倾斜，影响正常使用。

对于非岩石地基，以不出现拉应力为原则：

当仅受恒载作用时，基底偏心应满足 $e_0 \leq 0.75\rho$；

当考虑组合作用时，基底偏心应满足 $e_0 \leq 1.0\rho$。

6. 基础稳定性验算

在基础计算时，必须保证基础本身具有足够的稳定性。基础稳定性验算包括基础倾覆稳定性验算和基础滑动稳定性验算。

1）倾覆稳定性验算

倾覆稳定性通常用倾覆稳定系数 k_0 表示：

$$k_0 = 稳定力矩/倾覆力矩$$

一般对主要作用组合 $k_0 \geqslant 1.5$，对各种附加作用组合 $k_0 \geqslant 1.3$。

2）滑动稳定性验算

滑动稳定性通常用滑动稳定系数 k_c 表示：

$$k_c = \frac{f \sum P}{\sum H}$$

式中　f——基础底面与地基土之间的摩擦系数；

$\sum P$——竖向力总和；

$\sum H$——水平力总和。

墩台基础的滑动稳定系数 $k_c \geqslant 1.3$。

7. 基础沉降验算

基础的沉降验算包括沉降量，相邻基础沉降差，基础由于地基不均匀沉降产生的倾斜等。

三、能力训练要求

在规定的时间内完成梁桥 U 形桥台的设计计算，提交设计文件，设计文件内容应包括：

1. 计算书

即 U 形桥台具体的设计、计算过程。

2. 设计图

绘制桥台立面、侧面、平面图，采用 3 号图纸；设计图纸采用 3 号图纸（420 mm × 297 mm），铅笔绘制，折成 16 开本与计算书装订成册。

设计文件封面应注明标题、班级、姓名、学号、完成日期等，文件内容应设目录。

说明书和计算书要求采用 16 开纸，钢笔书写工整。

四、能力训练实例

（一）设计资料

1. 设计荷载：公路—Ⅰ级，人群荷载为 3.0 kN/m²。

2. 上部结构：采用钢筋混凝土 13 m 空心板梁，标准跨径 13.00 m，计算跨径 12.6 m，梁长 12.96 m，桥面净宽 7 + 2 × 0.75 m，八梁式结构，主梁中距 1.00 m。采用板式橡胶支座，支座高 4 cm，一孔上部结构重力为：$P_R = 555.72$ kN。

3. 桥台材料：台帽用 C30 钢筋混凝土，密度 $\gamma = 25$ kN/m³，台身采用 C20 混凝土，密度 $\gamma = 25$ kN/m³，轴心抗压强度 $f_{cd} = 7.82$ MPa，基础采用 C20MU40 号小石子混凝土砌块石，密度 $\gamma = 23$ kN/m³，轴心抗压强度 $f_{cd} = 5.17$ MPa。

4. 标高：桥面标高：358.53 m；设计水位标高：356.87 m；河床标高：355.06 m；一

一般冲刷线标高：352.42 m。

5. 地质资料：地基土为密实硬黏土，基本承载力 $\sigma_0 = 430$ kN/m³，密度 $\gamma = 19.5$ kN/m³，孔隙比 $e = 0.6$，相对密度 $G = 27.1$ kN/m³，压缩模量 $E_S = 15$ MPa，台内填土密度 $\gamma = 18$ kN/m³，内摩擦角 $\varphi = 35°$。

（二）桥台几何尺寸拟定

桥台高度：基础地面埋入一般冲刷线以下 2.0 m 处，基础采用两个台阶，每层台阶厚 0.85 m，襟边宽 0.2 m。基础采用块石砌体，其容许最大刚性角为 $\alpha_{max} = 30°$，基础的扩散角为：

$$\alpha = \arctan \frac{0.4}{1.7} = 13.23° < 30°，满足规范要求。$$

则桥台高度为：

$$H = 358.53 - 352.42 + 2.0 - 1.7 = 6.41 \text{（m）}$$

顺桥向台帽宽度：

$$b_1 = e_0 + e_1 + \frac{a}{2} + C_1 + C_2$$

式中　e_0——伸缩缝宽度，取 $e_0 = 2$ cm；
　　　e_1——支座中心至梁端距离，$e_1 = 18$ cm；
　　　a——支座顺桥向宽度，$a = 18$ cm；
　　　C_1——支座边缘到台身顶边缘距离，$C_1 = 20$ cm；
　　　C_2——台帽檐口宽度，$C_2 = 10$ cm。

计算得

$$b_1 = 2 + 18 + 18/2 + 20 + 10 = 59 \text{（cm）}$$

横桥向台帽宽度：桥面宽为 $B = 8.5$ m，台帽一般应设置 10 cm 的檐口，故取 $B_0 = 8.7$ m。

桥台其他尺寸：

锥坡高度以一般冲刷线算起，$h = 358.53 - 352.42 = 6.11$（m），按 1:1 放坡，按规范要求，桥台侧墙后端应伸入桥头锥坡定点以内长度 75 cm，则桥台侧墙长度为：

$$b = 6.11 - (6.11 - 0.64 - 0.4)/10 - (0.59 - 0.1) + 0.75 = 5.86 \text{（m）}$$

按规范要求，取前墙顶宽 $b_2 = 0.75$ m，则前墙底宽经计算得 $b_3 = 2.58$ m $\geq 0.4H = 2.56$ m（满足规范要求）。

按规范要求，取侧墙顶宽 $b_5 = 0.80$ m，则侧墙底宽 b_6 为：

$$b_6 = 0.8 + 6.41/4 = 2.40 \text{ m} \geq 0.35H = 2.24 \text{ m（满足规范要求）}$$

桥台其他细部尺寸见图 1。

（三）作用计算

1. 结构重力计算

仅验算台身底截面和基础底截面。

（1）上部结构重力 $P_R = 555.72$ kN。

（2）台身、侧墙及填土重力计算见表 1。

能力拓展2 重力式U形桥台设计

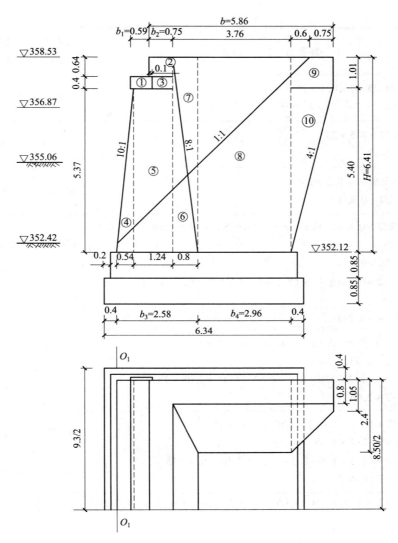

图1 桥台与基础细部尺寸图

表1 台身、侧墙及填土重力及对 $O_1 - O_1$ 重心矩的计算

图中序号	自重力/力臂 计算式	自重力/kN	力臂/m	弯矩/(kN·m)
①	$0.69 \times 0.4 \times 8.7 \times 25$ $0.69/2 + (0.54 - 0.1)$	60.03	0.785	47.12
②	$0.75 \times 0.64 \times 8.5 \times 25$ $0.75/2 + 0.59 + 0.44$	102	1.405	143.31
③	$0.65 \times 0.4 \times 8.5 \times 25$ $0.65/2 + 0.59 + 0.54$	55.25	1.455	80.39

续表

图中序号	自重力/力臂 计算式	自重力/kN	力臂/m	弯矩/(kN·m)
④	$1/2 \times 0.54 \times 5.37 \times 8.5 \times 25$ $2/3 \times 0.54$	308.1	0.36	110.92
⑤	$1.24 \times 5.37 \times 8.5 \times 25$ $0.54 + 1.24/2$	1 414.99	1.16	1 641.39
⑥	$1/2 \times 0.8 \times 6.41 \times 8.5 \times 25$ $0.54 + 1.24 + 0.8/3$	544.85	2.046	1 114.76
⑦	墙重：$[1/2 \times 0.8 \times 6.41 \times 0.8 + 1/2 \times 0.8 \times 6.41 \times (2.4 - 0.8) \times 1/3] \times 2 \times 25$ 近似：$2.58 - 0.8/3$	170.93	2.313	395.36
	土重：$[1/2 \times 0.8 \times 6.41 \times (8.5 - 4.8) + 1/3 \times 0.8 \times 6.41 \times (2.4 - 0.8)] \times 18$ 近似：$2.58 - 0.8/3$	219.99	2.313	508.84
⑧	墙重：$1/2 \times (0.8 + 2.4) \times 6.41 \times 2.96 \times 25 \times 2$ $2.58 + 1/2 \times 2.96$	1 517.89	4.06	6 162.63
	土重：$1/2 \times (8.5 - 1.6 + 8.5 - 4.8) \times 6.41 \times 2.96 \times 18$ $2.58 + 1/2 \times 2.96$	1 810.08	4.06	7 348.92
⑨	墙重：$1/2 \times (0.8 + 1.05) \times 1.01 \times 1.35 \times 25 \times 2$ $2.58 + 2.96 + 1/2 \times 1.35$	63.06	6.215	391.92
	土重：$1/2 \times (8.5 - 1.6 + 8.5 - 2.1) \times 1.01 \times 0.4 \times 18$ $2.58 + 2.96 + 0.4/2$	48.36	5.74	277.58
⑩	墙重：$[1/2 \times 1.35 \times 5.4 \times 1.05 + 1/2 \times 1.35 \times 5.4 \times (2.4 - 1.05) \times 1/3] \times 25 \times 2$ 近似：$2.85 + 2.96 + 1.35/3$	273.37	5.99	1 637.48
	土重：$1/2 \times (8.5 - 2.1 + 8.5 - 4.8) \times 5.4 \times 0.4 \times 18$ $2.58 + 2.96 + 0.2$	196.34	5.74	1 126.99

(3) 基础及襟边上土重。

对于基础自重及襟边上土重，两台阶基础近似采用单台阶基础计算，差别不大。

基础重：$P = 6.34 \times 9.3 \times 1.7 \times 23 = 2\,305.41$ （kN）

力臂：$6.34/2 - 0.4 = 2.77$ （m）

对 $O_1 - O_1$ 的弯矩：$2\,305.41 \times 2.77 = 6\,385.98$ （kN·m）

台前襟边土重，由河床线计起，则

$$P_1 = 0.4 \times 9.3 \times (355.06 - 352.12) \times 19.5 = 213.26 \text{ （kN）}$$

力臂：$-0.4/2 = -0.2$ （m）

对 $O_1 - O_1$ 的弯矩：$213.26 \times (-0.2) = -42.65$ （kN·m）

台侧襟边土重，由河床线计起，则
$$P_2 = 0.4 \times 5.54 \times (355.06 - 352.12) \times 19.5 \times 2 = 254.08 \text{ (kN·m)}$$
力臂：$5.54/2 = 2.77$ (m)

对 $O_1 - O_1$ 的弯矩：$254.08 \times 2.77 = 703.8$ (kN·m)

（4）台身底截面以上自重的重心（扣除前墙、侧墙脚以外的填土重）。

全部自重合计为 6 540.57 kN，对 $O_1 - O_1$ 的弯矩合计为 19 583.04 kN·m，全部自重作用点距 $O_1 - O_1$ 为 2.994 m；则其对台身底截面形心偏心距 $e = 0.224$ m（靠台背一侧）。

（5）基础底截面以上自重的重心

全部自重合计为 9 557.99 kN，对 $O_1 - O_1$ 的弯矩合计为 28 034.74 kN·m，全部自重作用点距 $O_1 - O_1$ 为 2.933 m；则其对台身底截面形心偏心距 $e = 0.163$ m。

2. 汽车荷载布置和支座反力，土压力计算

（1）汽车荷载布置和支座反力、土压力计算。

重力式墩台不计冲击系数。

1）台后无荷载，车道荷载作用在桥上（图2）。

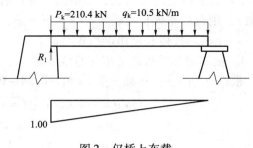

图2 仅桥上布载

根据《通规》：集中荷载标准值有以下规定，$l \leq 5$ m 时，P_K 为 180 kN；$l \geq 50$ m 时，P_K 为 360 kN；当 $l = 12.6$ m 时，采用直线内插得 $P_K = 210.4$ kN。

计算剪力效应时，$P_K = 210.4 \times 1.2 = 252.48$ (kN)，则
$$R_1 = [1 \times 252.48 + 1/2 \times 1 \times 12.6 \times 10.5] \times 2 = 637.26 \text{ (kN)}$$

相应土压力计算作如下考虑：

a. 计算桥台地基承载力时，仅计算基础顶面范围的土压力，基础高度内的主动土压力和被动土压力均不考虑。

b. 验算桥台滑动稳定性时，主动土压力按整个桥台高度（基础底面到桥台顶面）计算。

根据《通规》：

总的主动土压力
$$E = \frac{1}{2} B\gamma H^2 \mu$$

$$\mu = \frac{\cos^2(\varphi - \alpha)}{\cos^2\alpha \cdot \cos(\alpha + \delta) \left[1 + \sqrt{\frac{\sin(\varphi + \delta) \cdot \sin(\varphi - \beta)}{\cos(\alpha + \delta) \cdot \cos(\alpha - \beta)}}\right]}$$

式中　E——主动土压力标准值（kN）；

γ——土的重力密度（kN/m³）；

B——桥台的计算宽度（m）；

H——计算土层高度（m）；

β——填土表面与水平面的夹角；

α——桥台台背与竖直面的夹角；

δ——台背与填土间的摩擦角，取 $\delta = \varphi/2$。

根据资料：$\varphi = 35°$，$\delta = \varphi/2 = 17.5°$，$\beta = 0°$，$\tan\alpha = 0.8/6.41$，故 $\alpha = 7.11°$。则

$$\mu = \frac{\cos^2(35° - 7.11°)}{\cos^2 7.11° \cdot \cos(7.11° + 17.5°)\left[1 + \sqrt{\frac{\sin(35° + 17.5°) \cdot \sin 35°}{\cos(7.11° + 17.5°) \cdot \cos 7.11°}}\right]} = 0.510$$

所以
$$E = \frac{1}{2} \times 18 \times 8.5 \times 6.41^2 \times 0.510 = 1\,603.05 \text{ (kN)}$$

E 的着力点自计算土层底面算起为：

$$C = \frac{H}{3} = \frac{6.41}{3} = 2.137 \text{ (m)}$$

$$\begin{cases} E_H = -1\,457.43 \text{ kN} \quad C_H = 2.137 \text{ m} \quad M_H = -3\,114.53 \text{ kN·m} \\ E_V = 667.57 \text{ kN} \quad\quad C_V = -0.456 \text{ m} \quad M_V = -304.41 \text{ kN·m} \end{cases}$$

2) 台后桥上均有布载，车辆荷载在台后，车道荷载在桥上（此时车道荷载仅考虑均布荷载），则台后布载长度确定可作如下考虑：

a. 土破坏棱体长度由侧墙根算起；
b. 侧墙端部的折线近似作直线处理。

根据《通规》：布载长度 $l = b_3 - 0.54 - 0.29 + b_4 + H\tan\theta$

$$\tan\theta = -\tan\omega + \sqrt{(\cos\varphi + \tan\omega)(\tan\omega - \tan\alpha)}$$

$$\varphi = 35°, \delta = \varphi/2 = 17.5°, \alpha = 7.11°$$

$$\omega = \alpha + \varphi + \delta = 7.11° + 35° + 17.5° = 59.61°$$

$$\tan\theta = -\tan 59.61° + \sqrt{(\cos 35° + \tan 59.61°)(\tan 59.61° - \tan 7.11°)} = 0.292\,2$$

$$l = 2.58 - 0.54 - 0.29 + 2.96 + 6.41 \times 0.292\,2 = 6.583 \text{ (m)}$$

荷载布置如图 3 所示。

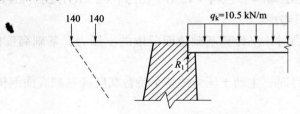

图3 台后桥上均布荷载

此时支反力为：
$$R_1 = \frac{1}{2} \times 1 \times 12.6 \times 10.5 \times 2 = 132.3 \text{ (kN)}$$

土压力车辆荷载等代均布土层厚度计算式为：

$$h = \frac{\sum G}{B l_0 \cdot \gamma}$$

l_0 由前墙后缘算起 $l_0 = 6.583 - 0.2 - 0.75 = 5.633$ (m)

$$h = \frac{2 \times (140 + 140)}{8.5 \times 5.633 \times 18} = 0.649 \text{ (m)}$$

土压力为：
$$E = \frac{1}{2}\gamma H(H + 2h)B\mu = \frac{1}{2} \times 18 \times 6.41 \times (6.41 + 2 \times 0.649) \times 8.5 \times 0.510 = 1\,927.664 \text{ (kN)}$$

$$C = \frac{H}{3} \cdot \frac{H+3h}{H+2h} = \frac{6.41}{3} \times \frac{6.41+3\times0.649}{6.41+2\times0.649} = 2.316 \text{ (m)}$$

则 $E_H = -1\,752.56$ kN,　　$C_H = 2.316$ m,　　$M_H = -4\,058.93$ kN·m
$E_V = 802.76$ kN,　　$C_V = -0.479$ m,　　$M_V = -384.52$ kN·m

3）桥上无荷载，台后有车辆荷载

荷载布置如图4所示。

此时支反力为0，土压力车辆荷载等代均布土层厚度为：

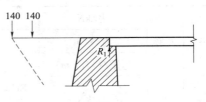

图4　台后布载

$$h = \frac{\sum G}{Bl_0 \cdot \gamma} = \frac{2\times(140+140)}{8.5\times5.633\times18} = 0.649 \text{ (m)}$$

土压力合力为：

$$E = \frac{1}{2}\gamma H(H+2h)B\cdot\mu = \frac{1}{2}\times18\times6.41\times(6.41+2\times0.649)\times8.5\times0.510 = 1\,927.66 \text{(kN)}$$

$$C = \frac{H}{3} \cdot \frac{H+3h}{H+2h} = \frac{6.41}{3} \times \frac{6.41+3\times0.649}{6.41+2\times0.649} = 2.316 \text{ (m)}$$

则 $E_H = -1\,752.56$ kN,　　$C_H = 2.316$ m,　　$M_H = -4\,058.93$ kN·m
$E_V = 802.75$ kN,　　$C_V = -0.479$ m,　　$M_V = -384.52$ kN·m

（2）人群荷载反力及其他各力计算

人群荷载反力　　　$R_1 = \frac{1}{2}\times(12.6\times0.75\times3\times2) = 28.35$ (kN)

摩阻力　　　　　　$F = \mu W = 555.72\times0.3 = 166.72$ (kN)

制动力 H_T：一行车队总重的10%，$H_T = (210.4+10.5\times12.6)\times10\% = 34.27$ (kN)。

各种荷载计算结果和组合见表2。

表2　台身底截面验算时的荷载组合表

序号			公路—Ⅰ级		
			台后无荷载 车道荷载在桥上	台后、桥上均有荷载，车辆在台后，车道在桥上	桥上无荷载 台后为车辆荷载
1	上部 恒载	力/kN	555.72	555.72	555.72
		力臂/m	-1.94	-1.94	-1.94
		弯矩/(kN·m)	-1 078.1	-1 078.1	-1 078.1
2	台身 恒载	力/kN	6 540.54	6 540.54	6 540.54
		力臂/m	0.224	0.224	0.224
		弯矩/(kN·m)	1 465.08	1 465.08	1 465.08
3	支反 力	力/kN	637.26	132.3	0
		力臂/m	-1.94	-1.94	-1.94
		弯矩/(kN·m)	-1 236.28	-256.66	0

续表

序号			公路—Ⅰ级		
			台后无荷载 车道荷载在桥上	台后、桥上均有荷载，车辆在台后，车道在桥上	桥上无荷载 台后为车辆荷载
4	人群	力/kN	28.35	28.35	28.35
		力臂/m	-1.94	-1.94	-1.94
		弯矩/(kN·m)	-55.0	-55.0	-55.0
5	台后土压力	力/kN	EH = -1 457.43	EH = -1 752.26	EH = -1 752.26
			EV = 667.57	EV = 802.76	EV = 802.76
		力臂/m	CH = 2.137	CH = 2.316	CH = 2.316
			CV = -0.456	CV = -0.479	CV = -0.479
		弯矩/(kN·m)	MH = -3 114.53	MH = -4 058.93	MH = -4 058.93
			MV = -304.41	MV = -384.52	MV = -384.52
6	制动力	力/kN	165	165	165
		力臂/m	5.77	5.77	5.77
		弯矩/(kN·m)	952.05	952.05	952.05
7	组合	$\sum Pv$/kN	8 429.44	8 059.70	7 927.40
		$\sum M$/m	-4 323.24	-4 368.13	-411.47
		$\sum PH$/kN	-1 457.43	-1 752.26	-1 752.26

注：弯矩以顺时针方向为正。

（四）台身截面强度验算

仅验算台身底截面（图5），其他截面验算方法同此。

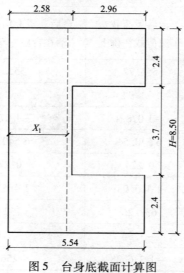

图5　台身底截面计算图

1. 台身底截面特征值计算

$$A = 2.58 \times 8.5 + 2 \times 2.96 \times 2.4 = 36.14 \ (m^2)$$

$$X_1 = \frac{2.58 \times 8.5 \times 2.58 \times \frac{1}{2} + 2 \times 2.96 \times 2.4 \times \left(\frac{1}{2} \times 2.96 + 2.58\right)}{36.14} = 2.379 \ (m)$$

$$I = \frac{1}{12} \times 8.5 \times 5.54^3 + 36.14 \times \left(\frac{5.54}{2} - 2.379\right)^2 -$$

$$\left[\frac{1}{12} \times 3.7 \times 2.96^3 + 3.7 \times 2.96 \times \left(2.58 + \frac{2.96}{2} - 2.379\right)^2\right]$$

$$= 87.02 \ (m^4)$$

截面的回转半径 $\gamma_\omega = \sqrt{\frac{I}{A}} = \sqrt{\frac{87.02}{36.14}} = 1.55$

2. 截面强度验算

从表 2.4.2 中可以看出，最不利情况为车道荷载布置在桥上，车辆荷载布置在台后，按偏心受压构件验算，则：

$$N \leq \varphi A f_{cd}/\gamma_m$$

式中 γ_m——安全系数，块石砌体受压，$\gamma_m = 2.31$；
      f_{cd}——抗压计算强度，$f_{cd} = 7.82$ MPa；
      $A = 36.14 \ m^2$；
      φ——纵向力偏心影响系数。

$$\varphi = \frac{1 - \left(\frac{e_0}{y}\right)^m}{1 + \left(\frac{e}{\gamma_\omega}\right)^2}$$

其中，$e_0 = \frac{M}{N} = \frac{-4\ 368.13}{8\ 059.70} = -0.542$ m，$y = 2.379$ m，$\gamma_\omega = 1.55$，$m = 8$。

则

$$\varphi = \frac{1 - \left(\frac{-0.542}{2.379}\right)^8}{1 + \left(\frac{-0.542}{1.55}\right)^2} = 0.891$$

则 $0.891 \times 36.14 \times 7\ 820/2.31 = 106\ 072.3$ (kN) $> 8\ 059.70$ kN，故验算通过。

偏心距验算：$e_0 \leq 0.5X_1$，因为 $0.5X_1 = 0.5 \times 2.379 = 1.19$ (m) > 0.542 m，验算通过。

施工验算时，可考虑无上部荷载，仅有台身自重和土压力，此时有

$$N = 7\ 343.30 \text{ kN}$$

$$M = 1\ 465.08 - 4\ 058.93 - 384.52 = -2\ 978.37 \ (kN \cdot m)$$

（五）基础底面地基承载力验算

1. 基础底面特征值计算

$$A = 6.34 \times 9.3 = 58.96 \ (m^2)$$

$$\omega = \frac{9.3 \times 6.34^2}{6} = 62.3 \ (m^3)$$

2. 地基土允许承载力确定

$$[\sigma] = [\sigma_0] + k_1\gamma_1(b-2) + k_2\gamma_2(h-3)$$

得 $k_1 = 0$，$k_2 = 1.5$，基础埋置在一般冲刷线下 2.0 m，$h < 3.0$ m，深度项不修正，则 $[\sigma] = [\sigma_0] = 430$ MPa。

3. 汽车荷载验算

（1）汽车荷载布置为台上、桥上均有荷载时

此时布载考虑台后布置车辆荷载，一行车队不应有两辆重载车，故该工况桥上布置车道荷载不加集中力。

外力对基础底中性轴的弯矩：

上部恒载：$M = -1\,078.1$ kN·m

台身、填土、基础自重：$M = 9\,557.99 \times 0.163 = 1\,557.95$ kN·m

汽车荷载：$M = -256.66$ kN·m

人群荷载：$M = -55.0$ kN·m

土压力：$M_1 = -1\,752.26 \times (2.316 + 1.70) = -7\,037.08$（kN·m）

$M_2 = -384.52$ kN·m

$M = -7\,037.08 - 384.52 = -7\,421.60$（kN·m）

摩阻力：$M = -165 \times (5.77 + 1.7) = -1\,232.55$（kN·m）

$\sum P_V = 555.72 + 132.3 + 28.35 + 802.76 + 9\,557.99 = 11\,077.12$（kN）

$\sum M = -1\,078.1 + 1\,557.95 - 256.66 - 55.0 - 7\,421.60 = -7\,253.41$（kN·m）

$$\sigma = \frac{\sum P_V}{A} \mp \frac{\sum M}{W} = \frac{11\,077.12}{58.96} \mp \frac{-7\,253.41}{62.3} = \begin{cases} 304.30 \text{（MPa）} \\ 71.45 \text{（MPa）} \end{cases} < [\sigma]$$

（2）汽车荷载布置为台后无荷载，车道荷载在桥上时

汽车荷载：$M = -1\,236.28$ kN·m

土压力：$M_1 = -1\,457.43 \times (2.316 + 1.70) = -5\,592.16$（kN·m）

$M_2 = -667.57$ kN·m

$M = -5\,592.16 - 667.57 = -6\,259.73$（kN·m）

$\sum P_V = 555.72 + 132.3 + 28.35 + 802.76 + 9\,557.99 = 11\,077.12$（kN）

$\sum M = -1\,078.1 + 1\,557.95 - 1\,236.28 - 55.0 - 6\,259.73 = -7\,071.16$（kN·m）

$$\sigma = \frac{\sum P_V}{A} \mp \frac{\sum M}{W} = \frac{11\,446.89}{58.96} \mp \frac{-7\,071.16}{62.3} = \begin{cases} 307.65 \text{（MPa）} \\ 80.64 \text{（MPa）} \end{cases} < [\sigma]$$

（六）稳定性验算

按设计水位考虑浮力。

浆砌圬工体的水浮力为 10 kN/m³。

土的浮表观密度：

$$\gamma' = \frac{1}{1+e}(\gamma_0 - 10)$$

式中　e——土的孔隙比；

γ_0——土的固体颗粒重力密度，一般采用 27 kN/m³。

得 $$\gamma' = \frac{1}{1+0.6}(27-10) = 10.62 \text{ (kN/m}^3\text{)}$$

台内填土浮表观密度 $18 - 10.62 = 7.38$ (kN/m³)

设计水位高度（到基础顶面）$H = 356.87 - 352.12 = 4.75$ (m)

1. 设计水位时台身及填土所受浮力计算

设计水位时台身及填土所受浮力计算见表3。

表3 设计水位时桥台浮力计算表

序号	垂直力 P/kN	浮力计算式	浮力 P_1/kN	$P_2 = P - P_1$ /kN	对基底重心距 /m	对基底重心弯矩 $M = P_2 \cdot e$ /(kN·m)
①	60.03			60.03	-1.985	-119.16
②	102			102	-1.365	-139.23
③	55.25			55.25	-1.315	-72.65
④	308.1	$(0.06+0.54)\times 1/2 \times 4.75 \times 8.5 \times 10$	121.12	186.98	-2.41	-450.62
⑤	1 414.99	$1.24 \times 8.5 \times 4.75 \times 10$	500.65	914.34	-1.61	-1 472.08
⑥	544.85	$(0.2+0.8)\times 1/2 \times 4.75 \times 8.5 \times 10$	201.87	342.98	-0.724	-248.31
⑦	墙重：170.93	$[1/2 \times 0.59 \times 4.75 \times 1.215 + 1/2 \times 0.59 \times 4.75 \times (2.4-1.215)\times 1/3]\times 2 \times 10$	45.12	125.81	-0.457	-57.49
⑦	土重：219.99	$[1/2 \times 0.59 \times 4.75 \times (8.5-4.8) + 1/3 \times 0.59 \times 4.75 \times (2.4-1.215)]\times 10$	62.92	157.07	-0.457	-71.78
⑧	墙重：1 517.89	$1/2 \times (1.215+2.4)\times 4.75 \times 2.96 \times 10 \times 2$	508.27	1 009.62	1.29	1 302.41
⑧	土重：1 810.08	$1/2 \times (8.5-1.215\times 2+8.5-2.4\times 2)\times 4.75 \times 2.96 \times 10$	686.83	1 123.25	1.29	1 448.99
⑨	墙重：63.06			63.06	3.45	217.56
⑨	土重：48.36			48.36	2.97	143.63
⑩	墙重：273.37	$[1/2 \times 1.18 \times 4.75 \times 1.215 + 1/2 \times 1.18 \times 4.75 \times (2.4-1.215)\times 1/3]\times 10 \times 2$	90.24	183.13	3.22	589.67
⑩	土重：196.34	$1/2 \times (8.5-2.43+8.5-4.8)\times 4.75 \times 0.4 \times 10$	92.82	103.52	2.97	307.45
合计	6 785.24		2 309.84	4 475.4		1 378.39

2. 其他外力计算

上部恒载 $P_R = 555.72$ kN, $M = -1\,078.1$ kN·m

基础及襟边土重,由一般冲刷线用浮表观密度计算,即:

$$P = 6.34 \times 9.3 \times 1.7 \times 13 + 0.4 \times 9.3 \times (352.42 - 352.12) \times 10.62 +$$
$$0.4 \times 5.54 \times (352.42 - 352.12) \times 10.62 \times 2$$
$$= 1\,557.57 \text{ (kN)}$$
$$M = 1\,303.06 \times 0 + 0.4 \times 9.3 \times 0.3 \times 10.62 \times (-0.2 - 2.77) + 138.37 \times 0$$
$$= -35.20 \text{ (kN·m)}$$

3. 设计水位时台后土压力计算见图6。

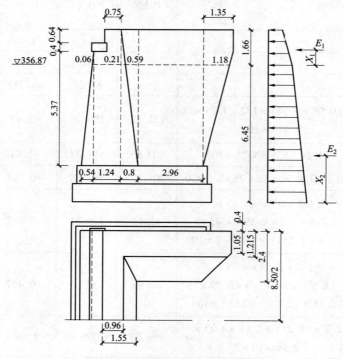

图6 设计水位处台身尺寸及土压力

$$E_1 = \frac{1}{2}\gamma H_1(H_1 + 2h)\mu B$$
$$= \frac{1}{2} \times 18 \times 1.66 \times (1.66 + 2 \times 0.649) \times 0.510 \times 8.5$$
$$= 191.57 \text{ (kN)}$$

$$E_2 = \frac{1}{2}\gamma' H_2(2he + 2H_1 + H_2)\mu B$$
$$= \frac{1}{2} \times 10.62 \times 6.45 \times (2 \times 0.649 + 2 \times 1.66 + 6.45) \times 0.510 \times 8.5$$
$$= 1\,643.28 \text{ (kN)}$$

$$C'_{1x} = \frac{H_1}{3} \cdot \frac{H_1 + 3he}{H_1 + 2he} = \frac{1.66}{3} \times \frac{1.66 + 3 \times 0.649}{1.66 + 2 \times 0.649} = 0.674 \text{ (m)}$$

$$C_{2x} = \frac{H_2}{3} \cdot \frac{H_2 + 3(he + H_1)}{H_2 + 2(he + H_1)} = \frac{6.45}{3} \times \frac{6.45 + 3(0.649 + 1.66)}{6.45 + 2(0.649 + 1.66)} = 2.599 \text{ (m)}$$

$$C_{1x} = 6.45 + 0.674 = 7.124 \text{ (m)}$$

$$E_{1x} = E_1 \cdot \cos\theta = E_1 \cdot \cos(\varphi + \delta) = 191.57 \times \cos 24.61° = 174.17 \text{ (kN)}$$

$$E_{1y} = E_1 \sin\theta = 79.78 \text{ kN}$$

$$E_{2x} = E_2 \cdot \cos\theta = 1\,494.01 \text{ kN}$$

$$E_{2y} = E_2 \cdot \sin\theta = 684.33 \text{ kN}$$

$$E_H = E_{1x} + E_{2x} = 1\,668.18 \text{ kN}$$

$$E_V = E_{1y} + E_{2y} = 764.11 \text{ kN}$$

土压力对基底弯矩：

$$M_1 = -1\,494.01 \times 2.599 - 174.17 \times 7.124 = -5\,123.72 \text{ (kN·m)}$$

$$M_2 = 684.33 \times (-0.302) + 79.78 \times (-0.868) = -275.92 \text{ (kN·m)}$$

$$M = M_1 + M_2 = -5\,399.64 \text{ kN·m}$$

4. 抗倾覆稳定性验算

最不利情况以桥上无荷载，台后有荷载作用验算，则摩阻力产生的弯矩为：

$$M = -165 \times (5.77 + 1.70) = -1\,232.55 \text{ (kN·m)}$$

$$\sum P = 555.72 + 4\,475.4 + 1\,329.03 + 764.11 = 7\,124.26 \text{ (kN)}$$

$$\sum M = 1\,378.39 - 35.20 - 1\,078.1 - 5\,399.64 - 1\,232.55 = -6\,367.10 \text{ (kN·m)}$$

$$e_0 = \frac{\sum M}{\sum P} = \frac{-6\,367.10}{7\,124.26} = -0.893 \text{ (m)}$$

抗倾覆系数：

$$k_0 = \frac{y}{e_0} = \frac{3.17}{0.893} = 3.55 > [k_0] = 1.3$$

台后和桥上均有荷载时，分析安全度更大，故验算忽略。

5. 抗滑动稳定验算

最不利情况为桥上无荷载，台后有荷载。

$$\sum H = 165 + 1\,668.18 = 1\,833.18 \text{ (kN)}$$

$$\sum P = 7\,124.26 \text{ kN}$$

$$k_c = \frac{f \sum P}{\sum H} = \frac{0.4 \times 7\,124.26}{1\,833.18} = 1.55 > [k_c] = 1.3，验算通过。$$

6. 基底合力偏心距验算

根据规范，非岩石地基桥台基础的合力偏心距 e_0 应符合如下规定：

① 仅受恒载作用，$e_0 \leq 0.75\rho$；

② 荷载组合作用，$e_0 \leq 1.0\rho$。

其中，ρ 为基底截面的核心半径，即 $\rho = \frac{W}{A} = \frac{62.3}{58.96} = 1.057 \text{ (m)}$

恒载设计水位时，$\sum P = 7\,124.26 \text{ kN}$

计算土压力时扣除汽车荷载等代土层在台后引起的土压力,则:

土压力为 $E = 1\,668.18 - 18 \times 0.649 \times 0.51 \times 8.11 \times 8.5 = 1\,257.48$ (kN)

弯矩为 $M = 1\,257.48 \times \dfrac{-5\,399.64}{1\,668.18} = -4\,070.27$ (kN·m)

$$\sum M = -4\,070.27 - 1\,078.1 - 35.20 + 1\,378.39 = -3\,805.18 \text{ (kN·m)}$$

仅受恒载时,$e_0 = \dfrac{\sum M}{\sum P} = \dfrac{3\,805.18}{7\,124.26} = 0.53$ (m) $< 0.75 \times 1.057 = 0.79$ (m)

荷载组合作用时,$e_0 = \dfrac{6\,367.10}{7\,124.26} = 0.89$ m < 1.057 m

故通过验算。

(七)沉降量计算

桥梁墩台基础沉降量计算只考虑恒载作用,用分层总和法根据压缩量计算。

1. 基底应力计算

① 基底恒载平均压应力计算

$$\sum P = 555.72 + 6\,785.24 + 2\,305.41 + 213.26 + 254.08 = 10\,113.71 \text{ (kN)}$$

$$\sigma = \dfrac{\sum P}{A} = \dfrac{10\,113.71}{58.96} = 171.54 \text{ (MPa)}$$

② 台后路基填土引起的桥台基底压应力

对于黏土地基,台后填土 $H > 5.0$ m 时,一般记入此项影响。

填土密度 $\gamma = 18$ kN/m³,路基填土高度 $H_2 = 358.53 - 355.06 = 3.47$ (m)。计算时按 $H_1 = 5.0$ m 查表,基础宽度 $b = 6.34$ m,基础埋深 $h = 355.06 - 350.42 = 4.64$ (m)。

基础前边缘引起的压应力,查得 $\alpha_1 = 0.44$

$$\sigma'_1 = \alpha_1 \gamma_1 H_1 = 0.44 \times 18 \times 3.47 = 27.48 \text{ (MPa)}$$

基础后边缘引起的压应力,查得 $\alpha_1 = 0.06$

$$\sigma'_1 = \alpha_1 \gamma_1 H_1 = 0.06 \times 18 \times 3.47 = 3.74 \text{ (MPa)}$$

基底中心处引起的压应力

$$\sigma'_1 = \dfrac{1}{2} \times (3.74 + 27.48) = 15.61 \text{ (MPa)}$$

③ 桥台基底中心处的总压力

$$\sigma_2 = 171.54 + 15.61 = 187.15 \text{ (MPa)}$$

2. 各土层自重应力计算

一般情况薄层厚度取 $h_i \leq 0.4b = 0.4 \times 6.34 = 2.53$ (m),此取 $h_i = 2.0$ m,计算时用浮表观密度,则:

O 点 $\sigma_{cz} = \gamma_f h = 10.62 \times 4.64 = 49.27$ (MPa)

I 点 $\sigma_{cz} = 49.27 + 10.62 \times 2.0 = 70.51$ (MPa)

以此类推,各土层层面处自重应力计算见表4及图7。

表4 基底自应力与附加应力分布表

分层编号	土层厚度/m	深度 z/m	自重应力/MPa	深度比 m = z/6.34	应力系数	附加应力	平均附加应力
0		0	49.27	0	1.000	137.88	
1	2.0	2	70.51	0.32	0.900	124.09	130.99
2	2.0	4	91.75	0.63	0.666	91.83	107.96
3	2.0	6	112.99	0.95	0.452	62.32	77.08
4	2.0	8	134.23	1.26	0.313	43.16	52.74
5	2.0	10	155.47	1.58	0.222	30.61	36.89
6	2.0	12	176.71	1.89	0.166	22.89	26.75
7	2.0	14	197.95	2.21	0.126	17.37	20.13

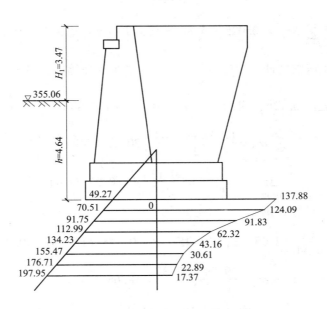

图7 地基土应力分布曲线

3. 各土层附加应力计算

基底附加应力 $\sigma_{z0} = \sigma_a - \gamma_f h = 187.15 - 49.27 = 137.88$（MPa）

其他各点的附加应力按式 $\sigma_{zi} = \alpha_0 \sigma_{z0}$ 计算。

其中，附加应力系数 α_0 根据 $n = a/b = 9.3/6.34 = 1.46$；$m = \dfrac{z}{b}$ 查得。

可得出各土层层面外附加应力及各土层平均附加应力。

4. 压缩层厚度确定

地基层压缩层的计算深度 Z_n 应符合下列公式的要求，即：

$$\Delta S_n' \leqslant 0.025 \sum_{i=1}^{n} \Delta S_i'$$

先按一般压缩层下限附加应力与自重应力之比来初步确定，第六层处，$\sigma_z/\sigma_{cz} = 22.89/176.71 = 0.130$（一般比值按 0.2 考虑，软土地基可取 0.1）。

按压缩层 $Z_n = 12$ m 计算并检验：

在第六层取中心截面，则 $\dfrac{z}{b} = \dfrac{11}{6.34} = 1.74$，则 $\alpha_0 = 0.190$，附加应力 $\sigma_z = 0.190 \times 137.88 = 26.20$（MPa）。

平均附加应力 $\sigma_{zi} = \dfrac{26.20 + 22.89}{2} = 24.55$（MPa）

$$\Delta S_n' = \dfrac{\sigma_{zi} \cdot h_i}{E_i} = \dfrac{24.55 \times 1.0}{15\,000} = 0.164 \text{（cm）}$$

$$\sum_{i=1}^{n} \Delta S_i' = \dfrac{2 \times (137.88 + 107.96 + 77.08 + 52.74 + 36.89 + 26.75)}{15\,000} = 5.86 \text{（cm）}$$

$$0.025 \sum_{i=1}^{n} \Delta S_i' = 0.025 \times 5.86 = 0.147 \text{（cm）} < \Delta S_n' = 0.164 \text{ cm}$$

以上所取地基土压缩层计算深度不符合要求，需加深压缩层，第七层的深度比 $m = \dfrac{Z_n}{b} = \dfrac{14}{6.34} = 2.21$，查得 $\alpha_0 = 0.126$，附加应力 $\sigma_{z7} = 0.126 \times 137.88 = 17.37$（MPa）。

平均附加应力 $\sigma_{zi} = \dfrac{17.37 + 22.89}{2} = 20.13$（MPa）

$$\Delta S_n' = \dfrac{\sigma_{zi} \cdot h_i}{E_i} = \dfrac{20.13 \times 2}{15\,000} = 0.27 \text{（cm）}$$

在第七层取中心截面，则

$$m = \dfrac{Z_n}{b} = \dfrac{13}{6.34} = 2.05 \quad \alpha_0 = 0.145 \quad \sigma_z = 0.145 \times 137.88 = 19.99 \text{（MPa）}$$

平均附加应力 $\sigma_{zi} = \dfrac{19.99 + 17.37}{2} = 18.68$（MPa）

则

$$\Delta S_n' = \dfrac{\sigma_{zi} \cdot h_i}{E_i} = \dfrac{18.68 \times 1.0}{15\,000} = 0.125 \text{（cm）}$$

$$0.025 \sum_{i=1}^{n} \Delta S_i' = 0.025 \times (5.86 + 0.27) = 0.153 \text{（cm）} \geqslant \Delta S_n' = 0.125 \text{ cm}$$

因此，压缩厚度 $Z_n = 14$ m 符合要求。

5. 沉降量验算

验算式

$$m_s \sum_{i=1}^{n} \Delta S_i' \leqslant [S]$$

根据 E_s，查得 $m_s = 0.4$，据规范要求，$L < 24$ m 时，按 $L = 24$ m 计算，则上部为静定结构墩台均匀沉降总值为

$$[S] = 2.0\sqrt{L} = 2.0 \times \sqrt{24} = 9.8 \text{（cm）}$$

由于本桥属于小跨径简支梁桥,并且基底应力小于地基基本承载力,根据规范要求,可不进行相邻墩台均匀总沉降差的验算。

$$m_s \sum_{i=1}^{n} \Delta S_i' = 0.4 \times (5.86 + 0.27) = 2.45 \text{ (cm)} < [S]$$

满足要求,验算通过。

《桥梁工程技术》模拟试题

模拟试题一

一、名词解释（2分×5）

1. 上部结构 2. 桥面铺装 3. 肋梁桥 4. 组合梁桥 5. 起拱面

二、判断题（对的划√，错的划×）（2分×10）

1. （ ）设置在桥跨中间部分的称为桥台。
2. （ ）公路桥梁行车道宽度取决于公路等级。
3. （ ）预应力混凝土简支梁桥的横截面类型，基本上与钢筋混凝土梁桥相似，通常也做成T形、Π形、I形和箱形。
4. （ ）行车道板一般用钢筋混凝土制作，对跨度较大的行车道也可施加横向预应力，做成预应力混凝土板。
5. （ ）连续梁和悬臂梁的跨中弯矩比简支梁小，因而增加了跨度内主梁的高度，从而可降低钢筋混凝土数量和结构自重。而且这本身又导致了恒载内力的减小。
6. （ ）钢筋张拉的"双控"以控制应变为主，应力为校核。
7. （ ）在今后一个较长时期内，拱桥将逐渐被梁桥所取代。
8. （ ）就地浇筑法施工时需进行结构体系转换。
9. （ ）预应力结构能有效改善结构使用性能，推迟裂缝出现，提高了结构的耐久性。
10. （ ）悬臂浇筑施工时，合拢工作宜在高温时进行。

三、单项选择题（2分×10）

1. （ ）是指桥梁行车道、人行道上方应保持的净空间界限，对于公路、铁路和城市桥梁《公路桥涵设计通用规范》（JTG D60—2004）中也有相应的规定。
    A. 桥下净空   B. 净高   C. 桥面净空   D. 净空
2. 我国现行公路规范中，将桥梁设计荷载分为（ ）。
    A. 恒载、可变荷载、地震力
    B. 永久荷载、基本可变荷载、其他可变荷载
    C. 永久作用、可变作用、偶然作用
    D. 结构自重、车辆荷载、偶然荷载
3. 下列梁式桥属于超静定结构的是（ ）。
    A. 简支梁桥   B. 连续梁桥   C. 悬臂梁桥   D. 简支板桥
4. 采用（ ）计算时，其基本假定是忽略主梁之间横向结构的联系作用，即假设桥面板在主梁上断开，而当作沿横向支承在主梁上的简支梁或悬臂梁来考虑。
    A. 偏心压力法   B. 横向铰接板（梁）法

  C. 杠杆原理法   D. 横向刚接梁法
5. 以下哪种支座不是钢支座（ ）。
  A. 平板支座 B. 弧形支座 C. 球形支座 D. 辊轴支座
6. 砌筑石拱桥时拱圈灰缝的宽度宜小于（ ）cm。
  A. 1   B. 2   C. 3   D. 4
7. 重力式桥墩主要依靠（ ）来平衡外力，从而保证桥墩的稳定。
  A. 自身重力（包括桥跨结构重力） B. 基础与地基的摩擦力
  C. 土侧压力   D. 填土重力
8. 进水口水流深度小于洞口高度，水流流经全涵保持自由水面的涵洞是（ ）。
  A. 有压力式涵洞   B. 半压力式涵洞
  C. 无压力式涵洞   D. 倒虹吸管
9. 桥跨结构相邻两支座中心之间的距离称为（ ）。
  A. 标准跨径 B. 经济跨径 C. 计算跨径 D. 净跨径
10. 下列哪一种是简支梁桥常用的主要施工方法（ ）。
  A. 顶推法施工 B. 预制安装施工 C. 悬臂施工 D. 逐孔施工法

四、填空题（1分×20）

1. 桥梁的四个基本组成部分为：（ ）、（ ）、（ ）、（ ）。
2. 根据混凝土受预压程度的不同，预应力混凝土结构又可分为（ ）和（ ）两种。
3. 单孔双悬臂梁桥，利用悬臂端伸入路堤可以省去（ ）个桥台，但需在悬臂与路堤衔接处设（ ）以利行车。
4. 拱桥也是由（ ）和（ ）两大部分组成。
5. 公路小桥涵常采用的水文计算方法有（ ）、（ ）和（ ）。
6. 桩基础按施工方法不同又可分为（ ）、（ ）、（ ）等。
7. 悬臂浇筑法所用挂篮是由（ ）、（ ）、（ ）、（ ）组成。

五、问答题（5分×2）

1. 简述钢筋混凝土梁桥的优缺点。
2. 杠杆原理法的适用范围是什么？

六、计算题（20分）

  一座计算跨径 $l = 19.5$ 的钢筋混凝土简支梁桥，跨度内设有 5 道横隔梁，横截面布置如图 1 所示，试求荷载位于跨中时，2 号梁相对应于汽车荷载和人群荷载的横向分布系数 m_{cq} 和 m_{cr}。

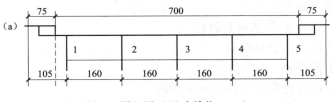

图 1 题六图（尺寸单位：cm）

模拟试题二

一、名词解释（2分×5）
1. 净跨径 2. 伸缩缝 3. 箱形梁 4. 保护层 5. 拱轴线

二、判断题（对的划√，错的划×）（2分×10）
1. （　　）设置在桥跨两端与路堤相衔接的称为桥墩。
2. （　　）荷载组合时，挂车荷载不与人群荷载组合。
3. （　　）主梁的高度是随截面形式、主梁片数及建筑高度的不同而不同。
4. （　　）长宽比=5周边支承板视作承受荷载的双向受力板（双向板）来设计。
5. （　　）简支梁和悬臂梁都属于静定体系，它们的内力受基础不均匀沉降的影响。
6. （　　）混凝土的拌合时间越长，则混凝土拌合越均匀、质量越高。
7. （　　）在桥面系与拱圈之间需要有传递压力的构件或填充物，以使车辆能在平顺的桥面上行驶。
8. （　　）预制安装法施工能缩短施工工期。
9. （　　）后张法施工，预应力筋既可布置成直线也可布置成曲线。
10. （　　）悬臂拼装施工，其0号块也大多采用拼装施工。

三、单项选择题（2分×10）
1. （　　）是为了满足通航、行车或行人等需要，并为保证桥梁结构安全，而对上部结构底缘以下所规定的净空间的界限。
   A. 桥下净空　　B. 净高　　C. 桥面净空　　D. 净空
2. 水浮力和基础变位影响力属于（　　）。
   A. 永久荷载　　B. 可变荷载　　C. 偶然荷载　　D. 可变荷载和永久荷载
3. 全预应力混凝土在最大使用荷载下（　　）。
   A. 混凝土不出现任何拉应力　　B. 容许发生不超过规定的拉应力值
   C. 容许发生不超过规定的裂缝宽度　　D. 容许发生超过规定的拉应力值
4. （　　）是将主梁和横隔梁的刚度换算成正交两个方向刚度不同的比拟弹性平板来求解，并由实用的曲线图表进行荷载横向分布计算。
   A. 偏心压力法　　　　　　B. 横向铰接板（梁）法
   C. 杠杆原理法　　　　　　D. 比拟正交异性板法
5. 对于宽桥、弯桥，当纵向为固定支座时，其相邻横向支座为（　　）。
   A. 单向活动支座　　　　　B. 固定支座
   C. 双向活动支座　　　　　D. 辊轴支座
6. 对于拱桥，（　　）为其计算跨径。
   A. 每跨拱桥的起点到其终点
   B. 拱桥的标准跨径
   C. 两个拱脚截面最低点之间的水平距离
   D. 拱轴线两端点之间的水平距离
7. 下列说法哪个不是重力式桥墩的特点？（　　）

A. 一般是用圬工材料修筑而成
B. 具有刚度大，防撞能力强等优点
C. 存在阻水面积大，圬工数量大，对地基承载力要求高等缺点
D. 具有较好的变形

8. 当山坡涵洞洞底坡度小于 12.5% 时，应选择（　　）。
   A. 跌水式底槽　　B. 急流坡式底槽　　C. 倾斜式底槽　　D. 小坡度底槽

9. 水泥在出厂超过（　　）初为过期水泥。
   A. 一个月　　B. 两个月　　C. 三个月　　D. 六个月

10. 墩顶 0 号块采用在托架上立模现浇，并在施工过程中设置临时梁墩锚固，其目的是（　　）。
    A. 承受两侧施工时产生的不平衡力矩
    B. 承受两侧施工时产生的不平衡剪力
    C. 承受两侧施工时产生的不平衡位移
    D. 承受两侧施工时产生的不平衡轴力

四、填空题（1 分 ×20）

1. 下部结构包括（　　）、（　　）和（　　）。
2. 全预应力混凝土在最大使用荷载下混凝土不出现（　　），部分预应力混凝土则（　　）。
3. 多跨悬梁桥的主孔跨径由（　　）、（　　）、（　　）和（　　）综合决定。
4. 拱桥的上部结构是由（　　）及其上面的（　　）所构成。
5. 按涵洞与路线的相交形式，可分为（　　）和（　　）。
6. 钻孔泥浆由（　　）、（　　）和（　　）组成。
7. 扩大基础的种类有（　　）、（　　）、（　　）、（　　）等几种。

五、问答题（5 分 ×2）

1. 预应力混凝土梁桥的一般特点是什么？
2. 刚性横梁法的适用范围是什么？有哪几种？

六、计算题（20 分）

某钢筋混凝土简支 T 梁桥，行车道宽 9 m，两侧人行道宽 1 m，桥梁截面为 5 梁式布置，已知主梁抗扭系数 $\beta=0.9$，试按考虑主梁抗扭的修正偏心压力法，求 1 号梁在汽车及人群荷载作用下的荷载横向分布系数。

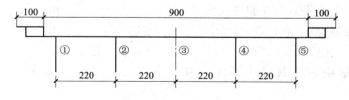

图 2　题六图（尺寸单位：cm）

模拟试题三

一、名词解释（2分×5）

1. 计算跨径 2. 三油二毡 3. 装配式梁桥 4. 架立钢筋 5. 肋拱桥

二、判断题（对的划√，错的划×）（2分×10）

1. （　）单孔桥只有两端的桥台，没有中间的桥墩。
2. （　）混凝土收缩、徐变属于可变荷载。
3. （　）预应力混凝土简支T梁的梁肋下部通常加宽做成马蹄形，以便钢丝束的布置和满足承受很大预压力的需要。
4. （　）对长宽比=1的板按周边支承板（单向板）来设计。
5. （　）连续梁是超静定体系，墩台基础的不均匀沉降会使梁内产生不利的附加内力，因而通常适用在地基条件较好的场合。
6. （　）拱圈封拱合拢温度一般宜在当地的最低温度时进行。
7. （　）拱桥与钢桥和钢筋混凝土梁式桥相比，可以节省大量的钢材和水泥。
8. （　）自落式拌合机拌合效果优于强制式拌合机。
9. （　）先张法施工，预应力筋既可布置成直线也可布置成曲线。
10. （　）悬臂施工时临时支座在施工阶段临时固结墩梁，结构为T形钢构。

三、单项选择题（2分×10）

1. 赵州桥属于（　　）。
　　A. 梁式桥　　　B. 拱桥　　　C. 刚架桥　　　D. 吊桥
2. 对于跨河桥而言，流水压力属于（　　）。
　　A. 永久荷载　　B. 可变荷载　C. 恒载　　　D. 偶然荷载
3. 连续梁桥适宜的最大跨径约（　　）。
　　A. 16～20 m　　B. 20～30 m　C. 40～50 m　D. 60～70 m
4. 横向刚接梁法—把相邻主梁之间视为刚性连接，即（　　）。
　　A. 传递剪力和弯矩　　　　　B. 只传递剪力
　　C. 只传递弯矩　　　　　　　D. 不传递弯矩也不传递剪力
5. 一般情况下，矩形支座宜应用于（　　）。
　　A. 曲线桥　　　B. 斜交桥　　C. 正交桥　　D. 圆柱墩
6. 按照不同的静力图式，主拱圈可做成_____、_____和_____。（　　）
　　A. 圆弧、抛物线、悬链线　　B. 圬工、钢筋混凝土、钢
　　C. 三铰拱、无铰拱、二铰拱　D. 板、肋、箱形
7. 重力式桥墩由墩帽其最小厚度一般不小于（　　），中小跨径梁桥也不应小于（　　）。
　　A. 0.4 m 0.3 m　　　　　　B. 0.5 m 0.4 m
　　C. 0.3 m 0.2 m　　　　　　D. 0.6 m 0.5 m
8. 常用涵洞洞口建筑形式中，工程数量小，施工简单，造价低，泄水能力较强的是（　　）。

A. 端墙式　　　B. 八字式　　　C. 并口式　　　D. 正洞口式

9. 以上哪种梁板需采用附着式振动器（　　）。
   A. 13 m 先张法板梁　　　　　　B. 40 m 后张法箱梁
   C. 20 m 后张法 T 梁　　　　　　D. 16 m 先张法板梁

10. 支座垫石是永久支座的基石。由于支座安装平整度和对中精度要求，因此垫石四角及平面高差应小于（　　）mm。
    A. 4　　　　B. 3　　　　C. 2　　　　D. 1

四、填空题（1 分 ×20）

1. 按照桥梁受力体系分类，可分为（　　）、（　　）和（　　）三大基本体系。
2. 对于装配式钢筋混凝土简支梁桥而言，在技术经济上合理的最大跨径的钢筋混凝土梁桥约为（　　）左右。悬臂梁桥与连续梁桥合宜的最大跨径约为（　　）左右。
3. 连续梁各孔跨径的划分，通常按（　　）的原则来确定，因此要布置成对称于中央孔的（　　）跨径。
4. 按拱圈横截面型式拱桥分为（　　）、（　　）、（　　）、（　　）。
5. 正交涵的洞口建筑形式有（　　）、（　　）、（　　）和（　　）；斜交涵的洞口建筑形式有（　　）和（　　）。
6. 在钻孔时泥浆的主要作用（　　）和（　　）。
7. 桥梁水中基础最常用的施工方法是（　　）。

五、问答题（5 分 ×2）

1. 板桥的特点是什么？
2. 铰接板法的适用条件是什么？

六、计算题（20 分）

某一装配式钢筋混凝土简支 T 梁桥，标准跨径为 20 m，计算跨径 $L_{计}=19.5$ m 桥梁的横桥向布置如图 3 所示，车行道宽 7 m，双车道。已知汽车荷载冲击系数 $\mu=0.191$，2 号梁在汽车荷载作用下荷载横向分布系数为：跨中 $m_c=0.45$，支点截面 $m_o=0.65$，试计算在公路—Ⅰ级汽车荷载作用下，2 号梁跨中最大弯矩及支点最大剪力的标准值。

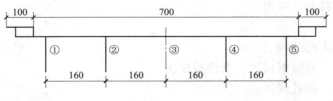

图 3　题六图（尺寸单位：cm）

模拟试题答案

《模拟试题一》答案

一、名词解释（2分×5）

1. 上部结构：是桥梁支座以上（拱桥起拱线或刚架桥主梁底线以上）跨越桥孔的总称，是线路中断时跨越障碍的主要承重结构。

2. 桥面铺装：桥面铺装也称行车道铺装或桥面保护层，其作用是保护属于主梁整体部分的行车道板不受车辆轮胎（或履带）的直接磨耗，防止主梁遭受雨水的侵蚀，并能对车辆轮重的集中荷载起一定的分布作用。

3. 肋梁桥：在横截面内形成明显肋形结构的梁桥称为肋板式梁桥，简称肋梁桥。

4. 组合梁桥：是一种装配式的桥跨结构，不过它是进一步用纵向水平缝将桥梁的全部梁肋与桥面板（翼板）分割开来，再借助纵横向的竖缝将板划分成平面呈矩形的预制构件，施工时先架设梁肋，再安装预制板，最后在接缝内或连同在板上现浇一部分混凝土使结构连成整体。

5. 起拱面：拱圈和墩台连接处的横向截面称为起拱面。

二、判断题（2分×10）

1. × 2. √ 3. √ 4. √ 5. × 6. × 7. × 8. × 9. √ 10. ×

三、单项选择题（2分×10）

1. C 2. C 3. B 4. C 5. C 6. B 7. A 8. C 9. C 10. B

四、填空题（1分×20）

1. 上部结构　下部结构　支座　附属设施

2. 全预应力　部分预应力

3. 两　搭桥

4. 上部结构　下部结构

5. 形态调查法　径流形成法　直接类比法

6. 钻孔灌注桩　挖孔灌注桩　沉入桩

7. 主纵横桁梁　行走系统　底篮　后锚系统

五、问答题（5分×2）

1. 答：

优点：能就地取材、工业化施工、耐久性好、可模性好、适应性强、整体性好以及美观等。

缺点：结构本身的自重大，限制了钢筋混凝土梁式桥的跨越能力。就地浇筑的钢筋混凝土梁桥施工工期长，支架和模板要耗损很多木料。抗裂性能较差，修补也较困难。在寒冷地区以及在雨季建造整体式钢筋混凝土桥梁时，施工比较困难，如采用蒸汽养生以及防雨措施等，则会显著增加造价。

2. 答：

杠杆原理法适用于：双梁式桥在荷载作用下，横隔梁和桥面板的工作性质和简支梁一样，可用杠杆原理法做精确的计算；多梁式桥，当荷载作用在支点处时，连接端横隔梁的支点反力与多跨简支梁的支点反力相差不多，可用杠杆原理法计算；也可以近似地应用于横向联系很弱的无中间横隔梁的桥梁计算。

六、计算题（20 分）

解：

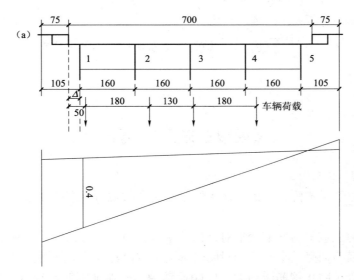

图 4　偏心压力法计算荷载横向分布系数（单位：cm）

此桥设有 5 道横隔梁，具有可靠的横向联系，且承重结构的长宽比为

$$\frac{l}{B} = \frac{19.5}{5 \times 1.6} = 2.4 > 2$$

故当荷载位于跨中时，可按偏心压力法来绘制横向影响线，并计算荷载横向分布系数 m。

（1）绘制 2 号梁荷载横向分布影响线

本桥各根主梁的横截面均相等，梁数 $n=5$，梁间距为 1.6 m，则：

$$\sum_{i=1}^{5} a_i^2 = a_1^2 + a_2^2 + a_3^2 + a_4^2 + a_5^2$$

$$= (2 \times 1.6)^2 + 1.6^2 + 0 + (-1.6)^2 + (-2 \times 1.6)^2 = 25.6 \, (\text{m}^2)$$

计算 1 号梁横向影响线的两个竖标值为：

$$\eta_{21} = \frac{1}{\sum\limits_{i=1}^{n} I_i} + \frac{a_1 a_2}{\sum\limits_{i=1}^{n} a_i^2 I_i} = \frac{1}{5} + \frac{3.2 \times 1.6}{25.6} = 0.2 + 0.2 = 0.4$$

$$\eta_{25} = \frac{1}{\sum\limits_{i=1}^{n} I_i} - \frac{a_1 a_2}{\sum\limits_{i=1}^{n} a_i^2 I_i} = \frac{1}{5} - \frac{3.2 \times 1.6}{25.6} = 0.2 - 0.2 = 0$$

由 η_{21}，η_{25} 绘制 2 号梁荷载横向分布影响线。

（2）求荷载横向分布系数

按《桥通规》规定，将汽车荷载和人群荷载在 2 号梁荷载横微分布影响线上按横向最不利位置布载。

设荷载横向分布影响线的零点到 1 号梁位的距离为 x，由图中可得 $x=6.4$ m。

人行道缘石至 1 号梁轴线的距离 Δ，$\Delta = 1.05 - 0.75 = 0.3$（m）。

用直线内插法计算出荷载作用点对应的 2 号梁荷载横向分布影响线上的竖标值。

（3）计算 2 号梁荷载横向分布系数 m_e

汽车荷载

$$m_{cq} = \frac{1}{2}\sum \eta_q = \frac{1}{2}(\eta_{q1} + \eta_{q2} + \eta_{q3} + \eta_{q4}) = 0.469$$

人群荷载

$$m_{cr} = \eta_r = 0.442$$

《模拟试题二》答案

一、名词解释（2 分 ×5）

1. 净跨径：对于梁式桥，是指设计水位相邻两个桥墩（或桥台）之间的水平净距，用 l_0 表示。
2. 伸缩缝：为适应材料胀缩变形对结构的影响，而在桥跨结构的两端设置的间隙。
3. 箱形梁：横截面呈一个或几个封闭箱形的梁桥简称为箱形梁桥。
4. 保护层：为了防止钢筋受到大气影响而锈蚀，并保证钢筋与混凝土之间的黏着力充分发挥作用，钢筋到混凝土边缘设置的混凝土层。
5. 拱轴线：拱圈各横向截面形心的连线称为拱轴线。

二、判断题（2 分 ×10）

1. × 2. × 3. √ 4. × 5. × 6. × 7. √ 8. √ 9. √ 10. ×

三、单项选择题（2 分 ×10）

1. A 2. A 3. A 4. D 5. A 6. D 7. D 8. A 9. D 10. A

四、填空题（1 分 ×20）

1. 桥墩　桥台　基础
2. 任何拉应力　容许发生不超过规定的拉应力值或裂缝宽度
3. 通航净空　河床地形　经济因素　地质条件
4. 拱圈　拱上建筑
5. 正交涵洞　斜交涵洞
6. 水　黏土（或膨润土）　添加剂
7. 浆砌片石　浆砌块石　片石混凝土　钢筋混凝土

五、问答题（5 分 ×2）

1. 答：除了同样具有钢筋混凝土梁桥的所有优点外，还有下述重要特点：

（1）能最有效地利用现代化的高强材料（高标号混凝土、高强钢材），减小构件截面尺寸，增大跨越能力。

（2）与钢筋混凝土梁相比，一般可以节省钢材 30%~40%，跨径愈大，节省愈多。

（3）全预应力混凝土梁在使用荷载下不出现裂缝，即使是部分预应力混凝土梁在常遇荷载下也无裂缝，梁的刚度就比通常开裂的钢筋混凝土梁要大。预应力混凝土梁可显著减小建筑高度。由于能消除裂缝，这就扩大了对多种桥型的适应性，并更加提高了结构的耐久性。

（4）预应力技术的采用，为现代装配式结构提供了最有效的接头和拼装技术手段。

2. 答：在钢筋混凝土或预应力混凝土梁桥上，当设置了具有可靠横向连接的中间横隔梁，且在桥的宽跨比 B/L 小于或接近于 0.5 的情况时（一般称为窄桥），计算基本可变荷载的横向分布可用此法。此方法按计算中是否考虑主梁抗扭刚度的作用，又分为"刚性横梁法"和考虑主梁抗扭刚度的"修正刚性横梁法"。

六、计算题（20 分）

解：

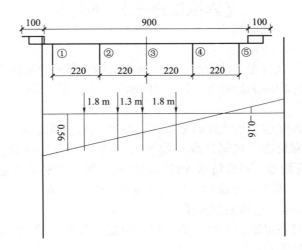

图 5 计算图示（尺寸单位：cm）

本桥各根主梁的横截面均相等，梁数 $n=5$，梁间距为 2.2 m，则

$$\sum_{i=1}^{5} a_i^2 = a_1^2 + a_2^2 + a_3^2 + a_4^2 + a_5^2$$

$$= (2 \times 2.2) + 2.2^2 + 0 + (-2.2)^2 + (-2 \times 2.2)^2 = 48.4 \text{ (m}^2\text{)}$$

已知主梁抗扭修正系数 $\beta = 0.9$，计算横向影响线竖标值，按修正偏心压力法计算横向分布系数，计算 1 号梁的横向影响线，需两个竖标值。

$$\eta'_{11} = \frac{1}{n} + \beta \frac{a_1^2}{\sum_{i=1}^{n} a_i^2} = \frac{1}{5} + 0.9 \times \frac{4.4^2}{48.4} = 0.56$$

$$\eta'_{15} = \frac{1}{n} + \beta \frac{a_1^2}{\sum_{i=1}^{n} a_i^2} = \frac{1}{5} - 0.9 \times \frac{4.4^2}{48.4} = -0.16$$

设影响线零点离 1 号梁轴线的距离为 x，由

$$\frac{x}{0.56}=\frac{4\times 2.20-x}{0.16}$$

解得 $x = 6.84$ m

计算荷载横向分布系数,绘制 1 号边梁的横向分布影响线,并在其上按横向最不利布载,如图 5。

1 号梁的横向分布系数为

汽车荷载 $m_{cq}\dfrac{1}{2}\sum\eta_q = \dfrac{1}{2}\dfrac{\eta_{11}}{x}(x_{q1}+x_{q2}+x_{q3}+x_{q4})$

$$=\frac{1}{2}\times\frac{0.56}{6.84}\times(6.34+4.54+3.24+1.44)=0.637$$

人群荷载 $m_{cr}=\eta_r=\dfrac{0.56}{6.84}\times(6.84+0.1+0.5)=0.609$

《模拟试题三》答案

一、名词解释（2 分 ×5）

1. 计算跨径：对于设有支座的桥梁,是指桥跨结构相邻两个支座中心之间的水平距离；对于拱式桥,是指两相邻拱脚截面形心点之间的水平距离,用 l 表示,桥跨结构的力学计算是以 l 为基准的。

2. 三油二毡：先在垫层上用水泥砂浆抹平,待硬化后在其上涂一层热沥青底层,随即贴上一层油毛毡（或麻袋布、玻璃纤维织物等）,上面再涂上一层沥青胶砂,贴一层油毛毡,最后再涂一层沥青胶砂。通常将这种做法的防水层称为"三油二毡"防水层。

3. 装配式梁桥：上部结构在预制工厂或工地预制场分块预制,再运到现场吊装就位,然后在接头处把构件连接成整体的梁式桥。

4. 架立钢筋：布置在梁肋的上缘,主要起固定箍筋和斜筋并使梁内全部钢筋形成立体或平面骨架的作用的钢筋。

5. 肋拱桥：在板拱桥的基础上,将板拱划分成两条（或多条）,形成分离的、高度较大的拱肋,肋与肋间用横系梁相连,这样的桥叫肋拱桥。

二、判断题（2 分 ×10）

1. √ 2. × 3. √ 4. × 5. √ 6. × 7. √ 8. × 9. × 10. √

三、单项选择题（2 分 ×10）

1. B 2. B 3. D 4. A 5. C 6. C 7. A 8. B 9. C 10. D

四、填空题（1 分 ×20）

1. 梁式桥 拱式桥 悬索桥

2. 20 m 60~70 m

3. 边跨与中跨中最大正弯矩趋近于相等 不等

4. 板拱桥 肋拱桥 双曲拱桥 箱形拱

5. 端墙式 八字式 走廊式 平头式 斜交斜做 斜交正做

6. 悬浮钻渣 护壁

7. 围堰法

五、问答题（5分×2）

1. 答：是公路桥梁中量大、面广的常用桥型，它构造简单、受力明确，施工方便，而且建筑高度较小，从力学性能上分析，位于受拉区域的混凝土材料不但不能发挥作用，反而增大了结构的自重，当跨度稍大时就显得笨重而不经济。

2. 答：对于用现浇混凝土纵向企口缝连接的装配式板桥以及仅在翼板间用焊接钢板或伸出交叉钢筋连接的无中间横隔梁的装配式桥，由于块件间横向具有一定的连接构造，但其连接刚性又很薄弱，对于这类跨中荷载横向分布的计算，结构的受力状态实际接近于数根并列而相互横向铰接的狭长板，采用横向铰接板理论来计算。

六、计算题（20分）

解：

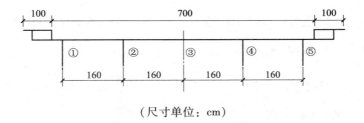

（尺寸单位：cm）

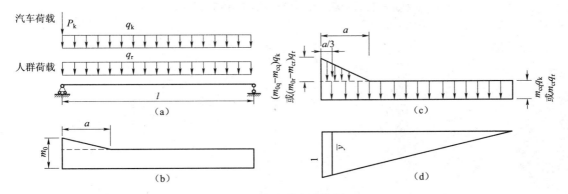

图 6　支点剪力计算图

（a）汽车荷载和人群荷载；（b）沿梁跨的横向分布系数；（c）梁上荷载分成两部分；（d）支点剪力影响线

1）汽车车道荷载标值，查 JTGD 60—2001 "规范"，桥面净宽 $\omega = 7$ m，车辆双向行驶，$7.0 \leq \omega \leq 14.0$，横向布车队数为 2，不考虑折减系数，$\xi = 1$。

公路—Ⅰ级车道荷载，计算跨径 $l = 19.5$ m，位于 5～50 m 之间，集中荷载标准值 $P_K = 180 + \frac{19.5 - 5}{50 - 5} \times (360 - 180) = 238$（kN）；均布荷载标准值 $q_K = 10.5$ kN/m。

计算剪力效应时，集中荷载标准值应乘以 1.2 的系数，则计算剪力时，集中荷载标准值 $P_K = 238 \times 1.2 = 285.6$（kN）。

梁号	自跨中至1/4段的分布系数 m_c	支点的分布系数 m_0
	汽车荷载	汽车荷载
2	0.45	0.65

跨中弯矩。

跨中弯矩影响线的最大竖标：$y_k = \dfrac{l}{4} = \dfrac{19.5}{4} = 4.875$（m）

跨中弯矩影响线的面积：$\Omega_M = \dfrac{l^2}{8} = \dfrac{19.5^2}{8} = 47.531$（m²）

车道荷载作用下 2 号主梁跨中弯矩：
$$M = (1+\mu)\xi m_{cq}(P_K y_K + q_K \Omega)$$
$$= (1+0.191) \times 1 \times 0.45 \times (238 \times 4.875 + 10.5 \times 47.531) = 891.867 \text{ (kN·m)}$$

3）支点剪力。支点截面剪力计算需考虑荷载横向分布系数沿桥纵向的变化，支点截面取 m_0，$l/4 \sim l$ 取 m_c，支点 $\sim l/4$ 段的横向分布系数按直线变化。

4）汽车荷载

$$Q_{q1} = (1+\mu)\xi m_{0q} P_k y = 1.191 \times 1 \times 0.65 \times 285.6 = 221.097 \text{(kN)}$$

$$Q_{q2} = (1+\mu)\xi \left[m_{cq} \cdot q_k \cdot \omega + \dfrac{a}{2}(m_{0q} - m_{cq}) q_K \cdot \bar{y} \right]$$
$$= 1.191 \times 1 \times \left[0.45 \times 10.5 \times \dfrac{19.5}{2} + \dfrac{4.875}{2}(0.65 - 0.45) \times 10.5 \times \dfrac{11}{12} \right]$$
$$= 60.458 \text{ (kN)}$$

$$Q_q = Q_{q1} + Q_{q2} = 221.097 + 60.458 = 281.555 \text{ (kN)}$$

参 考 文 献

[1] 中华人民共和国行业标准.《公路工程技术标准》(JTG B01—2003). 北京：人民交通出版社，2004.
[2] 中华人民共和国行业标准.《公路桥涵设计通用规范》(JTG D60—2004). 北京：人民交通出版社，2004.
[3] 中华人民共和国行业标准.《公路圬工桥涵设计规范》(JTG D61—2005). 北京：人民交通出版社，2005.
[4] 中华人民共和国行业标准.《公路钢筋混凝土及预应力混凝土桥涵设计规范》(JTG D62—2004). 北京：人民交通出版社，2004.
[5] 中华人民共和国行业标准.《公路桥涵地基与基础设计规范》(JTJ 024—85). 北京：人民交通出版社，1985.
[6] 中华人民共和国行业标准.《公路桥涵施工技术规范》(JTJ 041—2000). 北京：人民交通出版社，2000.
[7] 中华人民共和国行业标准.《公路斜拉桥设计规范》(JTJ 027—96). 北京：人民交通出版社，1996.
[8] 中华人民共和国行业标准.《公路桥梁伸缩装置》(JT/T327—2004). 北京：人民交通出版社，2004.
[9] 公路桥涵设计手册：基本资料 [M]. 北京：人民交通出版社，1993.
[10] 公路桥涵设计手册：梁桥（上、下）[M]. 北京：人民交通出版社，1996.
[11] 公路桥涵设计手册：拱桥（上册）[M]. 北京：人民交通出版社，1994.
[12] 公路桥涵设计手册：墩台和基础 [M]. 北京：人民交通出版社，1994.
[13] 公路桥涵设计手册：涵洞 [M]. 北京：人民交通出版社，1993.
[14] 公路桥涵设计手册：桥梁附属构造与支座 [M]. 北京：人民交通出版社，1999.
[15] 范立础. 桥梁工程：（上、下册）[M]. 北京：人民交通出版社，1989.
[16] 李扬海，程潮洋，鲍卫刚，郑学珍. 公路桥梁伸缩装置 [M]. 北京：人民交通出版社，1999.
[17] 天津市市政工程局. 道路桥梁工程施工手册 [M]. 北京：中国建筑工业出版社，2003.
[18] 公路施工手册《桥涵》（下册）[M]. 北京：人民交通出版社，1999.
[19] 桂业昆，邱式中. 桥梁施工专项技术手册 [M]. 北京：人民交通出版社，2004.
[20] 刘龄嘉. 桥梁工程 [M]. 北京：人民交通出版社，2007.
[21] 李辅元. 桥梁工程 [M]. 北京：人民交通出版社，2005.
[22] 周先雁，王解军. 桥梁工程 [M]. 北京：北京大学出版社，2008.
[23] 姜福香. 桥梁工程 [M]. 北京：机械工业出版社，2010.
[24] 马国峰，王保群. 桥梁工程 [M]. 北京：机械工业出版社，2009.
[25] 卫申蔚. 桥梁工程施工技术 [M]. 北京：人民交通出版社，2008.
[26] 申建，李辅元. 桥梁工程技术 [M]. 北京：北京理工大学出版社，2011.